JN095937

シリーズ・保育の基礎を学ぶ④

# 実践に活かす 社会的養護II

小川恭子・坂本　健

編著

ミネルヴァ書房

# 「シリーズ・保育の基礎を学ぶ」刊行にあたって

　社会福祉に関する代表的な資格として，保育士，社会福祉士が挙げられる。両資格とも養成校で学んで資格を取得するのが一般的な方法であるが，その養成課程において，社会的養護を中心とする子ども家庭福祉についての学びはというと，十分な量と質が担保されているとは言い難い状況がある。確かに多くのことを学ばなければならないし，第1，資格を取得してもそれを子ども家庭福祉分野で活かす機会は，それほど多くないものと予想される。もちろん保育所は子ども家庭福祉の実践の場として大きな位置を占めるものだが，「保育」として独立しているように感じられる。児童福祉施設における実践を鑑みた場合，保育所が圧倒的多数であり，次いで健全育成を担う児童館，その後にこれら2つの通所施設を除いた児童福祉施設等ということになる。したがって社会的養護の領域において実践を担う従事者数は，保育所保育士数からすると格段と少なくなる。しかし社会的養護の重要性には，大きなものがあることには論を待たない。子どもたちのより良い生活の構築に当たり，それを支援する職員には，高度な実践の「知」を有することが期待される。

　この度「シリーズ・保育の基礎を学ぶ」として，社会福祉に関する教科目について，実践に活かす上でのバイブルとなることを目標として，全7巻での出版を企画した。指定保育士養成施設のシラバスに沿いつつ，社会的養護施設の実践に丁寧に触れ，子ども家庭福祉における今日的課題を積極的に取り入れることを基本とした。就職への学生の動向をみると，様々な理由から社会的養護関係施設への就職を躊躇することが多いようだが，子どもの全生活を支援する点では苦労も多いが，その分喜びを享受できるのも事実である。これから施設で働こうと考えている皆さんを後押しする，及び毎日の実践に全力で取り組んでいる皆さんにとって，いつでも参考にしていただけるような内容となるよう心掛けた。

　社会福祉はさまざまな隣接分野との接点が多い領域だが，近年再犯防止とい

う観点から，社会福祉と司法との連携が強化されている。筆者は矯正分野において長年受刑者処遇に尽力された景山城佳氏から，「心に絆を打ち込む」ことの大切さを学んだ。東日本大震災以降，「絆」という言葉は耳にする機会が多いが，浅学な筆者は「絆」という使い方についてはあまり理解していなかった。『広辞苑第7版』によれば，「絆される」の意味として，「特に，人情にひかれて心や行動が束縛される」との説明が付されている。社会福祉分野と矯正分野では，対象者が異なるわけであるから，そのアプローチの仕方に相違があって当然である。しかし，人を対象とするという点からすれば，社会福祉や教育に従事する私たちも，その対象者に対し「絆」を打ち込むぐらいの気概をもって取り組むことが必要ではないかと考える。そしてこれまでの実践において蓄積されてきたノウハウを令和の時代に継承させていくために，本シリーズが少しでも貢献できれば望外の喜びである。

　年間の出生数（2019年）が90万人を割った今日，持続可能な社会福祉の構築のために，実践知を結集し，魅力ある子ども家庭福祉実践を作り上げるための基礎として，本シリーズが活用されることを願う。赫赫たる子ども家庭福祉の実現に向けて，執筆者一同，読者の皆様と共に努力を重ねたいと思う。

　2020年2月

坂本　　健

# まえがき

　本来，すべての子どもは温かい愛情を受けながら家庭で健やかに育つ権利がある。しかし，何らかの事情でその環境が奪われたとき，国が責任をもって養育環境を整備し自立に向けて支援をすることが社会的養護である。

　近年の養護問題発生要因として児童虐待が大きな割合を占めている。児童虐待が子どもの心身に及ぼす多大な影響を考えると，発生予防から被虐待児童への自立支援までの対応強化が求められるが，その対策として「児童虐待防止対策強化プロジェクト」が策定され，それを踏まえて2016（平成28）年に児童福祉法が改正された。この改正では，「児童の権利に関する条約」の精神を盛り込み，子どもの権利保障が初めて明確化された。さらに，「児童虐待の発生予防」「児童虐待時の迅速・的確な対応」「被虐待児への自立支援」に向けて，市町村や児童相談所の体制強化などが示された。

　こういった状況を受け，保育士の社会的役割は近年特に変化しており，従来の「児童福祉施設において，児童の保育に従事する者」から，子ども一人ひとりの健やかな成長を助けるために，保護者支援さらには地域支援などのソーシャルワークの機能を果たすことが期待されている。もとより，保育士は福祉の専門職者であり，意図する・しないにかかわらず，これまでもソーシャルワークの技術がすでに多くの実践に取り入れられており，その重要性は今後ますます高まることが予想される。

　本書は，このような社会的背景を反映し，新しい保育士養成課程における社会的養護Ⅱのテキストとして必要不可欠な内容を盛り込んでいる。福祉現場での実践で活用できるように，シミュレーションで課題発見・解決ができる様々な事例を紹介し，「実践に活かす」ことを目的に構成しているが，本文で紹介している事例は，創作もしくは個人を識別できることがないように内容を大幅に変更している。同シリーズの『実践に活かす社会的養護Ⅰ』とともに，本書

が保育を学ぶ学生や，すでに現場で活躍をしている関係者の方々の専門性向上に役立つことを願っている。

2023年2月

小川恭子

# 目 次

## 第1章　子どもの理解と日常生活支援
### ——社会的養護における基本的な視座と取り組み

## 1　社会的養護における子ども理解

### （1）「社会的養護」とは

　現在，様々な事情で保護者による養育が困難となり，家庭で暮らすことのできない子どもは，全国で4万2,000人いる。そのような子どもを社会の責任において家庭に替わって養育する仕組みが社会的養護である。

　2011（平成23）年7月に児童養護施設等の社会的養護の課題に関する検討委員会・社会保障審議会児童部会社会的養護専門委員会がとりまとめた「社会的養護の課題と将来像」において，「社会的養護は，保護者のない児童や，保護者に監護させることが適当でない児童を，公的責任で社会的に養育し，保護するとともに，養育に大きな困難を抱える家庭への支援を行うことである」と定義している。そして，「子どもの最善の利益のために」と「社会全体で子どもを育む」という理念のもと，保護者の適切な養育を受けられない子どもを，社会の公的責任で保護養育し，子どもが心身ともに健康に育つ基本的な権利を保障するとしている。

　「子どもの最善の利益」とは，「児童の権利に関する条約」（以下，子どもの権利条約）第3条に規定された，子どもの支援にあたって常に考慮されなければならない子どもの福祉に関わる大原則でありる。また，「社会全体で子どもを育む」ことは，子どもの権利条約第18条に，子どもの養育はまず保護者が第一義的な責任を持ち，国はそれを支援すること，そして第20条に，保護者が養育できないときには国がその替わりとなる環境を用意しなければならないと規定されていることに通じることである。

　2016（平成28）年，児童福祉法が改正され，1947（昭和22）年の制定以来70年

を経て初めてその理念が明確化された。第1条に，すべての児童が，子どもの権利条約の精神に則って適切に養育される権利を有することが明記されたのである。また第2条では，児童の最善の利益が優先して考慮され，児童の保護者がその育成について第一義的責任を負い，国及び地方公共団体も保護者とともに責任を負うことが明確に示された。日本が子どもの権利条約を批准してすでに20年以上も経ってのことであるが，子どもが権利を有する，すなわち権利の主体者であることが明記され，社会的養護の理念が児童福祉法にも明確に規定された大変意義深い改正だったといえる。

　さらに，子どもの権利条約に則り改正児童福祉法でも「家庭養育優先」の原則が明記されたことにより，2017（平成29）年8月，新たな社会的養育の在り方に関する検討会が「新しい社会的養育ビジョン」をとりまとめ，それまで「社会的養護の課題と将来像」で示されていた，施設の小規模化による家庭的養護と里親委託を推進し，施設養護とこれらが1／3ずつという目標を見直し，未就学児の施設入所の原則停止と里親への委託率を概ね5年以内に75％（3歳未満）や特別養子縁組年間1,000件等の高い目標設定による家庭養護の推進が提言された。しかし，2020（令和2）年度末の3歳未満の里親委託率は25.0％[3]にとどまっており，国は2024年までを「集中取組期間」として位置づけ，財政支援とともに，毎年度「里親委託・施設地域分散化等加速化プラン」の提出を各都道府県に求め，里親委託のさらなる推進を図っている[4]。

　里親委託の推進に伴い，今後，社会的養護の施設は，ケアニーズの高い子どもの養育や地域の要保護・要支援児童とその家庭への支援など，高機能・多機能化が求められることになる。

　また，2022（令和4）年，社会的養護における自立支援に関し，原則18歳（最長22歳）までとなっている年齢上限を撤廃する改正児童福祉法が成立したが，詳細についてはまだ示されていない。


**（2）社会的養護を必要とする子どもたちの家庭的背景**

　社会的養護の下で生活する子どもたちは，どのような事情で施設入所や里親委託となったのだろうか。

## 1）社会的養護の役割の変遷

　第2次世界大戦の敗戦後，日本各地に親を失った子どもたちが溢れ，政府は1947（昭和22）年に児童福祉法を制定し，これらの戦争孤児を養護施設（現・児童養護施設）や乳児院に保護，収容した。しかし，戦争孤児が巣立った後も，「貧困」や「遺棄」に加え「親の行方不明」「親の離婚」「親の長期入院」という理由で，子どもたちが社会的養護の下に保護された。背景にあるのは，1960〜70年代の高度経済成長期における社会の生活スタイルの変容で，核家族化が進行し，家庭の養育機能が脆弱化していったことは否めない。

　さらに，経済成長の歪みによって生じた貧困の拡大から，養護問題は多様化する。「経済的貧困が保護者の人間関係や子育てにまで悪影響を及ぼし，身体的精神的な疾患へと連動[5]」し，「親の精神疾患等」や「放任・怠だ」での施設入所が増えていく。そして，1990年代より徐々に児童虐待が社会的問題となり，社会的養護に求められる役割は，被虐待児への支援へと変化してきたのである。

## 2）現在の養護問題発生理由

　現在，社会的養護の下で生活している子どもたちの家庭的背景を，作成した表1-1からみてみよう。2018（平成30）年の調査結果である。委託や入所の最も多い理由は「虐待（放任・怠だ，虐待・酷使，棄児，養育拒否）」で，児童自立支援施設を除き高い割合となっている。

　次いで多いのは「父・母の精神疾患等」である。父母別々の元のデータ[6]ではこの内の9割以上が母の精神疾患となっている。母親の精神疾患は不適切な養育環境の要因となり，子どもの心身の成長に重大な影響を及ぼす可能性があるため，虐待のリスク要因の一つでもある。

　また，表1-2をみてみよう。委託（入所）時に「両親ともいない」子どもの割合は里親で最も多いが，「両親とも不明」と合わせても2割程度であり，全体として「両親又は一人親」の割合が9割となっている。表1-1と合わせてみると，親がいるにもかかわらず，様々な理由で養育が困難になっていることがわかる。

　理解しておかなければならないのは，ここでいう理由は，児童相談所が子どもを措置するにあたっての分類に過ぎないということである。例えば，経済的

表1-1 養護問題発生理由別児童数（主な理由）

表1-1 養護問題発生理由別児童数（主な理由）

| | 里 親 | 児童養護施設 | 児童心理治療施設 | 児童自立支援施設 | 乳児院 | ファミリーホーム | 自立援助ホーム |
|---|---|---|---|---|---|---|---|
| （父・母・父母の）死亡 | 709<br>13.2% | 684<br>2.5% | 12<br>0.9% | 11<br>0.8% | 17<br>0.6% | 59<br>3.9% | 22<br>3.6% |
| （父・母・父母の）行方不明 | 448<br>8.3% | 761<br>2.8% | 9<br>0.7% | 7<br>0.5% | 41<br>1.4% | 63<br>4.2% | 11<br>1.8% |
| 父母の離婚・未婚 | 74<br>1.4% | 541<br>2.0% | 2<br>0.1% | 25<br>1.7% | 127<br>4.2% | 52<br>3.4% | 13<br>2.1% |
| 父母の不和 | 36<br>0.7% | 240<br>0.9% | 4<br>0.3% | 6<br>0.4% | 65<br>2.2% | 17<br>1.1% | 3<br>0.5% |
| （父・母の）拘禁 | 161<br>3.0% | 1,277<br>4.7% | 15<br>1.1% | 7<br>0.5% | 121<br>4.0% | 59<br>3.9% | 11<br>1.8% |
| （父・母の）入院 | 123<br>2.3% | 724<br>2.7% | 8<br>0.6% | 3<br>0.2% | 82<br>2.7% | 34<br>2.2% | 4<br>0.6% |
| （父・母の）就労 | 128<br>2.4% | 1,171<br>4.3% | 5<br>0.4% | 5<br>0.3% | 111<br>3.7% | 49<br>3.2% | 4<br>0.6% |
| （父・母の）精神疾患等 | 702<br>13.0% | 4,209<br>15.6% | 98<br>7.2% | 44<br>3.0% | 708<br>23.4% | 217<br>14.3% | 48<br>7.8% |
| 虐待（放任・怠だ，虐待・酷使，棄児，養育拒否） | 2,113<br>39.3% | 12,210<br>45.2% | 541<br>39.6% | 281<br>19.4% | 984<br>32.6% | 657<br>43.4% | 280<br>45.5% |
| 破産等の経済的理由 | 341<br>6.3% | 1,318<br>4.9% | 9<br>0.7% | 2<br>0.1% | 200<br>6.6% | 43<br>2.8% | 8<br>1.3% |
| 児童問題による監護困難 | 64<br>1.2% | 1,061<br>3.9% | 527<br>38.6% | 988<br>68.2% | 4<br>0.1% | 78<br>5.2% | 136<br>22.1% |
| その他・不詳 | 483<br>9.0% | 2,830<br>10.5% | 137<br>10.0% | 69<br>4.8% | 563<br>18.6% | 185<br>12.2% | 76<br>12.3% |
| 総 数 | 5,382<br>[100.0] | 27,026<br>[100.0] | 1,367<br>[100.0] | 1,448<br>[100.0] | 3,023<br>[100.0] | 1,513<br>[100.0] | 616<br>[100.0] |

出所：厚生労働省「児童養護施設入所児童等調査の概要（平成30年2月1日現在）」12頁を基に筆者作成。

困窮からの夫婦不和やDVが引き金となって母親が精神疾患を発症し，子どもへの虐待に至る場合があるように，様々な理由が重複していることがほとんどであり，社会的養護の下で生活する子どもたちの家庭的背景は，複雑化・深刻化，さらに重複化しているのが現状である。その要因は，経済的格差の拡大や，地域の養育力の低下など，社会の問題にもあり，家族再統合に向けては，子どものみならず，家族をも社会全体で支えていく必要がある。

### 3）児童虐待の増加

　2020（令和2）年度，全国の児童相談所における児童虐待に関する相談対応件数は約20万件以上にも上った（図1-1）。児童虐待防止法施行前の1999（平成11）年度に比べ，約18倍に増加している。内容としては，心理的虐待が全体

**表 1 - 2　委託（入所）時の保護者の状況別児童数**

| | 総　　数 | 両親又は一人親 | 両親ともいない | 両親とも不明 | 不　　詳 |
|---|---|---|---|---|---|
| 里　　親 | 5,382<br>100.0% | 4,222<br>78.4% | 919<br>17.1% | 222<br>4.1% | 19<br>0.4% |
| 児童養護施設 | 27,026<br>100.0% | 25,223<br>93.3% | 1,384<br>5.1% | 359<br>1.3% | 60<br>0.2% |
| 児童心理治療施設 | 1,367<br>100.0% | 1,268<br>92.8% | 79<br>5.8% | 16<br>1.2% | 4<br>0.3% |
| 児童自立支援施設 | 1,448<br>100.0% | 1,348<br>93.1% | 78<br>5.4% | 17<br>1.2% | 5<br>0.3% |
| 乳 児 院 | 3,023<br>100.0% | 2,959<br>97.9% | 53<br>1.8% | 8<br>0.3% | 3<br>0.1% |
| ファミリーホーム | 840<br>100.0% | 704<br>83.8% | 83<br>9.9% | 42<br>5.0% | 11<br>1.3% |
| 自立援助ホーム | 616<br>100.0% | 565<br>91.7% | 39<br>6.3% | 10<br>1.6% | 2<br>0.3% |

出所：表 1 - 1 と同じ，14頁。

**図 1 - 1　児童相談所での児童虐待相談対応件数とその推移**

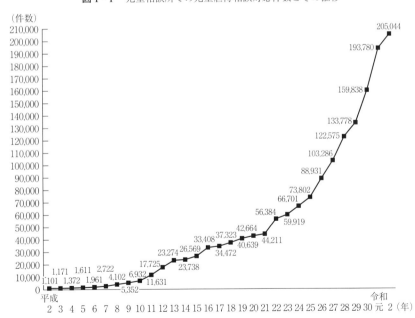

注：平成22年度の件数は，福島県を除いた数。
出所：厚生労働省「社会的養育の推進に向けて」（2022年 3 月31日） 5 頁より抜粋。

表1-3　被虐待経験の有無及び虐待の種類

| | 総　数 | 虐待経験あり | 虐待経験の種類（複数回答） | | | | 虐待経験なし | 不　明 |
|---|---|---|---|---|---|---|---|---|
| | | | 身体的虐待 | 性的虐待 | ネグレクト | 心理的虐待 | | |
| 里　　親 | 5,382 100.0% | 2,069 38.4% | 629 30.4% | 62 3.0% | 1,361 65.8% | 390 18.8% | 3,028 56.3% | 265 4.9% |
| 児童養護施設 | 27,026 100.0% | 17,716 65.6% | 7,274 41.1% | 796 4.5% | 11,169 63.0% | 4,753 26.8% | 8,123 30.1% | 1,069 4.0% |
| 児童心理治療施設 | 1,367 100.0% | 1,068 78.1% | 714 66.9% | 96 9.0% | 516 48.3% | 505 47.3% | 249 18.2% | 46 3.4% |
| 児童自立支援施設 | 1,448 100.0% | 934 64.5% | 604 64.7% | 55 5.9% | 465 49.8% | 330 35.3% | 436 30.1% | 72 5.0% |
| 乳児院 | 3,023 100.0% | 1,235 40.9% | 357 28.9% | 2 0.2% | 816 66.1% | 202 16.4% | 1,751 57.9% | 32 1.1% |
| 母子生活支援施設 | 5,308 100.0% | 3,062 57.7% | 937 30.6% | 124 4.0% | 588 19.2% | 2,477 80.9% | 2,019 38.0% | 201 3.8% |
| ファミリーホーム | 1,513 100.0% | 802 53.0% | 365 45.5% | 60 7.5% | 500 62.3% | 289 36.0% | 576 38.1% | 123 8.1% |
| 自立援助ホーム | 616 100.0% | 441 71.6% | 238 54.0% | 48 10.9% | 241 54.6% | 243 55.1% | 125 20.3% | 48 7.8% |

注：総数には，不詳を含む。
出所：表1-1と同じ，13頁。

の59.2％を占め，次いで身体的虐待が24.4％，ネグレクトが15.3％となってい
る[7]。2004（平成16）年の児童虐待防止法改正で面前DVが心理的虐待と認定さ
れてから，警察からのDVに係る通告が増加し，心理的虐待が増加している。
また，相談対応後，一時保護し解除となった件数は2万7,390件，里親委託や
施設入所となった件数は4,348件と報告されている[8]。

　では，表1-3で社会的養護の下で生活している子どもの被虐待経験につい
てみておきたい。経験ありの割合は，里親で38.4％（前回31.1％），児童養護施
設で65.6％（同59.5％），児童心理治療施設で78.1％（同71.2％），児童自立支援
施設で64.5％（同58.5％），乳児院で40.9％（同35.5％）となっている[9]。いずれ
も5年前の前回調査より増えている。

　虐待の種類別では，DVでの入所が半数を占める母子生活支援施設では心理
的虐待が8割となっているが，里親，児童養護施設，乳児院及びファミリー
ホームではネグレクトが最も多く，児童心理治療施設及び児童自立支援施設は
身体的虐待が最も多い。心理的虐待は子どもの心に傷を負わせ，成人後も重篤
な精神的トラブルを抱える場合があるが，体に傷を負うなどの虐待に比べると，

表1-4　虐待の子どもへの心理的影響

| 対人関係の障害 | 保護者と基本的な信頼関係を構築できなかったために，他人を信頼し，愛着関係を形成することが困難となり，対人関係における問題が生じることがある。 |
|---|---|
| 低い自己評価 | 子どもは自分が悪いから虐待されると思ったり，自分は愛情を受けるに値しない存在と感じ，自己肯定感を持てない状態となる。 |
| 行動コントロールの問題 | 保護者からの暴力を受けた子どもは，暴力で問題を解決することを学習し，粗暴な行動をとることがある。 |
| 多　動 | 虐待的環境から身を守るために，子どもは刺激に対して敏感になり，落ち着きのない行動をとるようになる。ADHDと似た症状を示す。 |
| 心的外傷後ストレス障害（PTSD） | 受けた心の傷（トラウマ）は将来にわたって心的外傷後ストレス障害（PTSD）として残ることがある。 |
| 偽成熟性 | 大人の顔色を見ながらの生活や，精神的に不安定な保護者に変わって大人としての役割を果たすことで，大人びた行動をとることがあり，思春期になって問題が表出することがある。 |
| 精神的症状 | 反復性のトラウマにより，精神的に病的な症状を呈することがある。 |

出所：厚生労働省「子ども虐待対応の手引き（平成25年8月 改正版）」を基に筆者作成。

養育者との分離に関して慎重にならざるを得ないことが伺える。

　ただ，項目に重複回答とあるように，多くの事例において，虐待の内容は単独の種類ではなく，身体的虐待と心理的虐待，ネグレクトと心理的虐待といったように，複合的となっていることを理解しておかなければならない。

### 4）児童虐待の子どもへの影響

　児童虐待は子どもの心身の成長や人格の形成に重大な影響を与える。愛情不足による成長ホルモンの分泌不全で発育が阻害されたり，適切な学習環境が与えられなかったために，知的な発達が十分に得られないことがあるなど，身体的，知的発達面への影響も大きいが，表1-4のような心理的影響は，長期にわたって子どもに様々な困難をもたらすことがある。

　また，近年，児童虐待の脳への影響が明らかとなってきた。厳格体罰により感情や理性などをつかさどる右前頭前野の容積が減少[11]，暴言による虐待では聴覚野の容積が増加し発達過程の脳に影響を及ぼすこと[12]，また，両親間のDVを見ることで視覚野が萎縮し，視覚的な記憶力や知能，学習能力に影響が出ること[13]など，虐待による発達への影響が，脳科学の分野からも報告されている。

表1-5　心身の状況別児童数

| | | 里　親 | 児童養護施設 | 児童心理治療施設 | 児童自立支援施設 | 乳児院 | 母子生活支援施設 | ファミリーホーム | 自立援助ホーム |
|---|---|---|---|---|---|---|---|---|---|
| 総　　数 | | 5,382<br>100.0% | 27,026<br>100.0% | 1,235<br>100.0% | 1,448<br>100.0% | 3,023<br>100.0% | 5,308<br>100.0% | 1,513<br>100.0% | 616<br>100.0% |
| 障害等あり | | 1,340<br>24.9% | 9,914<br>36.7% | 1,040<br>84.2% | 895<br>61.8% | 912<br>30.2% | 2,872<br>54.1% | 703<br>46.5% | 285<br>46.3% |
| 主な心身の状況（重複回答） | 身体虚弱 | 57<br>1.1% | 250<br>0.9% | 6<br>0.5% | 15<br>1.0% | 435<br>14.4% | 53<br>1.0% | 45<br>3.0% | 20<br>3.2% |
| | 視聴覚障害 | 29<br>0.5% | 253<br>0.9% | 7<br>0.6% | 4<br>0.3% | 65<br>2.2% | 18<br>0.3% | 9<br>0.6% | 4<br>0.6% |
| | 知的障害 | 462<br>8.6% | 3,682<br>13.6% | 155<br>12.6% | 179<br>12.4% | 142<br>4.7% | 213<br>4.0% | 239<br>15.8% | 72<br>11.7% |
| | てんかん | 44<br>0.8% | 307<br>1.1% | 23<br>1.9% | 12<br>0.8% | 36<br>1.2% | 23<br>0.4% | 21<br>1.4% | 1<br>0.2% |
| | 心的外傷後ストレス障害（PTSD） | 25<br>0.5% | 320<br>1.2% | 120<br>9.7% | 46<br>3.2% | 6<br>0.2% | 17<br>0.3% | 35<br>2.3% | 30<br>4.9% |
| | 反応性愛着障害 | 132<br>2.5% | 1,541<br>5.7% | 361<br>29.2% | 167<br>11.5% | 40<br>1.3% | 55<br>1.0% | 136<br>9.0% | 62<br>10.1% |
| | 注意欠陥多動性障害（ADHD） | 294<br>5.5% | 2,309<br>8.5% | 457<br>37.0% | 435<br>30.0% | 12<br>0.4% | 144<br>2.7% | 182<br>12.0% | 81<br>13.1% |
| | 学習障害（LD） | 43<br>0.8% | 458<br>1.7% | 40<br>3.2% | 49<br>3.4% | 1<br>0.0% | 51<br>1.0% | 102<br>6.7% | 14<br>2.3% |
| | 自閉スペクトラム症（ASD） | 360<br>6.7% | 2,381<br>8.8% | 587<br>47.5% | 357<br>24.7% | 60<br>2.0% | 210<br>4.0% | 196<br>13.0% | 84<br>13.6% |
| | チック | 22<br>0.4% | 320<br>1.2% | 42<br>3.4% | 16<br>1.1% | 4<br>0.1% | 33<br>0.6% | 15<br>1.0% | 2<br>0.3% |

出所：表1-1と同じ，7頁を基に筆者作成。

## （3）障害等のある子どもの増加

　社会的養護の下で生活する子どもたちの心身の状況を概観する。表1-5の2018（平成30）年の調査では，「障害等あり」の子どもの割合は，里親で24.9%，児童養護施設では36.7%となっている。すべての施設や里親において，5年前の調査より増加しており，中でも注意欠陥多動性障害・自閉スペクトラム症・学習障害等の軽度発達障害をもつ子どもの増加は顕著である。また，本回の調査からは，虐待後遺症ともいえる反応性愛着障害や心的外傷後ストレス障害（PTSD）等が項目に加えられている。

　これらの障害をもつ子どもの増加で，精神科医療との連携が必要となる子どもが増え，社会的養護における支援は，日常的な生活支援に加え治療的支援も重要となってきている。国は，2019（令和元）年度より，乳児院と児童養護施

設の職員配置の強化策として，ケアニーズが非常に高い子どものための「4人の生活単位」を新設し，そこに4人の職員を配置するという養育体制の充実を予算化している。

### （4）社会的養護の下で生活する中学3年生以上の子どもの状況

5年ごとに行われる前述の調査では，中学3年生以上の子どもにアンケートをとっている。児童養護施設について2018（平成30）年の結果をみると，将来の希望として家庭復帰を希望する子どもは，25年前の調査では47.0％いたが，徐々に減少し，本回調査では29.7％となっている。また，結婚して家庭を作りたいと答えた子どもは55.8％（前回41.8％）と増えているが，自分で生活することに自信があると答えた子どもは32.3％（前回29.1％）にとどまっている。[15]保護者と離れて生活している子どもの多くは，どんな家庭であれ，保護者のいる家庭に戻りたいと思っている。しかし自立を見据えた場合，家庭への期待は薄れ，自信はないが自分で生活することを選択するという複雑な思いが垣間見える結果となっている。

さらに，高等教育機関（大学・短期大学，高等専門学校および専門学校）について，進学を希望する子どもは35.6％[16]となっているが，実際，2020（令和2）年5月1日現在の進学率をみると，全高卒者の74.2％に対して，児童養護施設では33.1％，里親は58.8％[17]にとどまっている。社会的養護の下で生活する子どもに対して，自立支援の拡充は徐々に進みつつあるが，希望するすべての子どもが高等教育機関に進学できる制度の確立には至っていないのが現状である。また，国や企業等の経済的支援によって進学したとしても，施設職員や里親による，生活面はもとより精神的な支援がなければ就学の継続が困難となる子どももおり，自立に向けてのアフターケアは重要となっている。

### （5）社会的養護の下で生活する子どもの情緒と行動の特性とその理解
#### ——児童養護施設入所児童の調査を通して考える

筆者による，CBCL質問紙（子どもの行動チェックリスト）を用いた児童養護施設の入所児童124名の情緒と行動の特性の調査では，①「集中力や注意力が

長続きしない」(82.6%)，②「行動が年齢より幼すぎる」(70.2%)，③「よく言い争いをする」(70.2%)，④「頑固，不機嫌，イライラ」(66.9%)，⑤「衝動的だったり，じっくり考えない」(62.8%)，⑥「大人にまとわりつく」(58.7%)，⑦「よくすねる」(57.0%)，⑧「気分や感情が突然変わる」(56.2%)，⑨「年下の子といっしょにいるのを好む」(53.7%)，⑩「自慢したり，うそぶいたりする」(52.9%)という結果が得られている[18]。これらは先に述べた虐待の子どもへの心理的影響に関連する特徴である。森田は「児童養護施設で生活する子どもたちは，過去の家庭での様々な出来事によってトラウマ，ストレスを持たされ，さらに，過去の不安定な家庭の影響，早いうちからの母子分離や施設の集団生活の中で持たざるを得なくなってしまったトラウマ，ストレスといった三重の傷を負っている。それは被虐待の子どもであっても，そうでなくても，変わりはない」[19]と述べる。このことは，現在，施設の小規模化が進み，集団生活のストレスが多少改善されてきているとしても，社会的養護の下で生活する多くの子どもたちに当てはまることであろう。実際，筆者の前述の調査においても被虐待児であるか否かで有意な特性の差は認められていない。森田が「子どもが生活の中で見せる特徴的な行動には，彼らの生活の体験や，子どもの心の叫びが含まれており，その理解から子どもとの心の距離を近づけていかなければならない」[20]と述べるように，社会的養護に関わる養育者は，子どもの情緒や行動の困難に対してその意味を肯定的に理解し受け止めながら支援の方向性を検討していくことが望まれる。

---

**演習課題**

1　社会的養護Ⅰで学んだ社会的養護の実施体系について，家庭養護，家庭的養護，施設養護に分けて図に表してみよう。
2　表1-1〜5をもとに，各施設や里親で生活している子どもの特徴について施設ごとにまとめてみよう。

## 2　日常生活支援

### （1）衣食住——生活への支援

　日常生活支援は，あらゆる社会的養護にかかる施設はもとより，そこを利用するすべての子どもに生活の安心と安全が保障され，日常生活が営めることを前提とし，それはそれぞれの子どもたちが抱える問題の解決・軽減に向けた取組みである。生活施設はそこでの支援がベースになってくる。

　とりわけ社会的養護にかかる施設にとっては，将来健全な社会生活が営めるように日常生活支援，つまり生活の場において，基本的な生活習慣の確立および基本的な生活技術の習得を図る必要がある。

　日常生活は衣・食・住をベースに成り立っているといえる。日常生活支援とは，日常生活場面おいて，子どもに直接かかわることだけではなく，むしろ，安心・安全を提供できる環境の準備や，その配慮がなされた環境において創造されていくことそれ自体が，日常生活支援である。

### 1）衣

　施設が以前のように衣服を一括購入していた時代は，予算的理由によりやむを得なかった面があったが，現在は，時代の変化とともに身に着けるものは，個性やその表現であるとの考えが一般的になり，その購入は年齢によっては子ども自身での購入も含め，子ども個々人の年齢や好みなど要望を聞いて行われるようになっている。

　一人ひとりの子どもの要望に応じた購入を心がけることによって，子ども自身の「自分のものである」という感覚が育ち，衣服（自分のもの）を大切にしようとするようになる。また，施設という集団生活を強いられる場面においては，自他の区別はより意識しないと曖昧になりやすく，衣服を含んだ持ち物に関して，意図的に取り組まないと所有感や愛着感が持ちにくい側面がある。よって，衣服が乱雑，粗末に扱われること（自分で購入しても扱いがぞんざいな場合もある）が見受けられることもあり，所在感や愛着感を持たせるためにも可能な限り，個人購入が大切である。

また，購入についてだけではなく，季節や場所に応じた衣服の選択・着用の配慮も忘れてはならない。TPO（時間・場所・状況）に応じた服装である。季節にあった服を着ること，TPO に応じた服装をすることは社会生活を営む上での基本である。服を着ることは自己表現の一つであるから，子ども自身の個性を大切にしながら，服を着ることの意味を子どもと共有しつつ，子ども自身が衣服を選択できるように支援する。

　その他，子どもの年齢に応じた清潔感を保つために，洗濯，アイロンがけ，補修の指導や訓練，併せて自らが衣服を保管するための収納するスペースの確保などが必要である。清潔な衣服の着脱の習慣，そして清潔な衣服を保つことの手段（洗濯の方法等）についても年齢や能力に応じて身に付けられるよう支援する。穴が開いていたり，ボタンがなくなっていたりした場合，そうした状況に如何に対処するのか，まずは職員自身が「お世話」することで自然と身につけられるよう，時には子どもの見ている前で修繕（繕う）する，時には帰ってきたら子どもが知らないうちに修繕されているという経験を提供する。

## 2）食

　施設での集団生活を送る子どもにとって最大の関心事は食にある。食をおろそかに扱えば，子どもの心身に影響を及ぼすことになる。多くの施設では，栄養士とういう食に関する専門職が配置されており，ある面では，一般家庭のそれ以上に栄養のバランスや年齢に応じた量やカロリーに配慮がなされている。病気の時や疾病を抱えた人などへの食事にも十分に対応できている。施設としての強みの一つとなっている。

　直接支援する保育士などの職員が心がけなければならないことは，まず食事の雰囲気づくりへの配慮である。くつろいだ雰囲気の中で食事や会話ができるかである。可能な限り，集団を小さくしたり，または，時間帯をずらしたり，生活に応じた対応を工夫して，環境を整える努力をしなければなければならない。さらに，できるだけ食事をおいしく食べるためにも，適温食（温かいももは温かく，冷たいものは冷たく）を提供できるよう工夫する。

　「食」は生きることそのものである。おいしい食事が提供されることはその基本である。しかし食事場面こそ，社会的養護にある子どもにすれば最もスト

レス（緊張）を感じる場面であるかもしれない。虐待は，多くの場合，食に関するしつけ（食べが汚い，食べ物を残す，粗末に扱う），はしや茶碗の持ち方がなっていないなどをきっかけに起きていることがしばしばあるからである。したがって，その場（食卓等）の雰囲気やそこで創り出される楽しい気持ちで食べるということがとても重要である。

　おいしく食べてほしいという作り手の想い，食卓を囲んでいる皆が仲間であり，その仲間とともにあること自体の楽しさ，食べ物のみならずそれらも食しているのである。子どもへの想いを込めて食事を作ること，楽しく食べられるような雰囲気をつくりだすことが職員の役割の一つである。

　また，食事作りへの参加も自然なかたちで行えることが望ましい。自らの食事を自分でつくり，それを周囲からおいしいと評価されることで，食事作りが単に生きるための手段としてだけではなく，生活を他者と共有し，楽しむ手段となっていくのである。また，それを自然な形として行うからこそ調理技術も見につくものだし，向上すると考える。

### 3）住

　住空間の基本は，一人ひとりの子どもの空間確保に配慮することである。空間の確保は安らぎ，つまり精神の安定につながる。2016（平成28）年の児童福祉法改正を受けて，「新しい社会的養育ビジョン」が取りまとめられた。その中で代替養育における「家庭と同様の養育環境」について，施設養育の小規模化・地域分散化が示され，小規模でかつ地域分散化された施設の設置を優先してすすめていくこととなった。つまり，「良好な家庭環境」を確保するため，地域の民間住宅などを活用して家庭的養護を行う「地域小規模児童養護施設」，地域において小規模なグループで家庭的養護を行う「小規模グループケア」など施設を小規模化した形態がすすめられるようになっている。

　施設では子どもには自分専用の居室が準備されつつある。個室の提供がすすめられているところであるが，「自分の部屋」，そこに自分の世界をつくりだす。そのためには，子ども自身の自己領域の確保という視点が重要である。自分の愛着のあるものを部屋におくこと，貼ること等，自分らしくいることができる空間づくりを支援することが大切である。そのことが（それが認められること）

そこにいる安心感へのつながり，自己肯定感の向上にもつながる。そして，自分の部屋が自分の居場所となっていくのである。

　そして，そうした場所を常に快適にすること，掃除をすることの大切さも体感・経験することができる。そのためには，帰って来た時に部屋がきれいであること，気持ちがよい状態にあること等，ここにおいても職員が「お世話」することからはじまる。

　可能な限り，子どもが暮らす生活の場からの移動は避けたい。それまで大人の都合で生活の場を転々としてきた子どもが多いからである。場を変わらず，人間関係も変わらず暮らすことが，子どもがその場に愛着を持ち，その場にいるだけで安心するということを実感できるのである。

　また，自分の居室がプライベートな空間であるのに対し，みんなで共有するいわばパブリック（公共）な（の）スペースもある。例えば，テレビを見たり，ゲームやトランプなどをしたりして，みんなで遊んだりする場（集い，憩う）である。自分以外の子どもにもプライベートな空間があり，それはみんなで大切にするものであること，パブリックなスペースをいかにしてみんなで協力して使うかという体験を準備し，そのかかわりを提供する。そのことが，広い意味で，自分を大切にし，他者を大切にすることにつながる。

　また，虐待を受けた子どもたちは，その怒りをものにぶつけることがある。ドアにあたり破損させたり，壁をけったり殴ったりして穴を開けたりもする。これらを放置していると，破損させた子どものこころが放置されている（ほったらかされている）とうことにつながりかねない。自分の住んでいる場所がどのようになっているかについて配慮（想いを寄せられている）されていないというメッセージとなる。

　また，殺風景な場所に花を植えたり，飾ったり，絵を飾ったりすることで，その場の雰囲気が変わることを実家してもらう。つまり，生活環境の整備について，子どもが配慮されているという実感につながっていくのである。

### 4）食生活（食育）をかかわりに取り入れた支援事例

　良子さん（9歳）は，これまで家族と買い物にもあまり行ったことがない。食に関する興味も薄く，食も細かった。また好き嫌いが激しい。野菜は苦手で，

ピーマン，ナスは特に苦手。職員と一緒にスーパーに夕食の食材を買いに行った。「キャベツをかごに入れて」と言われたが，持ってきて入れたのは，レタスであった。これまでの経験の不足からくるものである。

それから，毎回買い物に職員と一緒に行くようにして，野菜，肉類，魚介類，加工食品などスーパーに陳列されている商品に自然にふれるようになった。そうして良子さんは少しずつ食に関する事柄に興味を持つようになっていった。

また，動植物の世話をするのは好き（以前の生活では猫を飼っていたり，サボテンを育てていたりした）で，学校でも飼育係や生活科の植物栽培は積極的に取り組むことができる。施設の庭に菜園をつくことになり，良子さんはその係となった。

畑の準備，苗植えから，水やりなど職員とともに行い，夏野菜の収穫の時期になった。良子さんは周りから「よく世話したね，こんなに立派なピーマンやナスができたね。良子のおかげだね。みんなでおいしく食べようね」と言われ，その日の夕食はピーマンの肉詰めと麻婆ナスであった。

良子さんは，嫌いなピーマンやナスをこれまでなら，外して食べていたが残さず食べ，「自分で育てたから残さず食べたよ」と満足そうであった。

---

演習課題

1　食生活の大切さを伝える取り組みを考えてみよう。また，食を生活の中心に据えたかかわりとは何か考えてみよう。
2　子どもたちがどんな想いを抱えて食卓を囲んでいるかを想像し，楽しい食卓にするには職員からどのような働きかけが必要か，考えてみよう。

---

## （2）しつけと支援

### 1）しつけと社会的子育て

虐待をした・している保護者等の中にはその行為を「しつけとしてやった」「親が自分の子をしつけて何が悪い」と主張することがしばしばある。しつけにおいて，子どもが苦痛に感じる行為は，目的がたとえ大人が必要なしつけとの考えで行ったことであったとしても，それが暴力や心理的に恐怖や威圧を感

じるかかわりであれは，行為として許されない。施設等においては，特に虐待を受けてきた子どもたちが多く暮らす現状において，まわりにいる子どもたちも含めて，そのかかわりの影響を考え，進めて具体的なかかわりを考えていかなければならない。

　あいさつや食事の時の行儀，言葉遣いや態度（特に目上の人への）などは，一般的にしつけの中心的な事柄になるであろう。しかし一方で，これまでの家庭等の生活において，子どもは望ましい価値観や感覚と同時に，望ましくない価値観や感覚，所作も取り込んでいる可能性がある。

　そのようなことからすれば，施設に入所する子どもたちは，虐待としてのしつけやいわゆる行き過ぎたしつけ（子ども本人が受け入れられない）を経験してきているととらえなければならない。施設等で生活する子どもたちの混乱を避けるためにも，しつけの意味するところやそのかかわりについて丁寧な説明がそこには必要になってくる。最終的には，社会の中で適切につながっていくためのマナーであったり，所作であったりを大人とのかかわりで身に付けていくことが求められる。

　社会的な子育てにおいて，子どもは親等の関係をおもんばかるがゆえに，身に着けた価値観等を簡単には変更（手放すことを）しないし，容易に変化させられない場合もある。養育はつなぐものである。施設でのかかわりも家庭でのかかわりを引き継ぎ，再び家庭に帰ることやのちのち社会とつながっていくことを念頭に置きながら，望ましいかかわりは引継ぎ，望ましくないかかわりについては修正をかけていく必要がある。

　家庭（親）の影響力は大きいものがある。その影響は，一朝一夕に変化をかけられるものでもなく，根気強いかかわりが必要となる。最終的に社会とつながっていくために，身に付けていった方が良いと思われる，価値観や考え方について，時間をかけて大人は投げかける。そこでは，これまでの保護者等とは違った新しい養育観に基づくかかわり，働きかけが含まれてくる。目的や手段も自ずと違ってくる。

　ゆえに，そのかかわりに，子どものなかには戸惑いや否定的感情をもって反応することも少なくない。施設でのかかわりが親等と真逆であることすらあり

得るからである。しつけは，「その子のことを想ってなされる」ことがほとんどある。

　社会的な子育てにおいて，何を軸にかかわりを持つことが必要か。それは，児童の権利に関する条約（以下，子どもの権利条約）の中にあると考える。しつけは親の子に対する指導に相当するものであるが，それが適切ではなかったことによる混乱が子どもに生じていることがベースになっている。その存在に対して，同じ大人として，同じ養育者として，配慮をもったかかわりとは如何なるものであろうか。

　しつけに相当することや施設内のルールもそうだが，その必要性と意味するところを，子どもに説明しつつ子どもとの合意をもってすすめていく必要がある。いわゆる関係性の構築を図りながら，ことのよしあしや望ましい立ち振舞いを伝える，教えることは非常に根気のいるかかわりである。時として，保護者（親）のそれまでの養育を部分的にでも否定しなければばらないこともある。それは幼少期から継続して育まれていくかかわり（その中で獲得されたり，形成されたりするもの）である。

### 2）しつけへの配慮──権利擁護の取り組み

　虐待を受けたことによる，子どもの大人や社会に対する不信感は並大抵なものでない。その経験がある子どもには，新たな養育者による寄り添いや見守りが必要である。時として善悪の基準も示されないまま，一方的に養育者の感情のままに振舞われ，それを「しつけ」として正当化された子どももいる。明確な謝罪すら受けていない。一方で，子どもには適切に叱られる権利がある。また子どもたちは間違った時にはそれを正してくれる大人のかかわりが必要であるし，それを求めている。

　これまでの「しつけ」に代わるかかわりとして，社会的子育ての現場には権利擁護の取り組みが必須である。家庭等で虐待等（権利侵害に他ならない）を受けてきた子どもを受けとめていくには「しつけ」に代わる価値観に基づくかかわりが必要である。

　それは，言い換えれば話し合いの文化を生活の中で根づかせていくことである。子どもと大人が誤解を恐れず言えば対等な関係でお互いを尊重，尊敬しあ

い生活することが肝要である。そうして新しい養育の価値を示し，作り上げていかねばならない。

　理不尽に叱られ，理由も示されずに一方的に生き方や生活にしかたを決められる経験をしてきた子どもにとって，生活上，公平にかかわられることが重要で，施設での生活は，家庭のそれと社会のそれとをつなぐ接点でもある。

　子どもたちへの想いを込めた私たちのかかわり（行為）が，不適切なかかわりにならないように望ましいかかわりのあり方を子どもたちと創っていく営みが必要である。社会的なかかわりであるから，第三者のかかわりが必要となってくる。第三者委員会や第三者評価機関，地域社会などからの意見を取りいれながら，施設の子どもへの養育が適切なものであるか，検証しすすめていく必要がある。

　最大の「しつけ」は人権意識や人権感覚を醸成させ，虐待やDVの加害者にも被害者にもならないようにかかわっていくことである。虐待の連鎖（この言葉は好きではないが）を食い止めることである。「自分を大切にすることや相手を大切にすること」「何かおかしいな，困ったなと思ったら信頼できる人に言う・相談することができるように（そのために人とかかわり合うこと）」，普段の生活の場面で，なんでも言い合える関係づくりを目指し，話し合いの文化を根付かせる。大人も子どももフェアな関係性になるための工夫し，権利擁護に真摯に取り組む時，時間はかかるがその事実は必ず，その子（人）の自立支援に収斂，統合されるはずである。

### 3）ホーム（居室）での話し合い事例

　「あいさつができない」「大人を信用していない」「話し合いにならない」「うそをつく」そんな言動や態度を表現する子どもとかかわる大人は，関係をどうつくるか。大人の態度として必要なこととして，「約束を守る」「誠実に対応する」「わからないことはわからないという，でもわからないままにしない」「子ども扱いしない，でも適切に子ども扱いする」「大人と子どものフェアな関係を目指す」「丁寧にかかわる」などが挙げられる。

　しかしながら，すぐにわかり合えない時もあるだろうし，大人の責任として判断しなければならない時もあるかもしれない。でも，最後まで諦めずに話し

合う，説明する。子どもは自分でもよくわからない，そのことに不安を感じている。不安に寄り添ってくれる人を求めている。主体的に考え判断できる，わからなかったり，困ったりした時には，相談することができる人が自立している人である。社会的子育てのかかわり（しつけ）は，失敗を認められる，そして再チャレンジすることに寄り添うことである。

　ホーム（居室）において，定期的（〔月1回程度〕必要な時は随時）に話し合いの場を持ち，自分たちの生活に自分たちの意見を反映できるようにする。原則，全員参加で合議において事柄を決める。大人主導になりすぎないように留意しながら，子どもの生活に対する主体性を育んでいく。

---

#### 演習課題

1　子どもとルールについて話し合ってみよう（一緒に暮らす仲間同士，どのようなポイントに留意したらよいのかを考える）。
2　話し合いのルールを子どもと作ってみよう（お互い望ましいコミュニケーションを重ねていくためにはどんなポイントについて留意したらよいのかを考える）。

---

### （3）学習支援

　施設に入所する子どもは，それまでの家庭環境が劣悪な場合が多く，学習の環境や機会が損なわれている場合が多い。継続した学習がなされていないことが多い。そのことによりある時点から学習のつまずきが起きたり，その環境の影響から起因する特性も抱えることになったりする。子どもは学習の困難性や結果としての学力の課題を抱えることになる。

　また，それが長期的なものになるケースもある。劣悪な家庭環境の影響により学習機会が十分に与えられなかった子どもに対する学習保障は，社会的自立を目指すためにも不可欠となる。

　何よりも「自分は勉強ができない，頭が悪い」と思い込んでいる子どもが多く存在している。これまで置かれてきた環境や現在の能力等を見極めつつ適切な環境と機会を提供していかねばならない。学校教育を補完する意味での施設における学習支援について述べる。

### 1）学習環境の整備

学習に集中できる場所としての学習室の確保が望ましいが，多くの施設は居室や児童の自室が学習環境である。居室では複数の子どもが生活しているので，どうしても学習に集中しがたい環境になる場合がある。

次に個々の学習机の確保である。机についても共用している場合もあるだろうが，これも可能な限り，個人の机を用意する。また，学習室の設備がある場合には年齢に応じた参考書や辞書などが準備されていることが環境整備上望ましい。

中学生や高校生の学習塾にかかる費用が制度化されたこともあり，意欲的に通塾を始めた子どもも複数いる。多くの子どもは高校進学や近年では高校卒業後の大学等高等教育の進学を目指しており，進学を果たす子どもも増えている。子どもたちが自身の将来を考えるときに，希望を持って進路を選ぶことができるように，学習機会の保障の手立てを行う。進学等を間近にひかえた子どものみならず，学園の進路選択に向けての考え方に基づいて，年齢，状況に応じて，個別的，集団的に学習支援を行っていく。

子どもの理解度，能力には当然差があり，様々な環境要因から，学習に力点を置くことができずにいる状況も存在する。学習意欲の向上なくして，学習に対する習慣化は難しいが，学習に対する意欲，理解度の向上を図ることは，学校生活における安定に通じるともいえる。わかること，できることを一つでも増やすことを目標とする。

### 2）不登校の子どもへの対応

施設入所児童の中には，入所以前の生活環境の問題，子ども自身の課題（対人関係，能力の課題等），入所後生活環境の変化から登校が難しい子どもがいる。各児童が抱える課題や問題点は様々な為対応の統一はできない。

① 原因の解明及び初期介入を行う

日々の入所児童とのかかわりや状況把握の中で，生活の変化や友人関係，学力の遅れや進級が困難である状況等から学校への気持ちが消極的とわかった時には，本人と状況を共有し，解決策を導き出せるよう支援する。日々の様子を把握し，不登校の予防にもつなげる。

実際欠席が続く際は，学校との連携を取り，本人を含めて随時振り返りを行い，その子どもの抱える問題や今後の見通しを話し合う。そして，要因の解明，解決方法，解決後の目標と課題を明確化できるよう働きかける。学校に行かない，いけないことの影響により生活リズムの崩れや，登校再開後の学習面や対人関係の躓きから再び不登校につながる懸念もある。職員側も子どもに合わせた予防的な対応が必要となる。

②　学校との連携と各種機関（相談学級など）の活用

不登校の取り組みにあたり，学校との連携は不可欠である。原因を探りその解決に向かう中で，担任と協力し，直接的な連絡や家庭訪問も状況に応じてお願いしていく。

原因が学校にある場合には速やかに対処してもらい，スクールカウンセラーや養護教諭への相談，アプローチも必要に応じて行っていく。必要に応じて教育相談所と連携し，相談学級や適応指導教室，中学校にある不登校特例校とする分教室，児童相談所児童心理司，児童相談所機能の活用をすすめる。精神科通院の検討など多面的にアプローチする。各種機関と連携し，個々の子どもに応じた対応を模索していく。

③　学習機会（学習権）の保障

不登校の子どもの学習権を施設としてどう保障していくかは課題のあるところである。様々な要素が絡み合い，結果として不登校状況に至る。学校に行かないということはその部分において学習権が手立てされていないことに他ならない。本人の意思として学校教育とういうシステムに乗れないとなったときに，次の手立てを用意しなければならない。

一つは施設内の環境を活用し，学習支援することである。幸い施設には，教員資格を持った人材がいる。児童心理治療施設や児童自立支援施設には施設内に学校教育機関が併設されているが，児童養護施設には基本それがない。施設内で不登校児童の学習の機会に何らか手立てを行い，学習意欲の維持・向上を図るとともに，個別的なかかわりをすすめる。学校に行けないということの多くはエネルギーが落ちているということであるので，学習のみならず，個別的なかかわりを通じて子どもの気持ちに寄り添い，その不安や言葉にならない想

いに耳を傾ける大事な機会とする。

### 3）それぞれの年齢や学年に応じた学習支援

　短時間でも１日の中で，職員，子どもが共同して学習にかかわる全体的なことに取り組む時間を意識的に設けていく。そして，以下の点に留意しながら早い段階から進路について考えることのできる投げかけを行う。

①　日々の学習・進路の取り組みを大切にする。
②　子どもの学習に対する理解度，進捗状況を把握し，学校の担任とも共有する。
③　学習ボランティアと支援について検討を継続し，子どもの学習環境の充足を図る。
④　中学生，高校生の通塾の奨励とそことの協働。
⑤　中学３年生・高校３年生への進路支援。

①　小学校低学年

　学校の学習が中心になる。宿題，なければ，それに近いものの家庭学習。担当，ボランティア。基礎的な学習の習得。学習習慣の定着。学習環境を整える。これに乗れない子については，どこが課題なのかについて明確にし，対応方法を検討する。

②　小学校高学年

　低学年に準ずる。将来の進路の話をする中で，通塾を認めていくかどうかの検討をする。保護者の意見も取り入れながらすすめていく（受験については，できないならできない理由を言えるようにする）。この子どもにとってどういう教育の提供がいいのかを考えてすすめる。

③　中　学　生

　ボランティア学習の導入と学習塾等との活用とその連携を図る。希望する子ども（中学生以上）については通塾（家庭教師）等をすすめていく。学習習慣が身についていない子ども，家庭での学習が身についていない子ども，入塾等しても行かない子どもへの取り組みを検討する。どのような塾があるのかのリ

サーチ，その子どもに合った塾を検討し塾任せにしない。本人や担当任せではなく，施設として確認してすすめる。

④　高　校　生

高1，2年の間は基礎学習を確実に行っていく。高3（場合によっては高1，2から）については進学にあたっての通塾を認める。その子どもの希望する進路選択をどう実現させるか。その中でお金が出ない通塾についてどう考えるか。高2の中間期に，今後の進路について検討し，進路選択の確認と，通塾の検討を総合的にすすめる。

### 4）ボランティアとの個別学習事例

奈々子さんは，学習が苦手。集団での学習はまわりの子が気になり集中ができない。学習面において自分はできない，遅れていると思い込んでいて励ましてもどうせ自分はやってもできないと反発してしまう。集団での学習では，周りの子にちょっかいを出してしまい，かき回してしまう。

そこで，実習に来ていた学生さんに実習終了後，個別の学習ボランティアとして，取り出してかかわってもらうことにした。最初のうちは，やはり集中して取り組めなかったが，定期的に学生が来てくれることがわかってくると，学習だけ行っているわけではないが，集中し取り込むことができるようになった。自分だけのために来てくれる存在があることが大きかったと思われる。

---
演習課題
---

1　学習支援のポイントについて考えてみよう（子どもの学習に対する想いは何かを考える。子どもたちのおかれている背景を考える）。
2　学習ボランティアを募集してみよう（手順を考えてみよう。どのようなボランティアが望ましいのか，子どもをアセスメントしてみよう）。

---

### （4）余暇活動への支援

### 1）余暇活動

① 行　　事

余暇活動は，子どもが主体的に参加したり，決定したりできる取り組みであ

る。大多数の子どもが，それを楽しみにしている。日常生活において施設だからできることで，自信をつける。職員と子どもがともに考え，企画をしてともに取り組む。チャレンジすること，達成感を味わうこと，グループの力を活用すること，子どもの意見を取りいれること，成長や変化を共有すること，施設での生活をポジティブに捉えることができること，などの意味がある。

　特に夏の行事は長期間の学校等の休暇を利用して，大掛かりな取り組みも可能となる。意欲をもって望むこと選択すること，それに職員が寄り添うこと子どもたちが生活上，楽しみや目標となるような行事を経験することによって，安定した生活が送れるようなり，また，楽しい思い出をつくることで，施設での生活を肯定的に受け止められるようにして実施する。

　親元を離れて生活する子どもが生活上の楽しみや夢や目標を持って取り組める行事のあり方を追求するとともに，非日常的な取り組みを通じて生活に張りと活力を持たせることを目的とする。さらに行事を通じてみんなで協力して作り上げる大切さを学ぶとともに未だ体験していない様々な社会体験を行うことで生きていく力や勇気を育むことを目的とする。

　ここ近年の小規模化や地域分散化に伴い，施設全体で行事を行うことには工夫が必要になってきている。全体で行事を行うことの意味ついてはその都度検討を重ねていくことになるが，「子どものために」の視点が必要である。子どもたちにとっての楽しみの期間や参加する機会（余暇活動）をどのように，保障していくか重要である。

　支援において個人の日常生活を安定させることは当然のことではあるが，その中で（共に暮らす仲間）何か目標を持ち，取り組むことも大切である。しかしホーム（居室）単位でのグループでの活動自体，基本となる人数が小集団であり，その集団の小さな世界で完結してしまうおそれもある。

　一定の人間関係から学ぶことも多くあるが，さらに幅広い年齢層や大集団での人間関係の構築や刺激，より多くの体験学習をする機会を提供する必要がある。その行事において振り返りを行い，編み直して取り組んでいくことで，深みや厚みが増してくる。そのような視点を持ちながら，レクリエーションワークを展開し，保障していく必要がある。

### ②　習　い　事

　入所している子どもは，一般的に自己肯定感が低下している，自尊感情が育まれていないといわれる。総じて生活の経験が十分でなかったことに起因して，チャレンジすることに気後れがあったり，自分に自信がなかったりする傾向が強い。「どうせ自分なんか」とか「どうせやってもできない」など諦めの言葉だったり，自分自身を卑下した言葉だったりが先に立つこともしばしばである。

　子どもに何とか自信を取り戻してもらいたい，価値ある存在としての自分自身を認めてほしいとかかわっている側は強く感じている。具体的な取り組みをもって子どもに寄り添い，励ますものとして習い事を推奨する取り組みがある。

　施設のなかで余暇活動としてクラブ活動（野球，サッカー，ピアノなど）で取り組んでいるが，習い事は，地域の資源を活用して余暇活動として取り組んでもいる。費用はかかることになるが，子ども自身がやりたいことを表明して選び，チャレンジすることを勧めている。地域に開かれた施設の取り組みとしても意義深いことであるし，そのことで子ども自身，地域の中で育まれていることを実感することができる。単なる知識や技術の習得だけでなく，人間関係の広がりや深まりも経験できる。子どもの活動に導かれるかたちで，施設や職員も地域活動に参画することができ，その関係性を強化できる側面も持っている。

### ２）自信を付けるための取り組み（夏行事・習い事）での支援事例

　隼人くん（13歳）は不登校で，１学期はほとんど登校できていなかった。夏休みの過ごし方が２学期からの登校ができるためのカギでもあった。体を持て余すことが多く，対人関係の不調さもあり，ホームで過ごすことが多くなっていた。一方で真面目な性格ゆえ，登校できていないことが罪悪感になりつつあった。施設では夏休み行事が組まれており，子どもが選び主体的に参加することができた。本来，苦手な体を動かすプログラムである，自転車旅行のプログラムに本人はエントリーした。エントリーした本人が一番不安がっていたが，本人はまわりの職員の励ましもあり参加した。案の定，参加した子どもの中では，一番遅く心が折れてしまうのではないかと思われたが，付き添った職員の献身的なエスコートにより，最後まで走り切ることができ，本人の自信につながった。

聖奈さん（6歳）は，幼児のころから肥満体質で，食事制限等にも取り組んできたがなかなか痩せることができず，小学校に入学した。勉強は苦手であったがとりわけ，体育は体重のこともあり積極的になれない教科であった。小学校は1学期の最後から水泳授業（プール授業）が予定されており，本人は水が大の苦手でプール授業が始まると登校もおぼつかなくなるのではと心配されていた。そこで，本人は強く求めてはいなかったが，スイミングスクールに通う（週1回）ことにした。本人は積極的ではなかったが，職員が慣れるまでは必ず付き添い見守ることとして，励ました。全く泳げなかった彼女が，約5年間休まず通い目標であった（本人が途中から自分で定めた）バタフライで25m泳げるにまで上達した。

---

演習課題

　1　子どもの「自信を付ける取り組み」（行事・習い事）の提案を立案してみよう。

---

**注**

⑴　厚生労働省子ども家庭局家庭福祉課「社会的養育の推進に向けて」2022年3月31日，2頁。

⑵　厚生労働省「社会的養護の課題と将来像」2011年7月，3頁。

⑶　前掲⑴，28頁。

⑷　同前書，35頁。

⑸　浅井春夫「戦後社会の変化と児童養護実践の方向——歴史から学び，現在の課題に立ち向かう」季刊『児童養護』創刊50周年記念誌，2020年3月19日，46頁。

⑹　厚生労働省子ども家庭局「児童養護施設入所児童等調査の概要（平成30年2月1日現在）」2020年，12頁。

⑺　前掲⑴，7頁。

⑻　同前書，8頁。

⑼　前掲⑹，13頁。

⑽　前掲⑴，259頁。

⑾　友田明美『新版　いやされない傷——児童虐待と傷ついていく脳』診断と治療社，2012年，91頁。

⑿　同前書，82頁。

⒀　同前書，87頁。

⒁　厚生労働省雇用均等・児童家庭局「児童養護施設入所児童等調査結果（平成25年
　　2 月 1 日現在)」2015年，6 頁。

⒂　前掲⑹，30頁。

⒃　同前書，28頁。

⒄　前掲⑴，144頁。

⒅　上薗美鈴「児童養護施設入所児童に対する有効な心理的援助の要因についての分
　　析」『龍谷大学大学院文学研究科紀要』35，2013年，70頁。

⒆　森田喜治『児童養護施設と被虐待児』創元社，2006年，6 頁。

⒇　同前書，29頁。

**参考文献**

**・第 1 節**

厚生労働省「子ども虐待対応の手引き（平成25年 8 月改正版)」2013年。

**・第 2 節**

厚生労働省「子どもの権利を擁護するために」2002年。

全国児童養護施設協議会「この子を受けとめて，育むために」全国社会福祉協議会，
　　2008年。

東京都福祉保健局「子どもの権利ノート」2008年。

# 第2章 │ 特別な配慮が必要な支援

## 1　治療的支援

### （1）なぜ子どもたちは治療的支援を必要とするのか

　表1-1からわかるように，社会的養護の下で生活する子どもの多くは，保護者からの虐待や深刻な養育環境から保護された子どもたちである。また，家族やそれまで慣れ親しんだ環境との分離を体験し，喪失による心の傷も負っている。

　虐待による子どもへの心理的影響は表1-4に示したが，これらは愛着の障害と，虐待によるトラウマからの症状である。

　愛着は生後間もなくから母親を主とした養育者と子どもの間に築かれる情緒的絆で，子どもの成長，発達に重要な影響を与える。子どもは生後7～8カ月頃になると母親の傍を離れて探索行動をするようになるが，不安や恐怖を感じた時に母親のもとに戻りそれを低減させる。この経験を繰り返すうちに母親のイメージが徐々に内在化され，3～4歳頃には心の中に安定した「安全基地」が形成されるといわれている。そうなると，実際に母親がそこにいない場面で不安や恐怖のようなネガティブな感情が生じても，心の中にいる母親のイメージだけで安心感を回復することができるようになっていくのである。しかし，「安全基地」が確立していない子どもは，常に根拠のない不安や恐怖を抱えることになるのである。

　社会的養護には愛着対象が内在化されていない子どもや，歪んだ形の愛着を形成している子どもがいる。誰かれ構わず人懐っこく接近して甘え，初対面の人にでも抱っこを要求する「無差別的愛着傾向」といわれる行動をとる子ども，逆に大人との親密な関係を避けようとしてしまう子ども，また，普段はむさぼ

るように愛情を要求するのに，困っているときに手を差し伸べようとすると拒否をするといった，矛盾した態度を養育者に向ける子どももいる。

　愛着形成に課題のある子どもは，安心感と同時に，基本的信頼感，自己肯定感の獲得にも課題を抱える。基本的信頼感は，乳児期，発達の第一段階で獲得され，子どもが成長する上で土台となる感覚である。乳児が泣くことによって不快な感情を訴え，それに母親が無条件に情緒的に応答し，不快を快に変えていくというかかわりの繰り返しの中で，他者や社会に対する信頼感や，自分には愛される価値があるという自己に対する信頼感を築いていくとされる。しかし，社会的養護の子どもたちはこの段階のつまずきに加え，虐待によって，歪んだ他者・自己イメージを獲得していることが多く，このような子どもたちと信頼関係を築いていくことは容易ではない。

　虐待環境で育った子どもは，自分の身を守るために刺激に対して敏感となり，ADHDと区別しがたい衝動性の問題を抱えることがある。また，怒りや恐怖の感情が内に向かうと，うつ的になったり自傷行為に至ることがあり，外に向かうと，激しい癇 癪 を起こしたり暴れたりするなど，攻撃的行動に至ることもある。乳幼児期に愛着対象者とともに行われる不快を快に変える体験が不足しているため，行動や感情をコントロールすることも困難である。

　彼らの不適応行動の背景には虐待によるトラウマが影響しているとされる。何かの出来事や誰かの言葉がトラウマを刺激し，虐待を体験したときの悲しみや怒りの感情が呼び起こされてしまうのである。そして，自分に親密にかかわってくれる大人に対してわざと挑発的な態度や言動を繰り返し，その人から怒りや攻撃性を引き出そうとすることがある。社会的養護の養育者は，このような子どもの負の感情に巻き込まれることで，新たな虐待関係を生み出す危険があることを理解しておく必要がある。

　近年，医療や福祉，教育などの領域で，トラウマインフォームド・ケアという支援の概念が広がりつつある。支援者がトラウマについての知識を持ち，上述のような子どもの不適応行動や心身の不調の背景にどんなトラウマが影響しているか認識して適切に対処し，子どもと支援者との間での再トラウマ化を防ぐという支援の枠組みである。今後，社会的養護でも拡大していくと思われる。

　以上のように，社会的養護を必要とする子どもたちは，少なからず愛着とトラウマの課題を抱えて入所してくる。まずは子どもたちが，安心感を持てる場所で，大切にされる体験を積み重ねながら養育者との間で愛着を形成し，基本的信頼感や自己肯定感を獲得していくことが必要である。社会的養護における養育者は，養育の専門家として，子どもにとって自身が愛着対象の一人となることを認識し，子どもがゆっくりと心の傷を回復し成長していくような専門的ケアを行うことが治療的支援となるのである。

### （2）治療的支援に必要な環境

　子どもが社会的養護において養育者と健全な愛着を形成していくには，家庭的な養育の中で安全が確保され，安心感や保護されているという感覚を持って生活できることが大前提となる。それは，日々の養育の丁寧な営みの中から育まれる感覚である。乳幼児が母親とのかかわりの中で，おっぱいを飲み，眠り，目覚め，排泄するという生理的欲求が，心地よく安心感を持って満たされていく過程で愛着の形成が始まっていくように，社会的養護の子どもたちも，安全な環境の中で，食べて，寝て，気持ちよく起き活動することが安心感を持って行われることが大切である。すなわち，家庭的な環境の下，心のこもった食事で食欲が満たされ，かつそこに団欒があること，清潔な寝具が用意され年齢に応じて養育者との間に就寝前の営みがあること，朝気持ちよく目覚め一日の活動が心地よく開始されることが，子どもの安心感を育むうえで最も重要なことなのである。穏やかで秩序ある，そして容易に変化することのない日々の生活の営みの中で，養育者との愛着は形成されていくのである。

　住環境の持つ意味も大きい。施設のたたずまいを整えることと，清潔感を保つことは大切にされるべきである。破れたままの壁や汚い建物は無意識に子どもの不安感を高めるからである。傷んだ場所は速やかに修理する必要がある。そして，丁寧に掃除された環境は，子どもたちにとって心地よいものとなり，治療効果をもたらす一助となる。

## （3）愛着形成に向けた養育者の専門的支援

### 1）愛着形成をすすめる養育者の連携

　社会的養護では複数の養育者が子どもの支援にかかわるが，まず子どもは，一人の養育者と愛着を形成し，徐々に他の養育者との関係も広がっていく。愛着対象者が複数存在することで，子どもが不安や恐怖に直面した時の「安全基地」が増え，保護機能が増すとされているが，担当職員同士のチームワークが良好であることは，子どもの安心感を育むうえで大切なこととなる。職員同士の不一致や衝突があると，子どもにかつての不安な養育環境を想起させ，担当によって異なる対応は子どもの混乱を招いてしまう。さらに，施設全体が「安全基地」になるには，施設長を筆頭とする職員集団が共通認識を持ってかかわりが一致していることが求められる。

　また，交代制勤務による養育者の物理的不連続性の問題がある。それぞれの子どもの状況が養育者間に確実に引き継がれ，営みの中に連続性や一貫性が担保されることが重要となる。勤務に入る前に記録を確認し，子どもの状況を把握することは必要不可欠なことである。

　では，養育者の専門的支援とはどのようなものだろうか。いくつかを後述するが，確認しておきたいのは，生活は治療のためにあるのではないということである。生活の中の治療的支援とは，穏やかで安心できる日常があり，信頼できる養育者との親密なかかわりがあることが，子どもにとって治療的効果をもたらすということである。そのために，職員には，衣食住の細やかな配慮と様々な人間関係に配慮を行うことができる専門性が求められる。

### 2）入所の支援

　最初の出会いは大事である。子どもは未知の場所や人に大きな不安を抱え，ここが安心で安全かを無意識に探ろうとする。したがって「あなたを待っていました」というメッセージが少しでも伝わり不安が解消されるよう，生活に必要なものの準備がされ，子どもが「ここでは大事にされる」という感覚を持てることが望ましい。一定程度は当園・登校させず，職員がずっと付き合い，生活の場になれることを優先する。母親が出産後赤ん坊と24時間共にいてお世話をすることと同じと考えたらいいかもしれない。この最初の不安の解消は愛着

形成に向けての第一歩となる。

### 3）食事の支援

　食事は愛着形成のための大事な要素となる。生後間もない赤ん坊が食欲を満たしてくれる母親と愛着を形成していくように「おいしい食事はどんな心理治療にもまさる」と言われるほど重要である。インスタント食品やレンジフードに頼らず，化学調味料や濃い味付けを排した，心のこもった手作りの食事を提供し，温かいものは温かく，冷たいものは冷たくしておいしくいただくことを大切にする。おいしい食事をいただくことは，子どもの緊張と不安を取り除くことになり，自分のために用意されたものを皆といただくことは，生活の場を確認することにもつながる。

　子どもの食欲を把握し，事前に量を減らすなどの工夫も，子どもにとって丁寧に扱われているという感覚を育む。そして，食事を囲んでの団欒では，養育者が「あなたたちのことをいつも気にかけている」と伝わるコミュニケーションを心がける。また，子どもの誕生日には特別なメニューやイベントが用意され，その子の誕生が祝福されることが大切である。「自分は生まれてきて良かったんだ」と自己肯定感が育まれる時間となる。

### 4）コミュニケーションによる支援

　挨拶はコミュニケーションの基礎となる。特に朝の挨拶は，子どもの一日を気持ちよくスタートさせるために重要な支援となる。心地よい「おはようございます」で目覚め，「行ってきます」「行ってらっしゃい」と挨拶が交わされる中で子どもたちの活動が開始し，「ただいま」「お帰り」で夕方の営みが始まる。「あなたの帰りを待っていましたよ」というメッセージが伝わる迎え入れで，子どもは待ってくれている人がいるという安心感を育んでいく。そして，その応答から子どもの様子の変化や心の状況を感じ取っていく敏感性が専門職には求められる。子どもに最大限の関心を寄せ，子どもの話を聴き応答すること，子どもが話さなければ，養育者が「今日は学校どうだった？」と話しかけコミュニケーションを図ることが必要である。「私のために聴いてくれる」というかかわりが愛着形成へとつながる。そして何があっても，1日の終わりは穏やかな「おやすみなさい」で安心して眠りにつくことが望ましい。

生活において変わらぬ日常を維持し続け，常に意識的にかかわりを積み上げていくことこそが，子どもの愛着形成や安心感を育むものであり，治療的支援となるのである。

### （4）他職種との連携

#### 1）基本的信頼感獲得と感情のコントロールの支援

基本的信頼感は生後間もなくから母親の無条件の情緒的応答性によって育まれる。したがって，子どもが基本的信頼感を獲得していくために最も重要なことは養育者が子どもの存在そのものを無条件に受け止めようとする姿勢である。子どもが繰り返す不適応行動やトラウマ性の攻撃に対して，まずはその子の今の現実を受け止め，その行動の背景を考えながら情緒的応答性を持って寄り添い，共感的に理解していく姿勢が求められる。

感情のコントロールについては，時間はかかるが，繰り返し手伝うことで，やがて自分でコントロールできるまでに成長できることを信じたい。悲しみや怒りなど，養育者が子どものネガティブな感情を理解し，言語化して子どもに伝えることで，子どもは自分の感情を言葉で理解し，言葉で伝えられるようになっていくのである。

根気強い支援を通して，子どもは養育者を信頼できる大人として認知し，人は信じられるものだという感覚を得ていくことにもなるのである。

#### 2）心理職による個別の心理療法はどのように行われるか

子どもに対して，養育者グループが心理職による専門的な心理支援が必要と判断した場合，あるいは，ケース会議や職員会において心理支援の必要性が決定した場合，個別の心理療法が開始される。心理療法を行う前提として，子どもがある程度安定した日常生活を送り，生活における安心感が子どもの中にあるということである。子どもが安心して戻っていける日常がなければ，非日常での心理療法は成り立たない。心理療法にとっての生活の重要性を養育者と心理職がともに理解しておく必要がある。

個別心理療法では，小学生頃までは遊びの力を介して子どもの心を開放する遊戯療法が，中学生以降は子どもの言語発達に応じて心理面接が行われること

が多い。子どもは過去のトラウマ体験を，遊戯療法では遊びの中で象徴的に表現し，心理面接では語りによって心理職の寄り添いのもと再体験する。また，遊戯療法の中で安全に退行し，育ち直しをしながら，心理職と愛着の修復をし，生活場面での養育者との間で良好な愛着関係を築いていく一助となることもある。

　このように，面接室は子どもの内的世界を扱う場所なので，物理的にも心理的にも侵入者の無いよう，生活空間から離れた場所で安心安全が保障される必要がある。セラピーの時間が同じ曜日の同じ時間に設定されることも子どもの安心感を育む枠として重要である。同じ時間に同じ場所で一人の大人が自分に最大限の関心を寄せてくれることだけでも，子どもの心理的支援として意味をなしてくるのである。

　また，生活場面面接といい，心理職が子どもの生活場面に出向いて面接をしたり，夕食時にホームを訪問し，食事を一緒にとりながら子どもの様子をアセスメントすることも心理職による支援の一つである。

### 3）治療的支援を促進するための心理職との連携

　養育者が，子どもの不適応行動の背景を理解しその行動の意味やメッセージを考えるにあたっては，心理職との連携が求められる。心理職は生活から少し離れたところから，子どもや子どもと養育者とのかかわりを客観的視点でみているため，養育者とは異なる気づきを得ることがある。また，子どもの個別心理療法を行っている場合は，セラピーの場での気づきと，生活の場での養育者の気づきを出し合うことによって，子どものメッセージを共に見つけることができる。これは心理職の役割の一つであるコンサルテーション[2]となる。

　コンサルテーションはケース会議の場のほか個別の場面で行われるが，日々の業務中で子どものことを話題にし，情報交換することも大切である。そのために，心理職はすべての子どもの日々の記録に目を通し，状況を把握しておく必要がある。それは，養育者の記録業務がICT化され記録の共有化が図られていることが前提となる。

　連携の一つとして，子どもの心療内科や児童相談所，療育センター等への通院通所に，心理職が同行することがある。医師や医療機関等の心理職とのコミ

ュニケーションが円滑に図られ，病院や専門機関との連携がとりやすくなり，養育者の負担も軽減される。

　また，心理職が養育者のメンタルヘルスに対応することがある。養育者は，虐待や愛着障害のケアにあたる中で，子どもの負の感情や行動に巻き込まれて疲弊し，心身に失調をきたす場合がある。治療的支援にあたる養育者が健康であるべきことは言うまでもない。また，養育者の退職は子どもにとってさらなる傷を負わせることになる。養育者自信のメンタルヘルスは重要で，日頃より養育者が心理職に相談しやすい関係を構築しておく必要がある。

### 4）治療的支援に必要な専門性を高める研修とスーパービジョン[(3)]

　社会的養護における治療的支援は，生活支援の中に愛着とトラウマの視点が必要であるため，それらの知見を深める研修が重要となる。また，子どもとの愛着を形成するためのコミュニケーションの取り方を学ぶために，ペアレントトレーニング[(4)]等の訓練を受けていくことも求められる。子どもの怒りに巻き込まれないための非暴力的な危機介入方法の体得も必要であろう。子どもにさらなるトラウマを負わせることのないよう，子どもの権利擁護についての研修も必要不可欠であろう。

　また，養育者自身も日々の養育の中で困難を感じ，悩みを抱える。施設内において定期的にあるいは随時に先輩職員に相談できる体制は必須である。養育困難な子どもの背景について共に考え，対応方法について助言をもらうことで，自信をもって子どもに対応することは，子どもの安心感にもつながっていく。

　さらに，外部のスーパーバイザーからの専門的知見に基づいた指導・助言を受ける機会があることが望ましい。養育者集団が専門的養育技術を高めていくことで，施設全体が子どもにとっての安全基地となり，そこでの生活が治療的効果を持つことになる。

### 5）事　　例

　恵子さんは小学校3年生の女の子である。小学校2年生の3学期にネグレクトと身体的虐待を理由に児童養護施設に入所してきた。

　母親はスナック勤務で，恵子さんは低体重で出生している。乳幼児健診や予防接種，就学時健康診断に至るまですべて未受診で，幼稚園や保育所にも行っ

ていなかった。保健師が訪問し，母親に受診や保育所入所を促したが応じなかったのである。母親の知人からは「子どもに何日もご飯を食べさせていない」との虐待通告もあったが，指導助言のみで保護には至っていなかった。しかし，小学校2年生の12月，「一晩中外に出されて登校してきた。怪我もしている」という小学校からの虐待通告で一時保護となったのである。母親も過酷なネグレクト環境で育ち，児童養護施設の入所歴があった。

　恵子さんは，入所後医療的ケアを受け，3年生になって体力もついてきたが，施設での生活に慣れた頃から，苦手なメニューをわざと嘔吐して食べたくないことをアピールする行動がみられるようになる。また，自分の思いを言葉で表現することができず，不平不満を感じると黙り込んで固まり，時には泣き叫んだり大暴れしたりと，不適応行動が続く。食事は配膳前に担当が食べられる量を恵子さんに聞き，食べきれたら褒めることを繰り返す支援によって，おかわりもするようになる。

　ある時，腹痛を訴え通院する。便秘が原因とわかり，毎日排便後に職員が便を確認するかかわりを続ける中で，「髪の毛結んで」「一緒に寝よう」と素直に甘えを表現できるようになる。

　1学期の終わり頃，恵子さんは登校前になって着衣水泳があることに気づく。担当が「急いで準備しなさい」と言うと，「一人じゃできない」と固まったまま動かず，担当が選ぼうとするとそれは嫌だと駄々をこね始め，「じゃあ一人でしなさい」と担当が言うと暴れ出す。寝具も窓から放り投げ，ランドセルも蹴り上げ外に飛び出していく。職員数名で，うろうろと敷地内を歩く恵子さんを見守りながら，興奮が静まったところで登校準備を共にし，付き添って登校する。

---

┌─ 演習課題 ─

1　恵子さんが担当職員に対して素直な甘えが表現できるようになったのは，どのようなかかわりがあったからだろうか。それは，愛着形成にとってどのような意味があっただろうか。

2　ある朝の恵子さんのコントロール不能な行動の背景には，どのようなトラ

ウマが影響していたと考えられるだろうか。この事件で、職員の恵子さんへの声掛けにどのような配慮が必要だったと考えられるだろうか。

　この事例は、幼児期からネグレクトや身体的虐待を受け、小学2年生になって児童養護施設に入所した女児、恵子さんの事例である。

　恵子さんは、虐待環境の中で愛着が形成されておらず、行動や感情のコントロールが未熟で、ネガティブな感情が、固まる・泣く・暴れるといった攻撃的な行動となる子どもだった。排便の確認をきっかけに、担当との愛着形成が進み始めたが、ある時また、トラウマを想起させるような出来事で大暴れをする。養育者は、子どもの問題行動に対して、その背景にあるトラウマについて理解し、トラウマを想起させないような対処法を日頃より話し合っておく必要があったが、事例における担当の声掛けは、配慮に欠け、恵子さんのコントロール不能な行動化を誘発してしまったのである。

## 2　自立支援

### （1）社会的養護における自立支援

　筆者が、社会的養護を必要とする子どもの自立支援について考える時、働いていた児童養護施設を巣立っていった数多くの子どもたちへの様々な自立支援が走馬灯のごとく蘇ってくる。これまで子どもの自立支援について、一人ひとりの子どもに対して、その時々で可能な支援を懸命に取り組んできたつもりであるが、うまく自立させられた事例よりも、うまく自立させられなかった事例の方が多い。しかし、うまくいかなかった支援を、次の支援に活かしてきたということも事実である。それぞれの子どもに対する自立支援は、定型のマニュアルのようなものがあるというわけではなく、それぞれの子どもにまさしくオーダーメイドの服を仕立てるようなものといえる。

　社会的養護における自立を支援する者は、何かしらの生きにくさを抱えて施設等に入所した子どもたちが、社会に巣立った後も変わらぬ支援で支え続け、

その人らしく生きていくことを支援するのである。

　筆者が，それぞれ子どもたちの自立支援に立ち会った時，必ずと言ってよいほど感じたことがある。子どもたちと出会った年齢や育った境遇にかかわらず，子ども自らが「これまで，壮絶な環境を生き抜いてきたこと」「現に，今を生きていること」に納得できていない。これまで育った生活環境において，何があったとしても，その生い立ちを否定することなく受け入れ，「信じ続けてくれる大人」と，これまでの人生において出会えていない。

　子どもたちは，これからの人生において絶望することに遭遇したとしても，躓きどうしようもない状態が襲来したとしても，諦めず「信じ続けてくれる大人」を求めている。

　子どもたちは，この「信じ続けてくれる大人」との出会いによって，これまでの体験も，そしてこれから降りかかるであろう様々な出来事も，そのすべてを肯定されることで初めて自立へのスタート地点に立つことができる。

　そして，自立への小さな一歩を支援する大人と一緒に経験する一つひとつの積み重ねが，次の一歩への勇気となる。

　しかし，子どもたちの長い人生においては，成功のみの積み重ねになるとは限らない。そんな時，支援する大人の肯定的な眼差しが，未来に向かって立ち上がる勇気につながる。

　本節においては，いくつかの自立支援のモデルを示し，社会的養護を必要とする子どもの自立支援について考える。


### （2）ケアの連続性

#### 1）社会的養護を必要とする子どもの自立支援

　社会的養護を必要とする子どもの自立支援について考えるとき，ケアの連続性が最も重要である。子どもたちは入所の時期や理由などは様々であり，施設入所を経験した後，大別すると家庭引き取りを経て自立していく場合と，施設から直接自立する場合があるが，いずれの場合においても，アドミッションケアから始まるリービングケアまでのインケアは，そのすべてのプロセスが自立への支援といえる。

筆者の経験によれば，リービングケアやアフターケアに特化した自立支援というよりむしろ，入所前から始まる子どもとのかかわりが重要だと考える。多くの社会的養護を必要とする子どもの自立支援に関する言説は，リービングケアやアフターケアからのかかわりが中心であり，アドミッションケアまで遡っての自立支援について言及する者は少ない。

次では，施設から直接自立する事例から社会的養護を必要とする子どもの自立支援について考える。

### ２）施設から自立する子どもへの自立支援事例

悟くんは，５歳になった冬のある日，児童養護施設に入所した。措置理由は，母親によるネグレクトである。ひとり親家庭に生まれた悟くんは，母親の放任によって，寒い部屋の中に半そでで半ズボンで震えていたところを，児童相談所の児童福祉司によって緊急一時保護された。

ネグレクトの要因として考えられることは，母親には知的障害があり，自らの力で社会資源への能動的なアクセスが困難であり，悟くんの養育方法については何ら知識や技術があるわけではなく，相談する友人もいないことから社会的に孤立していたと考えられる。児童相談所がこの世帯の身辺調査したところ，悟くんは幼稚園や保育所には通っておらず，食事はインスタント食品かレトルト食品で，ほとどの時間を自宅で過ごしていた。母親の両親は健在であるが，日常的な交流は全くなく，わずかであるが生活費を娘に送金していることが判明した。

母親と悟くんの生活は，送金されるわずかな生活費と，母親の障害基礎年金で賄われており，この世帯が社会的に孤立していたことから，生活実態がわからなかった事例である。

児童福祉司は，緊急一時保護された悟くんと面会し，児童相談所からこの事例に関する情報提供を受け，施設にてアセスメントを実施した。母親は，悟くんに対する養育意思を全く示さないことから，悟くんの自立支援は施設が受け持つことになると思われた。

近年においては，里親に委託することが最優先されるべき事例であるが，当時の児童相談所は，それほど里親委託を推進していたわけではなく，児童養護

施設が自立支援を実施せねばならないと覚悟した。

　そこで，自立支援にかかわる支援者に必要な要素について，児童福祉施設の設備及び運営に関する基準（以下，基準。平23年厚労令127号により「児童福祉施設最低基準」を現名称に改題）第7条「職員の一般的要件」を引用しながら説明する。

　基準第7条には，児童福祉施設における職員の一般的要件が「児童福祉施設に入所している者の保護に従事する職員は，健全な心身を有し，豊かな人間性と倫理観を備え，児童福祉事業に熱意のある者であつて，できる限り児童福祉事業の理論及び実際について訓練を受けた者でなければならない」と記載されている。

　この基準の文言に，「健全な心身を有し」「豊かな人間性と倫理観を備え」「児童福祉事業に熱意のある者」について，本事例を通して説明する。まず，「健全な心身を有し」についてである。

　悟くんの高等学校卒業式を間近に控えた2月下旬，児童福祉司は，出張や病気療養等が続き，約1週間，自立に向けた支援が滞ったことがあった。悟くんは，支援者の事情を理解してはいたのだが，精神的に不安定な状態に陥り，年少児童への暴力が顕在化した。支援者が悟くんの幼児期より担当してきた中でも，最も情緒的な不安定さを露呈した時期であった。現代のようにSNSなどのコミュニケーションツールがあれば，こうした暴力という行動化は防げたのかもしれないが，もどかしい思いで施設からの連絡を受けていた。その時に，支援者自らの健康であることの大切さを痛感した。また，この出来事を通して，単に身体の健康だけではなく，心の健康も併せ持つ必要があるとも痛感した。現場復帰した後，しばらくの間，悟くんの荒れた行動に付き合っていると，生きるエネルギーを与える立場の支援者のエネルギーが枯渇し，結果として支援の停滞を招くことを痛感した。こうしたことから支援者は，心身のエネルギーが低下しないよう常に心掛けることが必要である。

　次に「豊かな人間性と倫理観を備え」について，自立支援という視点で考えてみると，悟くんにとって，おそらく最初に出会った信頼に値する大人であるかもしれない支援者の人間性や倫理観を試すような行動がしばしば見られた。

高等学校の入学直後にサッカー部に入部した悟くんであるが，ゴールデンウイーク前に先輩の些細な言葉掛けから退部の意思を支援者に相談した。当時の児童養護施設は，入部すると 3 年間は続けるという約束で入部許可していたため，許されることではなかったのだが，支援者は「いいよ。悟が決めたんだから」と，施設の意向とは違う発言に嬉しそうに頷いた。結果としてその後の高校生活において，クラブ活動を軸に退部せず卒業までやり遂げることができた。卒園し自立した悟くんに，何度か当時の気持ちを聞いたこともあったが，笑って誤魔化してばかりである。悟くんにとって，信じ続けてくれた支援者へのご褒美であったと思っている。

　このことは，全国児童養護施設協議会の児童養護における養育のあり方に関する特別委員会報告書に，「言葉や技法の会得はもちろんのこと，子どもと一緒に行動してくれる人，生活に根ざした知恵や感性をもち，ユーモアのセンスのある人，善悪の判断をきっぱりと示し，いざというときに頼りになる人でありたい(5)」と表現されている。

　「豊かな人間性と倫理観」を持った支援者が，日常支援する時には常に念頭に置いてほしいフレーズである。

　最後に「児童福祉事業に熱意のある者」について，筆者は常に心に持ち続けていたモットーがある。これは，福祉職のみならず教育や医療関係者にも言い得ていると考えるのだが，「熱い心と，冷たい頭をもて(6)」ということである。

　筆者の経験したことであるが，それぞれの児童にそれぞれの自立支援のプロセスがあり，1 つとして同じ支援は存在しない。乳幼児期から施設に入所している子どもの自立を考える時，支援の質が少しずつ変化することに気づいた。

　幼児期においては，多くの手出し（支援）が必要であったが，小学生の低学年時期から高学年時期にかけて，どんどん必要な支援が減っていき，中学生になる頃には，できる限り手出し（支援）せずに，自らが自分ですることを見守る支援に代わっていき，しみじみ「大きくなったなぁ」と成長を実感するのである。多くの手出し（支援）の必要が少なくなった時も，変わらず手出し（支援）したい「熱い心」を，「冷たい頭」で手出し（支援）しないことが自立支援に必要であると考える。

次に，2 事例を掲載する。

### 3）大学進学を希望する子どもへの自立支援事例

この児童養護施設は乳児院を併設しており，生後 6 日で乳児院の看護師に抱きかかえられて入所した乳児である。母子で退院する数時間前に，母親が病院から失踪したことからの緊急入所であった。その後，児童養護施設に措置変更されるが，母親の行方不明のまま，恵子さんが中学 2 年生になった頃に，ライフヒストリーの真実告知をするに至る。

恵子さんは，聞かされた事実を受け止めた上で，職員に対して，大学進学の強い意思を伝えたのである。その後の学習への取り組みは，目を見張るものがあり，成績も急上昇した。高校も私立進学校に進学し，大学進学へのモチベーションも上がった。

### 4）高校卒業後の就職における自立支援事例

靖くんは，4 歳の時に継父による身体的虐待を措置理由として児童養護施設に入所した。靖くんが入所した後，実母も継父も行方不明となり音信不通状態で高校 3 年生を迎える頃，靖くんは自暴自棄になり職員の大学進学の勧めも断り，企業就職を希望した。高校の就職課から斡旋された食品加工業の会社に内定した。しばらくは，措置延長して施設に残ることも可能であったが，本人の強い希望で一人暮らしすることとなった。担当職員とともに賃貸マンションを探し，一人暮らしに必要な物品を買い揃え，いよいよ施設から巣立つ日がやってきた。送別会では，涙も見せず自立への決意を語った。巣立ちの時，施設の玄関先に集まった職員や子どもたちの前でも気丈に振舞っていたが，担当職員の運転で荷物を載せた軽トラックに同乗した靖くんは，涙ながらにこれからの生活への不安を語り出した。

## （3）社会的養護における自立支援の課題と将来像

ここでは，社会的養護における自立支援の課題について考える。自立支援とは，一般的にはリービングケアから始まるアフターケアの領域，つまり施設における「自立前の支援」から「退所後の支援」を指すのだが，筆者が前述したようにアドミッションケアから始まりアフターケアに至るすべてを包括した

パーマネンシーケアであると位置づける。リービングケアやアフターケアにおいて，自立するために必要な技術習得は必要であるが，悟くんの事例のように，「信じ続けてくれる大人」が継続的に人生まるごとにかかわり続ける「覚悟」が必要である。現在のように，里親委託を最優先する考え方の基底には，「信じ続けてくれる大人」は，限られた個人を指していると考える。社会的養護で育つ子どもにとって，たとえ社会的養護を担う施設で生活体験したとしても，限られた個人が自立支援にかかわるのならば，必ずしも里親であることが必要なのではなく，「覚悟」の問題と考える。

　また，これまで社会的養護を担う施設において多くの実践事例があり，その成功事例のみならず失敗事例についても検証する中で，自立支援モデルを確立することも必要である。過去の実践事例に学び，永続的な自立支援の覚悟する大人の存在を，社会的養護に育つ子どもは，切望している。

---

　演習課題

　　1　恵子さんの大学進学にあたり，経済的問題と保証人問題がある。どのような社会資源を活用すればよいのだろうか。
　　2　靖くんの高校卒業後の企業就職と一人暮らしには，どのような不安があり，どのような解決策があるのだろうか。

---

## 3　胎児性アルコール・スペクトラム障害児への支援

### （1）アメリカの社会的養護から

　FASD でもアルコールの高いレベルで曝露された FAS の子どもたちは，その特異なニーズが深刻であるために，家庭では養育に，社会的養護では支援に苦慮することが多く，周囲からは想像がつかない精神的なストレスを負うことは否めない。養育者からは不適切な養育を受けやすいとの報告もある。学校ではいじめを受けやすいし，逆にいじめの加害者になりやすい。原因は，出生前に母親の飲酒によって受けた子どもたちの脳（中枢神経）の機能や構造の損傷にあり，日本では本人や支援者はもちろん養育者とりわけ母親自身も，そのこ

とを知らない場合が多い。アメリカでFASDが社会で顕在化しはじめたのは，養育放棄や虐待によって里親制度あるいは養子縁組に委託された社会的養護の領域での子どもたちの精神・運動・行動や学習面の問題が注目されはじめてからである。例として，1988年に文化人類学者で小説家でもあるマイケル・ドリスが，養子縁組した男の子のアダム（仮名）が持つFASDという現実に向き合い，養育に苦労しながらも学者としての研ぎ澄まされた観察と愛情に満ちた記録を，*BROKEN CORD*と題して出版し，それによって全米が母親のアルコールなどの薬物が胎児に影響を及ぼす事実に衝撃を受けた。

　1980年代のアメリカでは，その認識がさほど浸透していなかったことに加え，養育者の問題とされ，あるいは多くはADHDと誤った判断がされることが多い中で，手探りの養育であったに違いない。日本語では「ちぎれた（壊れた）コード」とでも直訳できよう。「コード」の意味は，FASDの子どもたちとの出会いの経験から，胎児期にアルコール曝露の影響による脳の様々な神経繊維（コード）がちぎれてしまったことによる生後の障害の重みを，他方ではそれによって受けた精神・運動・行動面での特異なニーズによって，ともすれば本人にとっては大切な養育者や支援者，仲間たちとのコミュニティを台無しにしてしまう（ちぎっていく）こととしてシンボリックに読み解ける。

　その後，FASDの認識が深まるにつれて，各地に組織された里親たちのサポート・グループや教育・福祉領域から数多くの事例などが公表されるようになり，これらを通して養育・支援の難しさとともに経験に基づいた支援の工夫が共有されるようになった。筆者は，この障害は昨今の児童や青年が直面する様々な危機を読み解く重要なキーワード，切り口の一つと確信している。

### （2）特異なニーズを理解する

　FASの子どもたちには，「何か変だ」と支援の過程で感じることが多々ある。支援者の直感は大切である。「変だ」として終わらせることなく，まずは言語化することが子どもの特異なニーズの理解につながる。

#### 1）生活場面での「困り感」を言語化

　前述したような特徴のある言動に「気づく」ことも大切だが，より大切なの

は困り感を具体的にリストアップすることである。社会的養護において複数で支援を担当している場合は、人によって困り感や程度が違い、整理することで思わぬストレングスを発見することもある。

**2）母親の飲酒歴の聞き取り**

関係機関の記録に飲酒・薬物歴があった場合は見落としてはならない。程度の差はあれ薬物も胎児に影響がある。現在はFASDの分野では世界的な第一人者であるワシントン大学のA.ストレイガスは、母親に視点を合わせた生活史の聞き取りの手法（Life History Interview；LHI）を提案した。母親の飲酒歴の聞き取りのポイントは飲酒量、頻度とタイミングである。母親はこれらを過少申告することが当たり前であることを念頭においておく必要があるが、もう一つ大切な事柄は家族背景である。その背景に、母親が抱えてきたDVなどの被虐待などの飲酒の様々なファクターがみえてくる場合が多い。このアセスメント手法では、ジェノグラム[11]が有効で、これによって一方で母子一体の支援のキーワードが見えてくる。その際、決して飲酒を責めるような態度であってはならない。

**3）身体的・医学的な精査**

表2-1は、医学面から年代別にみたFASの子どもたちの特徴である。こ

表2-1　年代別に挙げられるアルコールと関連づけられたCNSの構造的・機能的影響

| 年　　代 | 特　　徴 |
|---|---|
| 新生児期 | 小頭症、びくつき、反弓緊張症状（背部をアーチ状に反る身体の過伸展）、振戦、弱い哺乳力、睡眠／覚醒サイクルの異常、筋緊張低下、心身の状態調整に欠ける、身体活動活性の低下、聴覚過敏（低い聴力閾値）、発育障害（適切な機会・栄養を与えても）、順応性（刺激調整が困難）に欠ける、脳波異常 |
| 幼少期 | 身長・体重など一つ以上の領域での発育遅延、ヘッド・バンキング／体の揺すり（どちらかもしくは両方）、微細もしくは粗大運動能力に欠ける、神経学的な機能不全（脳性麻痺を含む） |
| 幼児期 | 多動、目と手の協応性に欠ける、バランス能力に欠ける、直線歩行力に欠ける、中枢神経性聴覚機能不全、言葉の遅れもしくは固執性ある言葉、精神遅滞 |
| 学齢初期 | 注意欠陥、学習障害、算数障害、特異な認知、受容性言語と表出言語上で指示の理解に欠ける、衝動抑制に欠ける |
| 学齢後と思春期 | 記憶障害、判断力に欠ける、抽象・推理能力に欠ける、適応機能（順応性）に欠ける |

出所：Streissguth, A., *FETAL ALCOHOL SYNDROME*, 1997, p.19.

れは「神経学的徴候（ソフトサイン）」ともいわれる。

　また，母子手帳から母親の妊娠中の食生活や就労状況，出産時の生下体重，異常な出産歴（流産や胎児仮死等）を確認も大切である。最近は飲酒歴の記述欄がある。そもそも，妊娠してから医療機関に定期的に妊婦検診を受けていたかどうかが，母親の生活を知る上での大切なポイントになる。その他で，すでに乳幼児健診で明らかになっているものもあるが，少なからず生来的な股関節の不全や強度の弱視や斜視，口蓋裂，歯列などの形成異常，屈指症などの身体的・医学的な形成不全や機能不全が伴うこともあり，チェックが必要である。易怒性と自傷行為を伴う激しい癇癪も，この領域の問題である。

図2-1　発達面での凸凹

| 情緒的成熟度 & 理解力 | 金銭管理 & 時間認識 | 言語能力 | **実年齢** | 読解力 | 生活スキル | 社会的スキル |
| 6 | 8 | 20 | 18 | 16 | 11 | 7 |

　出所：Catterick, M. & Curran, L., *UNDERSTANDING FETAL ALCOHOL SPECTRUM DISORDER*, Jessica Kingsley Publishers, 2014, p. 81.

### 4）心理面での精査

　図2-1はFASDの18歳成人の個人内差を示したものである。各々の能力はこれだけの凸凹がある。FASDの中でも重いFASの支援経験から，14歳時点で言語能力以外は6～7歳程度であった。この内差には心理学面での精査が必要である。方法の一つに挙げられるはIQの抽出であるが，田中ビネーよりも欧米でもFASDの精査に推奨されている心理検査WISC（ウィスク）を勧める。これは言語性と動作性を基準に，言語能力や抽象能力，学習能力などを客観的に数値化できる手法である。ちなみにFASDは，このように凸凹があったとしても，全IQは境界領域の70前後が計測される。その全IQ値のそれぞれの凸凹が数値化された下位尺度に，子どものどこが弱く，どこにレジリエンスが

あるかを知り，支援の手立てを構築するヒントがある。精査にはいくつかの手法を組み合わせることが必要である。それには，K-ABC や JSI-R，フロスティック検査，ヴィネランド適応行動尺度を推奨する。施設心理士との連携が必要になるが，心理士自身が FASD の認識・理解があることが最低条件である。

### （3）FASD と反応性愛着障害

　特異なニーズは，関係機関からは反応性愛着障害と判断されることが多い。ニーズがオーバーラップするからである。しかし，どんなに支援を工夫して努力したとしても一向に変化が見えず，逆に年齢とともに悪化の状況を辿っていくのが FASD である。様々な薬の処方も試みられるが改善の兆候は見られず，結果的に愛着環境の問題にされる。このような状況は，子どもたちにとって何も利することはない。

　印象として，「愛着障害」は用語として「アタッチメント障害」が適切であると考える医療関係者が多い。アタッチメントそのものは，子どもから母親への一方向のみの情緒的な絆を求める行動で，よく見逃されていることは母親から子どもへの情緒的な絆の「ボンディング」である。この2つの視点があって「愛着行動」であり，愛着障害を包括的に理解する大切な捉え方が可能となる。FASD の子どもたちは母親への情緒的交流ができない，すなわちアタッチメントに困難さを抱え持っている。母親も依存症もしくは自身も FAS によって養育能力が低下している可能性が高く，子どもに対して情緒的な絆を築きにくい。それによって子どもの障害をさらに深刻化させる。そのため，FASD の問題はボンディングの視点を欠かせられない。

　ストレイガスはマウス研究で，出生前にアルコールに曝露された妊娠中の雌と曝露がないコントロール群の妊娠中の雌の巣作りと巣での子どもたちへのかかわりを比較した興味深い結果から，曝露のあった雌は，コントロール群の雌とは違い，質的にも粗悪で剝き出しの巣を作り，巣から仔を取り出すのに落としたりしてコントロール群と比較して平均して2倍の時間がかかり，他の同腹仔を取り出せなかったことと，また毛づくろいなどを通したボンディングに欠けていたことを挙げている。

　支援を通して，彼自身もFASであった母親が，子どもへのボンディングに欠けていることにとても苦しんでいた姿を見てきた。愛着障害の領域でのFASDの問題は，他方で2000年にアメリカのT．レヴィが，子どもたちの暴力を，環境因子と生物学的な因子を愛着障害と関係づけて分析し，母親の飲酒による胎児期のアルコール曝露が，子どもたちの暴力と反社会的な行動の因子であることを示唆したことは興味深い。[15]

　日本国内でも2005年当時，国立保健医療科学院研究員の須藤紀子は，FASDが学童期や成人後の非行や行為障害，反社会的行為の優位な予測変数であるとアメリカの文献を基に検証している。[16]

## （4）専門家間の連携

　アメリカでは，5歳までに徴候を摑み，診断を受けることが大切であると言われている。[17]これは様々な医学面含めて特有なニーズが生活環境の中で精神・行動面が目立ちはじめ，一方でそれによって受ける二次障害を防ぐ保護因子を構築する大切な年齢だからである。

　5歳までの時点で，ニーズを把握し，診断を受けたかどうかで，受けなかった場合に比較して後々大きな差が生じる可能性が大きいという。この取り組みにはソーシャル・ワーカーなどの福祉専門家と小児科医，小児眼科医，脳神経科医，耳鼻咽喉科医，聴覚機能訓練士，理学・作業療法士等幅広い領域の専門家との連携が必要とされている。[18]それだけ障害が広範囲であることがわかる。

## （5）支援からこぼれるFAE（胎児性アルコール効果）

　FASDの中で，FASほど重篤ではないFAEは外見上からも目立たないが，ADHD傾向，精神や行動，学習・記憶等の領域で特異なニーズを有し，学校や地域から「変わった子」「行儀の悪い子」「しつけができていない子」，青年期から成人期にかけては「非常識な人」等と問題にされ，医療や教育，福祉の支援につながらずに苦しむ子どもたちはもとより，養育者・支援者が多い。そうした機関からは行動面での多動・衝動性だけに注目されてADHDとされることが大半で，日本国内でも同様な判断がされ，広汎性発達障害とも判断され

ることが多い。

　アメリカでは，育者や支援者からは「子どもの問題に対処するより，FASD
を理解しない専門家からの無理解に付き合うほどストレスフルなことはない」
とまで指摘されている。FASD の多くが不適切な育児・養育環境の問題にさ
れることについて，ストレイガスは，「虐待や貧困といった劣悪な環境自体が
FAS の原因にはならない」と論述している。また専門家の一人でもあり，日
本国内で開催された FAS 国際フォーラムで講演したサンディエゴ大学行動奇
形学センター所長の E. ライリーは，第 1 回のフォーラムの中で「児童養護施
設で育ったからといったことによって起こることではない」と述べている。

### （6）アメリカと日本における診断の現状

#### 1）アメリカ

　研究者たちが母親の飲酒を起因とする胎児障害を発表して約半世紀が経つが，
治療や教育の領域では研究が盛んにされているとはいえ，いまだ発展途上であ
る。しかし，ワシントン大学の FAS の診断と予防ネットワークから出されて
いる診断基準 4 -Digit Diagnosis と方法についての約200頁にもわたるガイド
ラインも出版されている。このように診断基準はある程度，方法が確立しつつ
ある。4 -Digit（4 軸）とは，①発育遅延，②顔貌奇形，③ ARND（アルコール
関連神発達障害），④ ARBD（アルコール関連出生前障害）の 4 軸での診断基準で
ある。

#### 2）WHO

　WHO（世界保健機関）の国際疾病分類（ICD-10，第10版，2003年改訂）には，
既知の外因による先天性奇形症候群，他に分類されないものとして，妊娠期間
中に摂取した抗てんかん薬ヒダントインによる「胎児性ヒダントイン症候群」
とともに，「胎児性アルコール症候群」（Q86.0）が分類されている。

#### 3）日　本

　日本国内では2014年に DSM- 5 （『精神疾患の分類と診断の手引』）が翻訳され，
その中で漸く「出生前のアルコール曝露に関連した神経発達症」が診断用語と
して明らかにされていた。画期的であるが，診断に活用できる治験に乏しいの

が現状である。


## （7）「FASD は治る障害ではない

　FASD は生涯を通して続く障害で，治療して治るものではない。[24]できることは早期に FASD の精神や行動や学習面で現れている特異なニーズに気づくこと，医療・教育機関の診断とサポートを受けながら治療教育を継続することにある。そのサポートは，子どもにとって愛情ある良好な育児環境と社会からの適切な支援であり，それによって FAS の子どもたちを二次障害から守ることができ，その大きさを減衰することができる。また子どもたちはそのニーズが理解され，向き合った時に，前向きに進むことができるとストレイガスは明言している。[25]前向きにその後の人生を歩み始めた FASD の人たちの例はアメリカでいくつもある。


## （8）育者・支援者ができること──保護因子の構築

　FASD の子どもたちは，外見はごく普通のティーンエイジャーである。社会的養護での養育者や支援者の役割は大切であるが，hidden disease と称せられるように，言語能力やフレンドリーなパフォーマンスなどによって困惑されることが多い。一方で，普通の子どもたちのようにふるまうことを期待するほど挫折感を味わい失望する。時には攻撃的な激しい癇癪にさらされて，疲労困憊してしまう。以下，子どもたちの特異なニーズに向き合うヒントを挙げる。

### 1）小さなグループ環境

　集団保育，集団養護，学校でのクラス集団で配慮すべきグループ規模は，FASD の子どもが受けるストレスを軽減させ，また十分に目を行き届かせられることが可能な 2 〜 3 人の規模にすることが理想であるとされる。FASD の子どもは，年下の子どもに対して概して世話好きなので，同輩グループよりもそのようなグループ活動を機会あるごとに取り入れることも大切である。FASD の子どもにとって，学校は最もストレスを感じる場所といわれている。

### 2）生活の構造化

　FASD の子どもは，日々のルーティンを含めて生活スキルは非常に低いこ

とと，一日一日が一貫した生活であるパターン認識ができないことによって（イメージできるであろうか），物事に対する固執傾向が強くなったり，フラストレーションをためることから，生活空間や手順をわかりやすく示す生活の構造化が必要になる。イレギュラーな変化は極力避ける。自閉スペクトラム症のTEACCH実践の第一人者で児童精神科医の故佐々木正美の視覚支援を根幹にした生活支援の手法「自閉症児のための絵で見る構造化」が，FASDの子どもの持つ特異なニーズに対応する上で参考になる[26]。

### 3）暴力を経験させない環境

極端にストレスに弱く激しい癇癪が目立つため，兄弟や養育者が力で抑えようとする危険性がある。これは，保育所・幼稚園・学校でも同様である。それによって安易な解決方法として暴力を学んでしまう。

### 4）「期待値」をFASDの子どもに合わせる

養育者側の期待値（何ができて，何ができないか，何が苦手か）を，子どもの能力に合わせる。例えば絵画の面で傑出した能力がある反面，自身の誕生日や友人との待ち合わせ場所や時間を記憶できないなど，個々の持つニーズも能力も違う。

### 5）怒りのコントロール

日常的に始終苛々し，泣き叫びを伴う激しい癇癪を起こすFASDの子どもたちがいる。自傷行為で自身に刺激を与えながらエスカレートする。子どもは原因になったことを記憶していない場合が多いので，収まってからゆっくりと癇癪を起こすに至ったことの振り返り，少しずつ感情のモニタリングができるように寄り添い，助言することが必要である。専門家は，この方法を「トラッキング」[27]という。この手法は癇癪だけではなく，子どもたちへの普段の助言にも有効である。癇癪中の助言はさらなる刺激になるので，収まるまで個別に静かな部屋で寄り添いながらタイムアウトさせる必要がある。

### 6）助言や指示はゆっくりとシンプル

記憶や情報処理が苦手なので，一度に"～と～"等の接続詞が伴うセンテンスの助言や指示は理解できない。シンプルにワンセンテンスで，ゆっくりと子どもの理解の度合いを確認しながら行うことが大切になる。またロール・モデ

ルを示すことも大切である。

### 7）レスパイトケア

FASのような重度の子どもを養育し，支援することは前述したように常に日々ストレスフルな状況に立たされる。定期的に子どもから離れて自分自身を回復させる。共同養育・支援の場合は，交代などの取り決めをして，常に問題・課題を共有し，支え合う体制づくりが大切である。

### 8）支援の姿勢

FASDについて情報を集め，学び，特異なニーズを理解する努力が必要である。資料や文献に学ぶことも大切であるが，サポートグループ（親の会等）に参加して養育の苦労や情報を共有することによって理解を深められると同時にエンパワメントを得られる。

タビストック・クリニックで心理療法士をしているグレアム・ミュージックは，子どもがFASDと知り，飲酒した自身を責め続けた母親を見てきた。彼は，愛着についての著書の中で「胎児にとっての脅威」となって愛着を阻害するFASDを取り上げて，妊娠中の飲酒の背景にある母親のストレスレベル（トラウマ含め）は「社会的，政治的，経済的，文化的な剥奪の表現である。もし責任がどこかにあるとすれば，それは個人よりもむしろ社会全体にある…（中略）…この調査・研究は，個々の母親の責任をはるかに超えたところに導く」[28]と論述し，FASDの支援は社会・経済的な構造や背景に視点を持った母子への寄り添いが大切であることを示唆している。FASDの予防は，大局的にはそのようなストレスを排する社会の実現にリンクするものである。

## （9）FASDの予後

支援を受けることなく思春期，成人期に至ったFASDの子どもたちは，うつ病や自殺念慮等の精神的問題の発症率が高くなる一方，反社会的行為などで法に触れる行為が目立ちはじめることはアメリカでの統計上でも優位に高い[29]。そのためにも人生の長い期間にわたり多くの療育的支援と監督，生活の構造化が必要と論じられている。

1　精査に必要な子どもたちの行動障害を含めた，特異なニーズを掘り起こす基礎
　となる情報を得る「観察」について考察してみよう。

**注**

(1)　母親が，乳幼児が非言語的に伝える情緒的信号を的確に読み取って適切に応答す
　　ること。

(2)　自らの専門性に基づいて他職種の専門家に助言し，よりよい支援のあり方につい
　　て話し合うプロセス。

(3)　対人援助職者（スーパーバイジー）が同じ職種の指導者（スーパーバイザー）か
　　ら教育を受けるプロセス。

(4)　ペアレントトレーニングは，養育者が子どもとのよりよいやりとりを具体的に学
　　び，日常生活で子どもに適切にかかわることができるようになることを目的とした
　　トレーニング。養育者のかかわりの改善で子どもの行動変容を目指す。

(5)　全国児童養護施設協議会「この子を受け止めて──育むために・育てる育ち合う
　　いとなみ」（児童養護における養育のあり方に関する特別委員会報告書）2008年，
　　33-34頁。

(6)　一番ヶ瀬康子『社会福祉の道』風媒社，1972年，57頁。

(7)　FAS（胎児性アルコール症候群）は妊娠中の母親の飲酒によって，胎児期に顔
　　面形成異常を含め脳の構造や身体的な形成，神経系に障害を受け，その影響によっ
　　て生後に精神・行動面で重度の障害を呈する子どもたちである。さらにFAE（胎
　　児性アルコール効果）といわれる普通に見えるが潜在的に学習や記憶などに問題を
　　抱える子どもたちまで幅広い障害を包括する診断用語ではない用語としてFASD
　　（胎児性アルコール・スペクタム障害）を使用する。アメリカでは，この臨床像
　　を氷山に例えている。

(8)　*Treating Individuals Affected with FASD*. National Organization on Fetal
　　Alcohol Syndrome.

(9)　Edelstein. S. B., *Children with Prenatal Alcohol and/or Other Drug Exposure -
　　WEIGHING THE RISKS OF ADOPTION*. Cwla Press, 1995.

(10)　DORRIS. M., *THE BROKEN CORD*, Harper Perennial, 1989, Co, 1997, pp. 20-
　　21.

(11)　小林奈美『家族アセスメント Part I ──ジェノグラム・エコマップの描き方と
　　使い方』医歯薬出版社，2004年。

(12)　K-ABC検査──継次・同時処理の認知処理能力を評価。
　　　フロスティック発達検査──視知覚の他に目と手の協応と空間的処理能力を評価。

ヴィネランド適応行動尺度——個人的・社会的充足に必要な日常行動の評価（アメリカでFASDの子どもたちに使用される主要な検査，日本文化科学社）。

JSI-R検査——感覚調整障害に関する行動評価（太田篤志、Japanese Sensory Inventory, 姫路独協大学医療保健学部 JSI 研究プロジェクト）。

⒀ INSTITUTE OF MEDICINE (IOM), *FETAL ALCOHOL SYNDROME*. National Academy Press, 1996, p. vi.

⒁ Streissguth, A., *FETAL ALCOHOL SYNDROME*, Brookes Publishing. 1997. p. 64.

⒂ Levy, T. M., *Attachment Interventions*, Academic Press, 2000, pp. 6, 225.

⒃ 須藤紀子「青少年暴力に関連する食生活因子」『日本公衆衛生雑誌』54（2）2005年，108-112頁。

⒄ *Treating Individual Affected with FAS*, National Organization on FAS, 2004.

⒅ Catterick, M. & Curran, L., *Understanding Fetal Alcohol Spectrum Disorder*, Jessica Kingsley Publishers, 2014, pp. 120-121.

⒆ Kellerman, T., *FASD and the child Protective Services System*, FAS Community Resource Center, 2005.

⒇ Streissguth, A., op. cit., p. 4.

㉑ 『FAS国際シンポジウム報告集』特定非営利活動法人 ASK, 2003年，12頁。

㉒ FAS Diagnostic and Prevention Network. *Diagnostic for Fetal Alcohol Spectrum Disorders, The 4-digit Diagnostic Code*, University of Washington, 2004.

㉓ DSM-5（精神疾患の分類と診断の手引），p. 41.315.8 (F88).

㉔ IOM, op. cit., p. 2.

㉕ Streissguth, A., op. sit., p.ii.

㉖ 佐々木正美『自閉症児のための絵で見る構造化』学習研究社，2004年。

㉗ McCreight, B., *Recognizing and Managing Children with Fetal Alcohol/Fetal Alcohol Effects: A Guidebook*, Child Welfare League of America Press, 1997, p. 95.

㉘ グレイアム・ミュージック／鵜飼奈津子監訳『子どものこころの発達を支えるもの——アタッチメントと神経科学，そして精神分析が出会うところ』誠信書房，2016年，23頁。

㉙ Kellerman, T., *Secondary Disabilities in FASD*, FAS Community Resource Center, 2002.


**参考文献**

**・第1節**

生地新『児童福祉施設の心理ケア——力動心理学からみた子どもの心』岩崎学術出版社，2017年。

加藤尚子『子どもの愛着——愛着の再形成を図る援助の試み』子どもの虐待防止セン
　　ター，2006年。

厚生労働省『児童養護施設運営ハンドブック』2014年。

西澤哲『子どものトラウマ』講談社現代新書，1997年。

西澤哲『子ども虐待』講談社現代新書，2010年。

森茂起『「社会による子育て」実践ハンドブック——教育・福祉・地域で支える子ど
　　もの育ち』岩崎学術出版社，2016年。

森田喜治『児童養護施設と被虐待児』創元社，2006年。

・第2節

全国児童養護施設協議会『子どもとおとなが紡ぎあう7つの物語』。

<table>
<tr><td>第3章</td><td>施設養護の過程と自立支援計画<br>──アドミッションケアからアフターケアまで</td></tr>
</table>

## 1　施設養護（施設における子どもへのケア）の過程

　一人の子どもが，施設に入所し，そこで生活し，そこを退所していくまでの間に（またその退所後も含めて）行われる，施設での一連のケアのプロセスは，次のようにまとめることができる（図3-1参照）。

　①　アドミッションケア（入所前後における安全・安心な生活への支援）

　②　インケア（入所中の日常生活支援）

　③　リービングケア（退所前の，退所後の自立生活に向けた準備ケア）

　④　アフターケア（退所後における継続的支援）

**図3-1**　施設における子どもへのケア（アドミッションケアからアフターケアまで）

出所：辰己隆・岡本眞幸編『保育士をめざす人の社会的養護Ⅱ』みらい，2020年，39頁を筆者改変。

　以下，それぞれの内容について説明する。

### （1）アドミッションケア──入所前後のケア

#### 1）ケアの内容

　子どもの入所前後に行われる，アドミッションケアの具体的な内容について，「入所前の対応・準備」「入所時の手続き等」「入所当日および入所初期のケア」

の順で説明する。<sup>(1)</sup>

**【入所前の対応・準備】**

① 児童相談所より事前情報の入手（児童記録の内容確認）

②（可能な限り）事前の施設見学や慣らし保育の受け入れ

③ 施設側の受け入れ準備

**【入所時の手続き等】**

① 児童相談所が児童記録等を持参（今後の支援や方針を確認）

② 子どもに施設入所後の権利擁護についての説明

③ 施設側から保護者・子どもに施設生活に関するインフォームドコンセント

④ 子どもの持参品の確認

⑤ 子どもの健康状態の確認

⑥ 公的な手続き（転入届など）

**【入所当日および入所初期のケア】**

① 入所当日の受け入れ（職員や他児との顔合わせ（不安・緊張の軽減））

② 入所初期のケア（新しい生活への適応や，他児との関係づくりに配慮）

（さらに詳しくは表3-1を参照のこと）


2）ケアの視点

アドミッションケアにおいて，特に留意すべき視点は以下の通りである（表<sup>(2)</sup>3-1）。

① 入所児の置かれた状況への配慮とそれによる心身の安定

　・環境の変化による不安・ストレスへの配慮（慣れ親しんだ所から生活の場を移動したことによる不安やストレスは計りしれないものなので）。

　・不適切な養育環境による影響への配慮（「自分がいけない子だから，こんなことになった」と自己否定的になりがちなので）。

こうした配慮により，不安や緊張を軽減し心身の安定を図っていく。

表3-1　アドミッションケアのケア内容

| 入所前の対応・準備 | ①児童相談所より事前情報の入手（児童記録の内容確認） | ・入所理由（とそこに至った経緯）<br>・保護者・家族の状況，問題など<br>・子どもの心身の状況，生育歴など<br>・援助指針（支援の方針・目標） |
|---|---|---|
| | ②（可能な限り）事前の施設見学や慣らし保育の受け入れ | ・施設職員との事前の顔合わせ<br>・施設内（居室や食卓等）の見学<br>・施設の生活についての簡単な説明 |
| | ③施設側の受け入れ準備 | ・受け入れグループと担当職員の決定<br>・受け入れグループの子どもたちへの事前説明 |
| 入所時の手続き等 | ①措置書，児童記録等が届く | ・児童相談所と今後の支援や方針を確認 |
| | ②子どもに施設入所後の権利擁護についての説明 | （入所前後の適切な時期に）<br>・児童相談所の担当福祉司より，子どもに「子どもの権利ノート」を配布して説明 |
| | ③施設側から保護者・子どもに施設生活に関するインフォームドコンセント | ・基本的ルールと約束事項について<br>・保護者・子どもの希望等の確認<br>・面会・外泊などの今後の方針の確認 |
| | ④子どもの持参品の確認 | ・衣類や持ち物など（記録する） |
| | ⑤子どもの健康状態の確認 | ・持病や体質，通院・服薬の有無について<br>・（母子手帳等により）予防接種歴の確認 |
| | ⑥公的な手続き | （近日中に）転入や学校転入の手続きなど |
| 入所当日および入所初期のケア | ①入所当日の受け入れ | ・職員の紹介・顔合わせ（不安・緊張の軽減）<br>・夕食時などに子どもたち皆に入所児を紹介（子どもたちの中に溶け込みやすいよう配慮） |
| | ②入所初期のケア | ・施設の生活（の流れ）に早く馴染ませる（生活上の不安感をなくす）<br>・グループの仲間との良好な関係づくりに配慮<br>・幼稚園や学校の生活にも馴染めるよう支援<br>・生活場面での行動観察（と記録）に努める<br>※健康面，生活面，学習面，対人関係など |

出所：筆者作成。

② 十分な子どもの理解（養育者になる者として）

　・児童相談所より届いた児童記録の内容から（生育歴，家族関係，友人関係，IQ ほか発達・心理診断の結果，アレルギー等の有無，趣味，嗜好など）

　・施設の生活場面での行動観察から（健康面，生活面，学習面，対人関係など）

③ 権利擁護のためのインフォームドコンセント──説明と同意

　・施設入所理由についての説明（本人のせいではなく，家族の再統合を図るた

めの入所であることを説明し，理解を図る）。

・今後の見通しがもてる説明（これからの施設生活や学校生活等について，できる限り具体的に説明し，大まかな見通しをもってもらう）。

・保護者に関する説明（今後の保護者との関係について，本人の思いも確認しながら，保護者，児童相談所，施設が最善の形で考えていくことを説明）。

## （2）インケア（施設内の日常生活支援）

### 1）インケアの全体像（イメージ）

図3-2は，インケアの全体像を示したイメージ図である。この図によれば，インケアにおいては，常に「児童相談所との連携」の下に，円の中心をなす，子どもの「生活のサポート」と「心のサポート」を主軸として，さらにその上に「生活指導（しつけ）」や「自立支援」を，そしてさらには「学習支援」や「進路支援」を……，というようにその同心円上に広がるイメージで施設内の日常生活支援が展開されている。またそれと同時に，子どもの「親・家族とのかかわり」を持ちながら，その親子関係・家庭環境の調整が行われている。

### 2）インケアの具体的な内容

表3-2も参考にして，インケアのより具体的な内容を以下にまとめてみよう。

① 子どもの生活支援

「生活のサポート」（衣食住を中心とした「基本的生活」と生活の潤いにつながる「文化的生活」の環境整備），「生活指導（しつけ）」「学習支援」「進路支援」「余暇活動の充実」。

② 子どもの「心のサポート」

心の健康管理，治療的支援，子どもの問題行動への個別的対応。

③ 生活の中での「自立支援」

日常における自主性の育成，生活技術・知識の習得のための支援など。

④ 親・家族とのかかわり

子どもの近況報告，保護者との「協同子育て」，保護者支援。

図3-2　インケア（日常生活支援）の全体像（イメージ図）

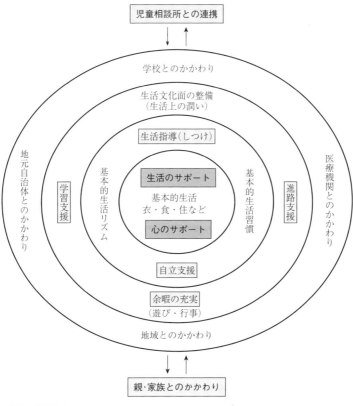

児童相談所との連携

学校とのかかわり

生活文化面の整備
（生活上の潤い）

生活指導（しつけ）

生活のサポート

基本的生活
衣・食・住など

心のサポート

基本的生活リズム

基本的生活習慣

学習支援

進路支援

地元自治体とのかかわり

医療機関とのかかわり

自立支援

余暇の充実
（遊び・行事）

地域とのかかわり

親・家族とのかかわり

出所：筆者作成。

⑤　関係機関とのかかわり

⑥　地域とのかかわり

（さらに詳しくは，表3-2を参照のこと）

### 3）インケアの視点

インケアにおいて，特に重視すべき視点を，以下に挙げてみよう。

①　生活のサポート――「安心・安全な生活」の保障

衣・食・住などの基本的な生活環境の十分な保障の上に，担当職員の継続的で安定的なサポートがなされることにより，施設の生活が子どもにとって

表3-2　インケアのケア内容

| 1．子どもの生活支援 | ①基本的「生活のサポート」 | ・衣・食・住の基本的生活環境の整備<br>・保健・衛生面への配慮・整備<br>・金銭・経済面への対応<br>・文化的な生活環境の整備<br>　（生活の潤いにつながる，室内装飾や屋外園芸，楽器・図書・DVD 等の整備） |
| --- | --- | --- |
| | ②「生活指導（しつけ）」 | ・基本的な生活リズムや生活習慣の定着<br>・生活上のルールや規範意識の醸成<br>・（自分たちの）生活環境向上への意識づけ |
| | ③「学習支援」 | ・個々の学習の遅れに即した補習指導<br>・日々の学校の学習への補習指導<br>・定期試験や入試のための対策指導 |
| | ④「進路支援」 | ・進路に関する情報提供や相談・助言<br>・子ども・保護者の進路希望の確認・調整 |
| | ⑤「余暇活動の充実」 | ・日々の自由遊びの工夫と充実<br>・グループ内行事や施設行事の充実 |
| 2．子どもの「心のサポート」 | ①心の健康管理 | ・ストレスの軽減と情緒の安定への配慮<br>・子どもの悩み・問題への傾聴・共感・助言 |
| | ②（必要に応じた）治療的支援 | ○生活の中での治療的なかかわり<br>・意識的・積極的な受容や肯定的評価<br>○専門的な治療 |
| | ③子どもの問題行動への個別的対応 | ・問題行動の原因（その背景）の理解<br>・個別的なかかわりを通しての対話 |
| 3．生活の中での「自立支援」 | ①日常での自主性の育成 | ・子どもの自己決定の機会を意識的に設定 |
| | ②生活技術・知識の習得のための支援 | ・礼儀やマナー，社会常識の習得の支援<br>・お金の使途・管理などへの助言・指導 |
| | ③社会的参加への支援 | ・地域社会の活動・行事への参加の支援 |
| 4．親・家族とのかかわり | ①子どもの近況報告 | ・同時に保護者の近況確認 |
| | ②保護者との「協同子育て」 | ・子どもの育成・指導への協力依頼 |
| | ③保護者支援 | ・情報提供や相談支援 |
| 5．関係機関とのかかわり | ①「児童相談所との連携」 | （「自立支援計画」にそって）<br>・子どものケアや親子関係の調整において<br>　（特に親子の面会・外泊等の持ち方など） |
| | ②その他の機関との連携 | ・「学校とのかかわり」<br>・「医療機関とのかかわり」<br>・「地元自治体とのかかわり」 |
| 6．地域とのかかわり | ①施設の地域開放 | ・園庭，ホールなど |
| | ②地域活動・行事等への協力・参加 | ・子ども会，町内会の活動などに参加<br>・地元の文化行事・体育行事などに協力 |

出所：筆者作成。

「安心・安全な生活」となることが求められる。

②　心のサポート——担当職員との信頼関係に基づく愛着関係の構築

担当職員とのこうした継続的で安定した安心感の日常生活の中で，互いの信頼関係に基づく愛着関係の構築が目指される。それにより，子どもの内に「自分は大事にしてもらえる価値ある存在」という自尊感情（自己肯定感）と，「他者は自分の思いに応えてくれる信頼できる存在」という他者信頼感が醸成されていくことが目指される。本人の内面におけるその確信・実感こそが，心に傷を負った子どもには，「生活の中での治療」につながるものと考えられる。

③　日常生活の中での自立支援

インケアにおいては，子どもの「今ここでの」生活支援に力を注ぐのはもちろんのこと，それと同時に，子どもの「先々に向けた」生活支援（つまり日常生活の中での「自立支援」）にも力を注がなければならない。それにより，日頃から子ども本人の意思を尊重し，できることは自分でするよう促しながら，何事にも主体的に取り組む姿勢や意欲を育てていくことが目指される。

④　親子関係の調整

親・家族への種々の支援（たとえば，相談援助や情報提供など）が重要視される。そして，児童相談所の担当児童福祉司や施設内の家庭支援専門相談員などと連携しながら，子どもの親子関係・家庭環境の調整が目指される。


### （3）リービングケア——退所に向けての準備ケア

#### 1）リービングケアの意味

リービングケアとは，退所の時期がほぼ決まってきた，インケアの終盤の時期に，「集中的・重点的に行われる自立支援」のことである。したがって，それは，「退所に向けた準備ケア」「退所後の生活のための予備的ケア」，ないしは「退所後の社会生活への導入ケア」などということができる。

#### 2）リービングケアによる到達目標

施設退所後の子どもの生活形態は，①家庭復帰，②措置変更（里親等への委託や他施設への移管），③社会自立（就労自立や大学等進学）のいずれかとなる。したがって，リービングケアによる到達目標も，退所後のそれぞれの生活形態

表3-3　リービングケアによる到達目標

| 退所後の生活形態 | | 主な到達目標 |
|---|---|---|
| ①家庭復帰（家庭引き取り） | | ・子ども虐待の再発防止<br>・親子再統合の促進<br>・家庭生活の安定化<br>・地域社会での孤立防止 |
| ②他施設等への<br>措置変更 | 里親等への委託 | ・里親家族との関係の促進<br>・里親養育の孤立防止 |
| | 他施設への移管 | ・新たな施設への適応<br>・環境の変化による心理的負担の軽減 |
| ③社会自立 | 就労自立 | ・社会生活の安定<br>・経済的な安定<br>・親・家族との適切な関係の形成 |
| | 大学等進学 | ・学業と生活の両立<br>・経済的な安定<br>・親・家族との適切な関係の形成 |

出所：中山正雄監修，浦田雅夫編著『よりそい支える社会的養護Ⅱ』教育情報出版，2019年，
　　　123頁を筆者改変。

により異なってくる（表3-3参照）。リービングケアにおいては，そうした目標の達成を目指して，その準備ケアや予備的なケアがなされることになる。

　しかしながら，退所後がどんな生活形態になろうとも，最も基本的で重要となるリービングケアの目標は，退所する本人と施設職員（担当職員や施設長・主任など）との間の確かな信頼関係を形成することであり，それにより必要があればいつでも援助が受けられる確かな関係性を形成することにあるといえる。

### 3）社会自立に向けたリービングケア

　上記の施設退所後の生活形態のうち，特にその子どもが「社会自立」を予定している場合には，それに対処するためのリービングケアが不可欠なものとなる。なぜならば，施設退所後は，これまでの施設内での（周りからの手の行き届いた）生活とは打って変わり，基本的には本人が自分一人だけで自分の生活を賄うことになるため，それに対処するための集中的で効果的な自立支援が必要となるからである。施設によっては，その園独自に（分園型自立支援棟などを活用して）社会自立を予定している子どもを対象に，一定期間の「自立支援（訓練）プログラム」を実施することにより，リービングケアを組織的・計画的に実施する試みを行っている。

表3-4　ソーシャルスキルの内容

| ソーシャルスキルの種類 | 主な内容 |
|---|---|
| ①セルフケアのためのスキル | ・起床・就寝の時間管理<br>・清潔の保持と衛生管理<br>・健康保持のための栄養・食事管理<br>・病院へのかかり方<br>・余暇時間のもち方・過ごし方 |
| ②家庭生活上の実用的スキル | ・買い物，料理<br>・掃除，整理整頓，ゴミの分別<br>・洗濯，クリーニング利用 |
| ③金銭管理スキル | ・銀行等のキャッシュカードの扱い<br>・携帯電話・スマートフォン等の料金管理<br>・各種クレジット，ショッピングローン等への対応 |
| ④社会生活上のスキル | ・転居に伴う各種手続き<br>・マイナンバー通知書や健康保険証の管理<br>・運転免許証の取得，更新 |
| ⑤対人関係スキル | ・退所後の家族との関係のとり方<br>・異性との交際の持ち方<br>・職場での同僚や上司との関係の持ち方<br>・近隣との関係の持ち方 |
| ⑥危機対応スキル | ・避妊の方法，妊娠した時の対応<br>・犯罪に巻き込まれた時の対応<br>・援助を要する際に，適切な援助を受けるためのノウハウ |
| ⑦その他 | ・病気や障害等で医療・福祉のニーズのある場合には，継続的にサービスを受けるための自覚を持つこと<br>・大学進学等の経済的支援のための各種資源の活用 |

出所：表3-3と同じ，99頁を筆者改変。

　こうした「社会自立に向けたリービングケア」では，具体的には，①セルフケアのためのスキル，②家庭生活上の実用的スキル，③金銭管理スキル，④社会生活上のスキル，⑤対人関係スキル，⑥危機対応スキル（詳しくは表3-4参照）などのような「ソーシャルスキル」の習得が目指されることとなる。

### 4）リービングケアの視点

　リービングケアにおいて，特に重視すべき視点を，以下に挙げておくこととする。

### ①　子どもと施設職員との確かな信頼関係の構築

　前述の通り，施設退所後にどんな生活形態（家庭復帰か社会自立か等）になろ

表3-5　施設退所者のための主な社会資源

| | |
|---|---|
| ① | 公的な制度・事業<br>（就職支度金制度，大学進学等の支度費，奨学助成，奨学金制度，自立支援資金貸付事業，社会的養護自立支援事業，身元保証人確保対策事業など） |
| ② | 法人や企業，個人支援者による各種奨学金の制度 |
| ③ | NPO法人などのアフターケア事業 |
| ④ | 当事者（施設経験者）グループ |
| ⑤ | 自立援助ホーム |

出所：表3-3と同じ，101頁を筆者改変。

うとも，最も重要なことは，退所する本人と施設職員との間に確かな信頼関係を構築しておくということである。それによって必要があればいつでも相談や援助が受けられる，親密で頼りになる安定した関係性を形成することである。

②　自己管理能力の向上への支援

施設退所後は，多くの場合，これまでの施設生活とは異なり，基本的には自分の力で主体的に行い，自分で管理・調整していく生活への転換が求められてくる。そこには，自分（の生活）を自分で管理・調整していける自己管理の能力が必要となる。つまり，自分の生活において，「健康の自己管理」や「時間の自己管理」「金銭の自己管理」などの能力が求められてくる。したがって，リービングケアでは，子どもがその自己管理能力を少しでも向上させていけるよう，本人に十分な意識や自覚ももたせながら支援していかなければならない。

③　社会資源の活用

現在，施設退所者が活用できる社会資源には，いろいろなものがある（表3-5参照）。職員は，こうした社会資源の動向に常に関心を持ち，情報の共有を図り，それらを可能な限り活用していけるよう努めることが求められる。

## （4）アフターケア——退所後のケア

アフターケアとは，施設を退所した者に対する相談，その他の自立のための支援のことである。2004（平成16）年の児童福祉法改正により，乳児院，児童養護施設，母子生活支援施設，児童心理治療施設，児童自立支援施設においては，その施設目的にアフターケアが法的に位置づけられている。

表3-6　アフターケアの概要

| 退所後の生活形態 | 主なケア目標 | | 主なケア内容 |
|---|---|---|---|
| ①家庭復帰 | ・虐待の再発防止<br>・親子再統合<br>・家庭生活の安定<br>・地域での孤立防止 | | ・自宅のある地域社会での見守りを可能に（関係機関への協力依頼）<br>・電話連絡，家庭訪問など<br>・家庭での問題発生への対応・協力 |
| ②措置変更 | 里親等への委託 | ・里親養育の安定<br>・里親宅での自立促進 | ・電話連絡・電話相談<br>・家庭訪問（状況把握，相談支援）<br>・里親のレスパイト（負担軽減）<br>・里親宅での問題発生への対応・協力 |
| | 他施設への移管 | ・新たな施設への適応<br>・環境の変化による負担の軽減 | ・移管施設との引き継ぎ・連携<br>・移管施設の行事への参加等での訪問<br>・問題発生への対応・協力 |
| ③社会自立 | 就労自立 | ・社会生活の安定<br>・経済的な安定<br>・就労状況の安定<br>・親・家族との適切な関係の形成 | ・電話連絡や面会，家庭訪問（生活・就労の状況確認，相談・助言）<br>・公的手続きの補助など<br>・就労上の問題発生への対応・協力<br>・アフターケア事業を行うNPOとの連携 |
| | 大学等への進学 | ・学業と生活の両立<br>・経済的な安定<br>・親・家族との適切な関係の形成 | ・電話連絡や面会，家庭訪問（生活・学業の状況確認，相談・助言）<br>・奨学金などの手続きの補助<br>・生活上・学業上の問題発生への対応<br>・アフターケア事業を行うNPOとの連携 |

出所：表3-3と同じ，123頁を筆者改変。

## 1）アフターケアの主なケア内容

　前述したが，施設退所後の生活は，大別すると①家庭復帰，②措置変更（里親等委託や他施設移管），③社会自立（就労自立や進学）となる。したがって，それぞれの生活に応じたアフターケアが求められる（それぞれのケア内容の概要については，表3-6を参照）。

　施設職員とすれば，退所児童がそれらのどの生活形態となろうとも，自分たちがその子どもにとっての「信頼できる良き相談相手」として，いつでも相談のできる存在となることが望まれる。また，施設も，退所児童にとって，自分のいわば「実家」としていつでも帰ってこられる場所となることが求められる。

## 2）アフターケアの視点

　アフターケアにおいて，特に重視すべき視点を，以下に挙げておきたい。

① 入所中のケア（特にリービングケア）との一体的関係

　退所児童にとって，施設職員が「信頼できる良き相談相手」となり，施設が
いわば自分の「実家」として「心のふるさと」としていつでも帰って来られる
場所となるには，何よりも（その子どもと職員との）お互いの深い信頼関係・愛
着関係が，不可欠な前提条件となっているといえる。

　そうであれば，アフターケアとは，施設を退所してから（退所後に）初めて
考慮され着手されるものではなく，あくまでも入所中から事前に継続的に取り
組み，準備されてこなければならない。その意味では，アフターケアは，決し
て入所中のケアと切り離しては考えられないものであり，入所中のケア（特に
リービングケア）との連続的で一体的な関係にあるものといえる。

　それは，表3-3（リービングケアによる到達目標）と表3-6（アフターケアの
概要）の比較からもすぐに理解することができる。つまり，リービングケアの
目標とアフターケアの目標・内容も，まさに連続的で一体的な関係にあるとい
えるのである。

② 孤立しない（つながりを保つ）ことへの配慮

　退所児童と施設職員との相互の信頼関係を土台として，何よりその子ども本
人が孤立しない（つながりを保てる）よう十分に配慮した支援が求められる。

　そのためには，退所児童からの相談等に応じるだけではなく，施設職員の側
からも定期的に（また必要な時には積極的に）電話連絡や家庭訪問等を行うこと
が重要である。また，年間の主だった園内行事には，退所者の参加も考慮し，
退所者の来園を園全体で歓迎する空気をつくっていくことも大切である。施設
によっては，毎年退所者を対象とした同窓会や行事などを開催したり，定期的
に日時を決めて食事会を行い，食事をしながら相談に応じるなど，退所者との
日頃からのつながりを大切にする，様々な試みがなされている。


## 2　施設養護の過程を支える自立支援計画


### （1）児童相談所との連携

　図3-3は施設養護の過程の全体像を図示したものだが，この図より，アド

図3-3　施設養護の過程と自立支援計画

| (児童相談所との連携での実施) | | | |
|---|---|---|---|
| アドミッションケア → | インケア | → リービングケア → | アフターケア |
| 入所前後 | 入所中の平時 | 退所前・退所時 | 退所後 |
| 分離不安へのケア<br>安心・安全な受け<br>入れ体制 | 生活のサポート<br>心のサポート<br>(その他日常の生活支援全般) | 進路決定支援<br>自立生活の準備 | 相談支援<br>「実家」としての機能 |
| 親子関係・家庭環境の調整／保護者支援 | | | |
| **(処遇指針)　自立支援計画** (一定期間ごとの評価・見直しを繰り返して) | | | |

出所：河合高鋭・石山直樹編『保育士をめざす人のための施設実習ガイド』みらい，2020年，32頁を筆者改変。

ミッションケアからアフターケアまでの過程においては，常に児童相談所との緊密な連携の下に，個別の「自立支援計画」に基づき，一連のケアが展開されていることが読み取れるだろう。

　ここで，施設と児童相談所との関係性について確認するならば，特に乳児院，児童養護施設，児童心理治療施設，児童自立支援施設，障害児入所施設の場合には，これら施設での養護全体が，児童相談所（設置主体である都道府県・指定都市・児童相談所設置市・特別区）の行使する行政権限（行政側の判断・決定・責任）によって進められている（この仕組みを「措置制度」という）。つまり，それらの施設においては，児童相談所（設置主体の知事・市区長）から子どもの入所があり（＝「措置」され），児童相談所の指導監督の下で，施設職員がその子どものケアを担うという体制がとられている。したがって，施設職員は，児童相談所の個々の子どもの担当児童福祉司と緊密に連絡を取り合い，協議を行ないながら子どもたちのケアにあたっている。したがって，自立支援計画の策定においても，児童相談所との緊密な連携がなされている。

## （2）自立支援計画の目的

　自立支援計画とは，個々の入所児童において，その最善の利益の保障の観点から，その子どもの状況に応じた自立支援の充実を図ることを目的として，ケアの方針を明確化し，その情報の共有を図り，入所からの一連のケアの一貫

表3-7　自立支援計画策定上の留意点

| ① | 取り組むべき優先課題が明らかになっているか |
|---|---|
| ② | 子どもの最善の利益という視点に立っているか |
| ③ | わかりやすい計画になっているか |
| ④ | 子どもやその家族に対して十分なインフォームドコンセントが行われているか |
| ⑤ | 目標・課題は実行可能な内容で，意欲を喚起するものとなっているか |
| ⑥ | 子どもや保護者の力量や状態に応じた課題が段階的に設定されているか |
| ⑦ | 計画の遂行において，促進要因と阻害要因とを勘案しているか |
| ⑧ | (支援による成果やその時期を推察し) 評価・見直しの時期を設定しているか |
| ⑨ | (限定的条件の下での生活である) 施設の持つ構造と機能を勘案した計画となっているか |

出所：児童自立支援計画研究会編『子ども・家族への支援計画を立てるために――子ども自立支援計画ガイドライン』2005年，90-91頁を基に筆者作成。

性・継続性・妥当性を保つために策定される個別の支援計画である。

「子ども自立支援計画ガイドライン」（児童自立支援計画研究会編）では，自立支援計画の目的を「一人ひとりの子どもの状況に応じた支援における到達点や道筋を示し，一人ひとりの子どもの健全な成長発達を保障することにある」としている。なお，児童福祉施設の設備及び運営に関する基準において，乳児院，母子生活支援施設，児童養護施設，児童心理治療施設，児童自立支援施設での自立支援計画の策定が義務づけられている。

### （3）自立支援計画の策定

#### 1）自立支援計画策定上の留意点

施設では，子どもが入所した当面の数カ月間（3カ月間程度）は，児童相談所が最初に作成した「援助指針」に基づいて支援を実施する。そして，その間に，施設職員が子どもとともに生活をする中で，その子どもの現状や支援ニーズ等をアセスメントしながら，施設独自の自立支援計画策定に向けての取り組みを始めていく。まずは，担当職員や責任者（となる基幹的職員等）をはじめとした（本計画策定のための）職員体制を固める。その上で，児童相談所を中心とした関係諸機関との緊密な連携の下，また，本人や保護者の意向も聴取しながら，ケース会議等での検討を重ねて自立支援計画の策定を行っていく。

なお，「子ども自立支援計画ガイドライン」では，自立支援計画策定上の留

表 3-8　自立支援計画票の中の主な項目とその記載要領

| 計画票に盛り込む項目 | その記載要領 |
|---|---|
| 「本人の意向」<br>「保護者の意向」 | ・本人・保護者がどのようなニーズを持ち，どのような支援を望んでいるか等<br>・乳幼児の場合には「本人の意向」は省略可だが，可能な限り聴取する<br>・本人と保護者との意向が異なる場合には，それを明確に記入する |
| 「支援方針」 | ・（アセスメント等により明らかになった支援ニーズに基づき）<br>　到達したいと考えている内容や方向性について記入 |
| 「長期目標」 | ・概ね 6 カ月〜 2 年程度で達成可能な目標を設定 |
| 「短期目標（優先的重点<br>課題）」 | ・概ね 1 〜 3 カ月程度で達成・進展する目標を設定<br>・「長期目標」を達成するためのより具体的な目標として設定 |
| 「支援上の課題」 | ・（優先的・重点的課題について）優先度の高いものから具体的に記入 |
| 「支援目標」 | ・（「支援方針」の内容を踏まえて）<br>　「支援上の課題」に対する具体的な支援目標を記入 |
| 「支援内容・方法」 | ・「支援目標」を達成するための支援内容・方法について，回数や頻度などを含め，できるだけ具体的に記入 |
| 「評　　価」 | ・職員による行動観察，評価票など客観的評価，子ども本人の自己評価などに基づき，達成状況について，ケース会議等で検討の上，記入 |
| 「特記事項」 | ・通信・面会の制限状況や関係機関との連携状況など特記すべき事項について記入 |

出所：厚生労働省「社会的養護における自立支援に関する資料」（2017年 2 月）を基に筆者作成。

意点が挙げられているので，表 3 - 7 にその内容を要約して列挙する。

### 2）計画票に盛り込む項目とその記載要領

　厚生労働省では，自立支援計画票の標準的書式を示しており（表 3 - 10，74 - 75頁），そこに盛り込む主な項目とその記載要領について，表 3 - 8 のように説明している（記載要領の内容は要約して示す）。

### 3）自立支援計画の評価・見直し

　自立支援計画に基づく支援が実行されている最中でも，子ども本人のニーズの変化や，保護者・家族の環境変化（雇用面，経済面，健康面等）などが生じる可能性もある。したがって，自立支援計画の策定・実行後も，目標の達成状況などから支援効果についての客観的な評価を行い，アセスメントや計画（課題設定・目標設定・援助方法等）の妥当性などを検証する必要がある。そして，必要に応じて，アセスメントや自立支援計画の見直しを行うことが重要である。

　児童養護施設等の各運営指針では，自立支援計画の定期的な評価と見直しに

表3-9　自立支援計画の評価における留意点

| ① | 多角的・重層的・総合的に行うこと<br>　・多くの評価者により　　　・アセスメント票などを活用しながら<br>　・多くの視点から評価（アセスメント票などを活用して）<br>　（1つの内容について，3つ以上の観点・立場から，3つ以上の発生場面・適応場面を<br>　　対象にして，総合的に評価） |
|---|---|
| ② | 評価ごとの「ずれ」について追求すること |
| ③ | 的確な支援計画であればあるほど計画通りに展開されることは少ないこと<br>　（予想以上に変化があり，計画を修正せざるを得ない事態となることが多い）<br>　※むしろ計画的に進行している場合には，子どもや保護者が表面的に合わせているといった<br>　　面が背景にあるかどうかを確認することが必要 |

出所：表3-8と同じ，92頁を基に筆者作成。

ついて，「アセスメントと計画の評価・見直しは，少なくとも半年ごとに定期的に行い，かつ緊急の見直しなど必要に応じて行う」とされている。

　なお，「子ども自立支援計画ガイドライン」では，評価の際の留意点を挙げているので，表3-9にそれを整理して示す。

### （4）自立支援計画の策定

　ここで，自立支援計画作成の一例を示すため一つの事例を紹介し，そこで作成された「自立支援計画票」（表3-10）を提示する。以下に，一つの事例（母親の虐待により盗みなどの問題行動が生じ，児童養護施設に入所した小学校6年生男児の事例）を示す。

### 1）母親の虐待による問題行動により児童養護施設に入所した事例[3]

　幸太くん（11歳）は，幼少期より母親からの虐待を受けており，その経験によるトラウマからか，たびたび盗みなどの問題行動を起こしてきた。一方，母親も，そんな彼の行動に振り回され精神的に不安定となり，さらにまた虐待を繰り返すことになった。こうした悪循環が続くなか，幸太くんは，児童相談所に一時保護され，児童養護施設への入所の措置となった。

　家族構成は，両親と幸太くんと妹の4人家族だが，父親が長く単身赴任で家庭や育児に全くかかわらず無関心でもあったため，子ども2人を誰にも頼れず自分だけでみていかなければいけなかった母親には，その負担が重すぎるものだったことが考えられる。

**2）子ども・家庭の短期目標**

この事例において，児童養護施設入所の3カ月後に策定された，幸太くんの「自立支援計画票」（表3‐10）である。

本自立支援計画では，その「優先的重点課題」の改善を目指す（特に本人および家族の）「短期目標」として，次の諸点が挙げられている。

① 子ども本人の短期目標として

・職員との信頼関係づくりやトラウマによる不信感や恐怖感の軽減を図ること

・自己肯定感を育むため，本人の得意なことに注目し，十分に評価すること

・他児との良好な関係をづくり，対人コミュニケーションの向上を図ること

・自分の問題行動を振り返り，その発生過程の状況等の理解を促進すること

② 家庭（養育者・家族）の短期目標として

・母親の虐待抑止につながる認知・行動面の改善を図ること

・母親が思春期児童に対する養育技術を理解し獲得できるよう支援すること

・父親への養育参加による母親のサポートを促すこと

以上のような短期目標の達成を図りながら，最終的な「家族再統合」に向けた総合的な目標として，母親と本人との関係改善と同時に，父親・妹を含めた家族全体の関係調整が目指されている。

## 表3-10　自立支援計画票

施設名　○○児童養護施設　　　　　　　　　　　　　作成者名

| 子ども氏名 | 未来幸太<br>（ミライコウタ） | 性別 | ⑨・女 | 生年月日 | ○年○月○日<br>（11歳） |
|---|---|---|---|---|---|
| 保護者氏名 | 未来　良<br>（ミライ　リョウ） | 続柄 | 実　父 | 作成年月日 | △年△月△日 |

| 主たる問題 | 実母からの虐待と，それによるトラウマ・問題行動 |
|---|---|
| 本人の意向 | 母親が自分の非を認め，謝りたい思いでいることを聞き，それを確かめたい気持ちにもなっている。早く家庭復帰し，出身学校に通いたい思いでいる。 |
| 保護者の意向 | 母親としては，本児へのこれまでの養育は不適切であったことを認識し，改善しようという気持ちも出てきており，息子に謝罪し，関係の改善を望んでいる。 |
| 市区町村・学校・保育所・職場などの意見 | 出身学校では，定期的な訪問などにより，家庭を含めて支援をしていきたい意向でいる。 |
| 児童相談所との協議内容 | 入所後（3カ月）の本児の様子からは，施設生活に適応しはじめており，自分の問題性にもわかっているようで，改善への思いも持っているようだ。<br>母親も，児相の援助を積極的に受け入れ，少しずつだが改善がみられるので，まずは通信の利用により，親子関係の改善を図る。 |
| 【支援方針】 | ・本児の問題行動の改善とトラウマからの回復を図る。<br>・母親の育児ストレスの軽減と，虐待抑止につながる認知・行動面の改善，さらには，思春期児童に対する養育技術の獲得を図る。<br>・それにより家族の再統合を図る。 |

第1回　支援計画の策定及び評価　　　　　　　次期検討時期　　△年　△日

### 子 ど も 本 人

【長期目標】　盗みなどの問題行動の改善と，トラウマからの回復

| | 支援上の課題 | 支援目標 | 支援内容・方法 | 評価（内容・期日） |
|---|---|---|---|---|
| 【短期目標（優先的重点課題）】 | 被虐待体験により，人に対する不信感や恐怖感が強い | (a) | ・職員との1対1での活動を定期的に持ち，関係性の構築を図る。<br>・心理療法による虐待体験の修正を図る。 | 年　　月　　日 |
| | 自己概念が低く，コミュニケーションをとるのが苦手である | ・本児の得意なスポーツなどで，自己肯定感を育む。<br>・他児との良好な関係づくり，対人コミュニケーションの向上を図る。 | ・少年野球の主力選手として活動する場を設ける。<br>・グループにおいて，年少児への働きかけなどに取り組ませる。 | 年　　月　　日 |
| | 自分がどんな状況になると，問題行動を起こすのかを，自分でもわかっていない | (b) | ・自分の施設内での問題行動の発生場面状況について考えられるよう，丁寧にサポートする。 | 年　　月　　日 |

74

| 家庭（養育者・家族） | | | | |
|---|---|---|---|---|
| 【長期目標】 ・母親が本児との関係でどのような心理状態になりがちで，それが虐待行為にどのように結びついていたかを，母親自身が理解できるようにする。 ・思春期の児童への養肯技術を，母親も身に付けることにより，本児との関係性の改善を図る。 ・併せて，父親の養育参加により，父親と母親との協働による養育機能の強化を図る。 | | | | |
| | 支援上の課題 | 支援目標 | 支援内容・方法 | 評価（内容・期日） |
| 【短期目標（優先的重点課題）】 | 本児との関係の中でなりがちな母親の心理状態と，それが虐待にどうつながったのかを，自分でも理解できていない | (c) | 児童相談所における，母親との個人面接を実施する（月2回程度）。 | 年　　月　　日 |
| | 思春期の児童への養育技術が十分に身に付いていない | (d) | 母親をペアレンティング（親子関係づくり）教室に参加させる（隔週） | 年　　月　　日 |
| | これまで長い間，父親は，家庭のことや育児のことにはかかわらず，無関心な状態だった | 父親の家庭調整や養育への参加意欲を高める。母親の心理的なサポーターとしての役割を担ってもらう。 | 父親に，週末は可能な限り帰宅し，本人への面会や家庭における養育支援を行ってもらう。 | 年　　月　　日 |
| 地域（保育所・学校等） | | | | |
| 【長期目標】 定期的かつ必要に応じて支援できるネットワークの形成（学校，教育委員会，主任児童委員，訪問指導員，民間団体，活動サークルなど） | | | | |
| | 支援上の課題 | 支援目標 | 支援内容・方法 | 評価（内容・期日） |
| 【短期目標】 | 近所との付き合いなどもなく，孤立ぎみになっている | ネットワークによる支援により，付き合う範囲の拡充を図る。 | 主任児童委員が開催しているスポーツサークルや，学校のPTA活動などへの参加による関係づくりを行う。 | 年　　月　　日 |
| | 学校との関係性が希薄になりつつある | 出身学校の担任などと本児との関係性を維持・強化する。 | 定期的な通信や面会などにより，交流を図る。 | 年　　月　　日 |
| 総　　合 | | | | |
| 【長期目標】 地域からのフォローアップが得られる体制のもとでの家族再統合もしくは家族機能の改善 | | | | |
| | 支援上の課題 | 支援目標 | 支援内容・方法 | 評価（内容・期日） |
| 【短期目標】 | ・母親と本児との関係の調整・改善が必要 ・再統合が可能かどうかを見極める必要あり | 母子関係に着目するとともに，父親・妹を含めた家族全体の調整を図る。 | 個々の達成目標を設定し，適宜モニタリングしながら，その達成に向けた支援を行う。 | 年　　月　　日 |
| | | | 通信などを活用した本児と母親との関係調整を図る。 | 年　　月　　日 |
| 【特記事項】 通信については開始する。面会については通信の状況を見ながら判断する。 | | | | |

注：厚生労働省が自立支援計画に盛り込む項目やその記入に関する参考例として提示している。
出所：表3-8と同じ，筆者一部改変。

┌─────────────────────────────────────────────────────────────┐
演習課題——自立支援計画作成の理解のために

　表3-10の「自立支援計画票」について，
1　「子ども本人の短期目標」における，空欄（a）と（b）に適当な内容を記入し
　てみよう（考えるヒントとして：空欄（a）には，職員との関係形成やトラウマ
　の回復など，空欄（b）には，自己の問題行動への理解の促進などが該当する）。
2　「家庭（養育者・家族）の短期目標」における，空欄（c）と（d）に適当な内
　容を記入してみよう（考えるヒントとして：空欄（c）には，虐待抑止につなが
　る母親の認知の改善など，空欄（d）には，母親の養育技術の獲得などが該当す
　る）。
└─────────────────────────────────────────────────────────────┘


**注**

⑴　伊達悦子・辰己隆編『保育士をめざす人の養護原理』みらい，2007年，83-84頁。
⑵　中山正雄監修，浦田雅夫編著『よりそい支える社会的養護Ⅱ』教育情報出版，
　　2019年，12-13頁。
⑶　厚生労働省「社会的養護における自立支援に関する資料」2017年2月を基に筆者
　　作成。

**参考文献**

相澤仁・村井美紀・大竹智編『社会的養護Ⅱ』（新基本保育シリーズ⑱）中央法規出
　　版，2019年。
伊藤嘉余子・小池由佳編著『社会的養護内容』（MINERVA はじめて学ぶ子どもの福
　　祉⑥）ミネルヴァ書房，2017年。
河合高鋭・石山直樹編『保育士をめざす人のための施設実習ガイド』みらい，2020年。
厚生労働省雇用均等・児童家庭局家庭福祉課長通知「児童養護施設等における入所者
　　の自立支援計画について」2005年8月10日。
児童自立支援計画研究会編『子ども・家族への支援計画を立てるために——子ども自
　　立支援計画ガイドライン』日本児童福祉協会，2005年。
辰己隆・岡本眞幸編『新版 保育士をめざす人の社会的養護Ⅱ』みらい，2020年。
東京都社会福祉協議会リービングケア委員会編『Leaving Care ——児童養護施設職
　　員のための自立支援ハンドブック』東京都社会福祉協議会，2005年。
松本なるみ・中安恆太・尾崎眞三編著『予習・復習にも役立つ社会的養護Ⅱ』創成社，
　　2019年。

<table>
<tr><td>第4章</td><td>施設養護の生活特性と支援</td></tr>
</table>

# 1　乳児院

## （1）施設の目的

### 1）児童福祉法による乳児院

　乳児院は，児童福祉法第37条の規定に基づき，「乳児（保健上，安定した生活環境の確保その他の理由により特に必要のある場合には，幼児を含む）を入院させて，これを養育し，あわせて退院した者について相談その他の援助を行うことを目的とする施設」である。また，第48条の2の規定に基づき，地域の住民に対して，児童の養育に関する相談に応じ，助言を行うよう努める役割も持つ。

　乳児院における養育は，乳幼児の心身及び社会性の健全な発達を促進し，その人格の形成に資するものでなければならない。また，乳幼児期は緊急的な対応を求められる場面も多いことから，適切な養育環境が速やかに手厚く保障されるよう努めなければならない。養育の内容は，乳幼児の年齢及び発達の段階に応じて，必要な授乳，食事，排泄，沐浴，入浴，外気浴，睡眠，遊び及び運動の他，健康状態の把握，健康診断及び必要に応じて行う感染症等の予防措置を含む。

　乳児院における家庭環境調整は，乳幼児の家庭の状況に応じ，親子関係の再構築等が図られるように行う。

### 2）基本原則から見る乳児院

　日本国憲法第25条1・2項で「すべて国民は，健康で文化的な最低限度の生活を営む権利を有する」「国は，すべての生活部面について，社会福祉，社会保障及び公衆衛生の向上及び増進に努めなければならない」とある。児童福祉法第1条で「すべて児童は，ひとしくその生活を保障され，愛護されなければ

ならない」と規定され，子どもの健やかな育成は，児童福祉法第1条及び第2条に定められている通り，国及び地方公共団体の責任であり，一人ひとりの国民と社会の理解と支援により行うものである。

　児童憲章では「児童は人として尊ばれる。児童は，社会の一員として重んぜられる。児童は，よい環境の中で育てられる」と謳われ，児童に関する条約第3条1では，「児童に関するすべての措置をとるに当たっては，公的若しくは私的な社会福祉施設，裁判所，行政当局又は立法機関のいずれによって行われるものであっても，児童の最善の利益が主として考慮されるものとする」と規定される。児童の権利に関する条約第20条では，「家庭環境を奪われた児童又は児童自身の最善の利益にかんがみその家庭環境にとどまることが認められない児童は，国が与える特別の保護及び援助を受ける権利を有する」と規定されており，児童は権利の主体として，生活を保障されなければない。乳児院はそれらの社会システムの一部であり，保護者の適切な養育を受けられない子どもを，公的責任で社会的に保護し養育するとともに，養育に困難を抱える家庭への支援を行うものである。


### （2）各施設の概要

　「地域主権改革に伴う児童福祉施設の設備及び運営に関する基準を定める条約」により各自治体での違いは多少あるが，概ね以下の通りである。

#### 1）施設・建物

##### ①　寝　　室

　乳児一人につき，2.47㎡が必要である。乳幼児が十分な睡眠をとれるように工夫する。睡眠時の状況を観察し，安定した睡眠のために，個々の乳幼児の安全と健康に配慮した支援を行う。

##### ②　観　察　室

　乳児が入所した日から，嘱託医等による指示のもと適当な期間，入室させ観察を行う部屋である。入所時に何らかの感染症が潜んでいる可能性も少なくないため，予防的な意味もある。

③　診　察　室

嘱託医による診察や看護師による処置等を行う部屋である。日常使われる薬品等を保管する場合もある。

④　病　　　室

感染症の蔓延を防ぐため隔離対策を行う部屋である。逆に感染にかかってない乳幼児を入室させる「健康隔離」という方法もある。

⑤　ほふく室

いわゆる，プレイルームである。食堂と兼用する施設もあるが，ボールプールやブランコ等を常設し，プレイルーム専用として利用する施設もある。

⑥　相　談　室

乳児院では入所児から相談を受けることはないが，保護者からの相談は多いため，プライバシーにも配慮した相談室は必要である。

⑦　調　理　室

調乳室と調理室を分けている場合もあるが，特に衛生面に配慮されて，年に１回ほど保健所の監査が行われる。

⑧　浴室及びトイレ

形態は施設によって特色がある。職員が一緒に入浴しない大きなシンク状のタイプの浴槽もあれば，職員が一緒に入る一般の家庭の浴槽の風呂を使用している施設もある。トイレは大体，子ども専用の小さな場合が多い。トイレの自立のために経験を持つことは重要である。最近ではプライバシーの観点から，外から見えないように配慮されたトイレも多い。

　上記以外にも施設によっては，職員が記録の記入や事務作業を行う「ステーション」や「心理面接室」を設置し，発達診断やプレイセラピーを行う専用の部屋を設置している施設もある。また，乳児院は主たる建物には専用の部屋を完備しなくてはならないため，児童養護施設のように小舎制や大舎制で分けるのではなく，ユニットケア方式に建物を分けている施設も多い。また，小規模グループケアとして敷地内外に生活機能が整った建物を設置し，生活単位の小規模化を行っている施設もある。

### 2）職員構成・専門職種の配置

施設によって様々であるが，基本配置としては施設長，事務員，保育士（児童指導員），看護師，栄養士，家庭支援専門相談員，個別対応職員，調理員等（委託する場合は必要ない）である。これに配置可能職員として，里親支援専門相談員，心理職がある。職員配置基準の基本は1.6：1（子ども：職員）だがユニットやグループホームの設置如何によって1.3：1にまで職員数が増える。ここでは施設長，事務員以外の専門職について説明したい。

① 保育士（児童指導員）

入所児童の生活介助から保育まで行う現場のメインである。乳児院は生活の場であるが保育の場でもある。1日の中にメリハリのある生活の場面と保育の場面が展開されなくてはならない。また，入所児のアタッチメントの形成にも重要な役割を果たし，発達の把握やバイタルチェック，自立支援計画の作成など内容は多岐にわたる。児童指導員については社会福祉主事等の福祉系資格を持つ職員は保育士と同様の資格とみなされ，保育士配置との読み替えができる。

② 看 護 師

正看護師資格が必要である。入所児の日頃の健康チェック，病児の対応，嘱託医や医師との連絡調整，通院や予防接種の管理など看護に関わる仕事を行う。また，他職種に対する病気の指導や緊急時の指導など教育的な部分を担うこともある。施設によっては看護部門の管理を中心に行うところもあるが，保育士とともに現場の養育の一翼を担うパターンもある。

③ 栄 養 士

普段の栄養計算されたメニュー作成はもちろんのこと，乳幼児の発達から食事の状態を把握し，離乳食の段階設定を行う。嗜好調査などを行い，無理のない食事経験を進めていく。食品アレルギーの子どもも多いので，その対応について検討実施（職員教育も含む）を行う。食事は言語につながる発達にとって重要なポイントでもあり，入所児の中にはネグレクト等によって家庭で適切な食事ができていない場合もある。噛み方などから，食事の形態を変えるなど栄養士の専門的視点は欠かせない。最近では「食育」を取り入れている施設も見受けられ，畑で収穫することで食の大事さを伝える役目も担う。

④　家庭支援専門相談員

ファミリーソーシャルワーカーとも呼ばれ，主に保護者の相談や児童相談所などの関連機関と調整役を担っている。また，入所児のケースのアセスメントを行い，ケースの方向性を決める大事なポストでもあるため，4年以上の現場経験が要件として必要である。里親支援専門相談員を配置している施設では協働して委託児童のマッチング，家庭訪問なども行っている。

⑤　個別対応職員

元々は被虐待児個別対応職員と呼ばれており，被虐待児の専門対応がメインであったが，虐待児増加によって境界線が曖昧になりつつある。そのため各施設によって役割は違っていて，被虐待児の心理的な面のサポートや心理師と組み，幼児に対する保育全面の指導を行っている施設もある。

⑥　調理員等

調理員等は調理師だけとは限らない場合もある。保育士の余剰人員を調理師等に入れ，保育面の増強をする施設や，その他の基本配置にない専門職を読み替えたり，施設によって様々である。

⑦　里親支援専門相談員

家庭支援専門相談員と名称は似ているが，内容的には施設の「外」で活動することが多い。現在，国が進める里親委託率の増加を担う職種でもある。上記で示したように里親委託のマッチング調整は行うが，里親のリクルート活動，委託・未委託里親の家庭訪問，里親継続登録の学習会，里親サロンや里親の各種スキル（フォスタリングチェンジプログラム等）勉強会の主催など多忙な部門でもある。最近ではフォスタリングエージェンシー（里親支援機関）を委託している自治体もあり，地域独自の動きがある。

⑧　心　理　職

CP（Clinical Psychologist）と頭文字で呼ばれる。現在の資格としては認定心理師や公認心理師，臨床心理士等の資格であれば乳児院の心理職として認定される。しかしながら，乳児院の心理師で重要なのは相手が乳幼児であり，心理検査を行う場合，かなりの慣れが必要である。一般に児童養護施設では WISKと呼ばれる心理検査を用いることが多いが，乳児院では「新版 K 式2001」使

うことが多い，検査方法の違いもあるため，コミュニケーションが未熟な乳幼児では関係性も必要である。日常の保育の中では個別に入所児とプレイセラピーを行ったり，他専門職に対し乳幼児の心理的アドバイスを行う。また，保護者に対する相談，カウンセリングを直接行う施設もある。

### （3）利用者の入所理由・特徴・状況

　乳児院の入所理由は，母親の疾病（精神疾患を含む），虐待，ネグレクト，保護者の就労，保護者の受刑など様々であるが，ひとり親家庭の増加と核家族であることで養育の担い手は母親以外にいないことが多く，近年，母親の精神疾患や虐待による入所が増加傾向にある。どのケースも入所の理由は単純ではなく，複雑で重層化している。主たる理由が改善されても別の課題が明らかになることも多く，家庭環境の調整は丁寧に行う必要がある。また，乳児院には児童相談所の一時保護所を経由せずに直接入所するため，心理的虐待のような虐待は入所後に子どもの行動から判明することも多い。乳児のアセスメントは重要であり，乳児院の一時保護機能の充実が必要である。

　乳児院の子どもは，入所当初から心身に何らかの問題を抱えている場合が多く，全国的にも入所児の約30％が病児・虚弱児，障害児である。虐待等からの発達上困難を抱える子どもは，年齢的に診断名がつかないが，「育てにくさ」という養育上の課題を持ち，手厚いかかわりが必要となる。また，疾病や障害などを抱える子どもは，その子どもの状態に応じて医療的・療育的ケアと養育に個別対応をすることが求められ，入所後の乳児院のリハビリや病院の通院件数や入院件数は年々増加している現状にある。

　乳児院で生活している子どものほとんどには保護者がおり，退所児の約50％は家庭に復帰している。しかしながら，乳児院の在所期間は，短期と長期に両極化している特徴がある。短期の在所には乳児院が家庭機能を修正する子育て支援の役割が重要であり，長期の在所では，乳幼児の養育のみならず，保護者支援，家庭環境の正常化，退所後のアフターケア（見守りを含む，地域調整）など養育環境再構築支援の役割が重視される。これらの保護者は，精神障害，若年，未婚の母，借金などの生活上の困難・孤立などの様々な困難を抱えていた

り，入所児自身に子育てスキルが要求されたり，入所から退所後に至る保護者への支援は，乳児院の重要な課題である。また，特筆すべきは熊本市の「こうのとりのゆりかご」である。検証委員会の報告によると熊本県内に限らず全国から「ゆりかご」に預けられている現状があり，親が判明した児童に関しては当該自治体に戻される。つまり，その親が所在している自治体に戻される間，または親が不明で里親等に委託される場合は乳児院が養育を担当している。

### （4）乳児院入所児童の生活状況

#### 1）個別の丁寧なかかわり

　入所児の生活は各施設によって変わってくる。それはあくまで個別であって，乳幼児に関しては特に柔軟に対応しなくてはならないからである。そのため同じ乳児院であっても入所している乳幼児の年齢，障害などの人数割合によっては生活のタイミング，対応が変わってくる実情もある（表4-1）。ここでは乳児院に求められる生活の基本を説明したい。

　基本的には子どもの心に寄り添いながら，乳幼児に対する受容的で応答性の高いかかわりを心がけ，子どもの正常なアタッチメントを育むことが重要である。保護者から離れて暮らす乳幼児が，心身の成長のために欠かすことのできない，特定の大人との関係性を築くため，保護者や担当養育者，里親との個別の関わりを持つことができる体制を整備することが必要である。心理的に子どもが安全であると感じ，安心感を持てるように配慮した環境を提供する。養育者は子どもの情緒の表出に心を響かせ，タイミングよく，視線や言葉で応答し，子どもが自分の思いを共有してもらう他者の存在を認識できるようにする。

#### 2）食　　事

　乳児に適切な授乳や食事を与える。発達に応じた量を守りながら自発的な授乳を行う，排気のさせ方などの基本的な食事介助方法について施設内で共通理解を持つ。離乳食を進めるに際しては十分な配慮を行う。個々の状態に合わせて離乳を開始し，アレルギーに対し配慮しながら，様々な食べ物の経験をする。乳幼児が自分で食べようとする意欲を育てられるように，素材の味を活かした，おいしい食事をゆっくりと，くつろいだ楽しい雰囲気で食べることができる環

表4-1 乳児院における子どもたちの生活リズム

歩き出すまで（1歳2カ月ぐらいまで）

| 6：00 | めざめ |
|---|---|
| 7：00 | 朝食（三回食がはじまったら） |
| 8：00 | 授乳，遊び，朝寝など |
| 9：00 | おやつ |
| 10：00 | お風呂 |
| 11：00 | 昼　食 |
| 12：00 | お昼寝 |
| 13：00 | |
| 14：00 | おやつ |
| 15：00 | 授乳，遊び，朝寝など |
| 16：00 | |
| 17：00 | 夕　食 |
| 18：00 | 就　眠 |

歩き出してから

| 6：00 | めざめ |
|---|---|
| 7：00 | 朝　食 |
| 8：00 | 遊　び |
| 9：00 | おやつ |
| 10：00 | 遊　び |
| 11：00 | 昼　食 |
| 12：00 | お昼寝 |
| 13：00 | |
| 14：00 | おやつ |
| 15：00 | 遊　び |
| 16：00 | |
| 17：00 | 夕　食 |
| 18：00 | ゆっくりすごす |
| 19：00 | 就　眠 |

注：生活リズムは子どもそれぞれの体調や発達のレベルに応じて対応するので，これは一応の目安である。
出所：「乳児院の子どもの生活」慈愛園乳児ホームマニュアル2020。

境づくりや配慮を行う。

### 3）衣　類

　気候や場面の変化や心身の発達に応じて清潔な衣類を提供し，乳幼児が常に快適な状態でいられるように支援する。材質，サイズ，動きやすさ，着脱のしやすさなどに配慮し，個々の発達状態に応じた衣類管理を行う。一人ひとりの乳幼児に個別に衣類を用意し，発達に応じて自分の着るものに興味が持てるよう気を付ける。

### 4）睡眠・入浴

　乳幼児が十分な睡眠をとれるように工夫する。睡眠時の状況を観察し，安定した睡眠のために，個々の乳幼児の発達や心理状況，そして安全に配慮した支援を行い，安心した心地よい入眠やさわやかな目覚めを支援する。環境面での不備が皮膚疾患や呼吸器系の疾病など直接健康を害する要因となり，心身の発達を妨げる要因となることを防ぐために，ベッド，寝具，照明，換気，室内の

温度湿度などについて環境調整を行う。乳幼児の年齢に適した入浴方法をとり，適切な入浴沐浴によって清潔を保つ。

　5）排　　泄

　乳幼児が排泄への意識を持てるように工夫する。おむつ交換の時に，言葉をかけながら身体をさするなどして，おむつ交換が心地よいものであることを伝える。発達段階に応じて，おむつが濡れていない時は，便座に誘導するなど自分から便座に座る意欲を持てるように配慮する。虐待などの影響によって排泄が拒否的な習慣にならないように配慮し，無理なトイレトレーニングは行わない。

　6）遊　　び

　個々の乳幼児の発達状況や個性に配慮し，専門的視点から遊びの計画や玩具を用意し，遊びを通じた好奇心の育みや身体機能の発達を支援する。模倣遊びや職員や他の乳幼児とのふれあい遊びを通して，情緒の育成を図り，人との豊かなかかわりができるように配慮する。一部の玩具について個別化をするなど，家庭と異なる環境にある乳幼児に対しての細やかな配慮を行うため，おもちゃの個別化を認め，個人別に収納場所を設け，自分の所有物だと認識できる喜びを与え，自分で片づけるという意欲を育てる。

　7）健　　康

　一人ひとりの乳幼児の健康を管理し，異常がある時には適切に対応する。体温測定やバイタルチェックを行い，日々の健康観察記録とともに一人ひとりの健康状態の変化を把握する。日常生活において異常所見が見られた場合には速やかに医師に相談するなど，医療機関との連携に取り組み，通院，服薬その他留意すべき事項の確実な実施に取り組み，速やかに対応できる体制を整える。

　8）面　　会

　保護者の面会は入所児と家庭をつなぐ有効な手段である。対応の難しい保護者もいるがなるべく面会に来やすいように援助し，保護者が子どもに会いたいという気持ちを最大限に配慮しながら，ともに子どもが発達していく姿を喜び合えるような面会を実施する。そのためには子どもの発達の理解や面会のフィードバックを毎回行い，保護者としての自覚を高めていく必要がある。

### （5）事例でみる支援の特色

#### 1）ショートステイから入所となり再統合に結びついたケース

　明日香ちゃん（当時 8 カ月）は若年母親（20）が育てていたが，精神的に不安定な母親は市の保健センターに相談し，疲れてくるとショートステイを使い，乳児院に預けていた。しかし，徐々に利用の頻度が上がってきていたのと明日香ちゃんの衛生面（体が汚い等）が悪化したので，保健センターに乳児院側からアセスメント提供を呼びかけた。母親は大学に通学していた時に妊娠，父親は母親が当時ガールズバーで働いていた時の客であった。大学を辞め，その男性と同居していたが DV もあり男性宅を出た。行き場所のない母親は実家（他市）に帰って明日香ちゃんを出産し，養育していた。父母とは以前より不仲になり，衝突も増えてきた。耐えられなくなった母親は実家を飛び出し，明日香ちゃんを連れて元の地域で暮らしはじめた。育児中であること，精神的に不安定なことで就労が不可能であった母親に保健センターの援助もあり，生活保護を受給できるようにした。

　ショートステイ利用 5 回目に母親に対し乳児院の家庭支援専門相談員（以下，FSW）が面接を行った。明日香ちゃんが泣いて寝ないので自分が使っている睡眠薬をミルクに混ぜて飲ませたと母親は泣きながら告白。即時，母親にその行為は虐待であることを説明し，乳児院入所の同意を取った。母親もギリギリだったのか，力なく頷く。FSW はすぐに児童相談所に電話し，内容を伝えて入所の運びとなる。

　入所中も母親の面会はあったが母親自身の衣類が汚れていたり，匂いがあったりするので担当児童福祉司とともに家庭訪問を実施。部屋はかなり汚れており，足の踏み場もない状態であった。母親に食事は食べているのか聞くと 1 日 1 食ぐらいとのこと，生活保護の支給は全額パチンコに使ったと言う。その 2 週間後，母親は大量服薬にて自殺企図，緊急搬送され精神科入院となる。母親の方はそのような状態であったが，本児は健康的にも発達的にも問題なくスクスク育っていった。現状では引き取りは無理であると判断した児童相談所は里親委託を提案し，退院後，母親に同意書を得るため，面接を促した。面接には祖母が同席したが，FSW から里親委託の話をされると母親，祖母ともに強く

反対し，同意を得ることができなかった。

　その後，乳児院に祖父母が面会に来るようになり，母親の面会より回数も増えていった。祖父母は明日香ちゃんとの関係も良く，特に祖母は明日香ちゃんの入浴介助にも積極的に介入していた。アセスメントの結果，FSW は祖父母を中心とした再統合を児童相談所に提案，祖父母と面接する運びとなった。祖父母は就労中でもあり，「自信がない」と話したが，日頃の面会中の状態などをフィードバックすると引き取りに自信が持てた様子。児童相談所と FSW は母親を実家へ戻すことと，地元での就労，明日香ちゃんの保育所入所手配の計画を立てた。その後，FSW と児童相談所は祖父母宅へ家庭訪問し，最終的な児童相談所決定として，明日香ちゃんの祖父母宅へ再統合が措置会議で決定した。退所前に地元での地域関係者会議を実施し，入所予定保育所，民生委員児童委員，地元保健師など参加があり「見守り体制」ができ上がった。FSW は再統合後もアフターケアで家庭訪問や電話相談などを行っていたが，1 年間のアフターケア期間を終えケースを終了した。ケースを閉じた現在も，年 2 回ほど祖父母は明日香ちゃんを連れて乳児院に遊びに来ている。

　ショートステイは市区町村の事業であり，短期（1 週間程）利用であるため，アセスメントがうまく行われず入所する場合が多い。児童相談所が介入しないことがあるため，本ケースのように常連化するケースは主訴の解決が行われていないことが多い。本ケースでは FSW が保護者と深く話すことによって，虐待が判明し乳児院入所につながった。実際に，このあと実母は明日香ちゃんと暮らすことなく，家を出てしまうのだが，再統合計画時に母親との単独生活は期待しておらず，祖父母との再統合にシフトしていたため，安定した暮らしを確保できた。このように保護者は父母と固定せず近親者の協力によって再統合が実現するケースは少なくない。

### 2）虐待者の父との分離によって母親の自立が促されたケース

　児童相談所から入所の依頼がある。父親による身体的虐待を受けたケースである。シェイクンベイビーシンドロームで硬膜下血腫が起こり眼底の出血も見られた。現在，香澄ちゃんは生後 3 カ月だが容態も安定しているため退院し，

乳児院で今後，養育を計画しているとのこと。乳児院の定員にも空きがあったため，施設長判断にて入所を了承する。入所日，病院に迎えに行くと児童相談所と両親とみられる男女が待合室にいたが，男性の方は乳児院入所に納得していないようで大声を張り上げていた。その場で再度，児童相談所は面接し，ようやく父親は納得した。今後も保護者が何らかの問題を起こすようなら，児童相談所は児童福祉法第28条適用（保護者の児童虐待等の場合の措置）も視野に入れているようであった。その後，乳児院では香澄ちゃんを養育するにあたって，担当医から医療説明を受け，2週間に1度の継続診察を続けることとなった。

　虐待ケースであったが，面会を父母ともに許可された。父親は1度だけ面会に来たが，それ以降は全く来なくなった。その代わり母親は3日に1度は面会に来て，香澄ちゃんに授乳したり衣類交換に参加したり，FSWとの関係も良く，父親のことや自分の仕事のことを話していた。ある日，母親が顔に大きなアザをつくって面会に来る。どうしたのかと尋ねると父親と喧嘩して殴られたと言う。今までも何度も殴られたので「もう離婚する」と興奮気味にFSWに訴えた。FSWは女性保護相談の電話をいくつか案内して，母親に相談するように促していた。児童相談所にもFSWが母親の現状を報告。児童相談所は緊急に家庭訪問し，父に説明を求めたが父親は逆上し，暴れたため，警察が介入。母親は一時，女性相談センターに保護された。その2週間後，父母の離婚が成立した。

　香澄ちゃんが6カ月の時，午睡中に突然，体が硬直し手を前方に上げたまま，表情は苦悶に満ち唇を噛みしめていることがあった。看護師はその様子から「てんかん」を疑い，すぐに嘱託医に連絡。脳波をとると典型的なスパイクが見られた。専門の病院に移送し，「West症候群（点頭てんかん）」と診断され，てんかんの症状を抑制または緩和する薬を見つけるため，3カ月の入院となった。入院にあたって医療説明が予定されたが，FSWはあえて母親をその説明に同席するように促し，医師も母親に理解しやすいように説明を行った。母親は落ち込んでいたが，入院中に母親と祖母も病院の付き添いをしたいと希望したので，FSWは病院側にその意向を説明し，昼は母親と祖母，夜は乳児院が付きを添いをすることとした。3カ月の入院となったが，無事に香澄ちゃんに

合う薬も見つかり，退院となった。退院後の香澄ちゃんの発達は多少の遅れ（発達指数70前半）が見られたが大きな発作も起こることもなく，1歳半を迎えた。再統合を視野に入れてなかったため，医療的な観察も必要な2歳以降の措置変更先の選定を行うこととなった。障害児入所施設が移動先に検討され，母親と祖母に説明すると，母親は香澄ちゃんが2歳になるまでに，なんとか仕事を見つけて引き取ると言い，祖母もそれに協力すると言った。その後，母親が資格を取るまで措置を延長したため，予定通りにはならなかったが，3歳になる前に母親が事務職に就職し，保育所も決定，引き取りとなった。

本ケースは最後まで本児に対する虐待者が判明しなかったのだが，母親に対するDVという点で養育困難ケースとして扱うことになった。父母間に共依存があるとなかなか問題解決に至らず繰り返す場合が多いのだが，偶然にも離婚までが早く，父親の問題はその後，本家族に影響がなかったのも功を奏した。医療的問題も与薬管理で解決でき，入院中の祖母と母親の付き添いによって家族間の信頼関係を高め，母親の自立心を目覚めさせることができた。

### （6）施設が果たすべき役割と重要性

2011（平成23）年に厚生労働省より発出された「社会的養護の課題と将来像」のなかで乳児院の課題として挙げられたものは，「一時保護機能の強化」「専門的機能の充実」「養育単位の小規模化」「保護者支援，地域支援の充実」であった。これらを受け全国乳児福祉協議会（乳児院の全国組織）では「適切な養育環境の永続的保証」を充実させることが重要な視点であると報告し，その後も将来像の具現化に向け具体的な展開を見せてきた。「児童福祉法の一部を改正する法律」が2016（平成28）年5月に成立し，里親委託の強化や小規模グループケアのさらなる強化を進めることとなった。これらは「社会的養護の課題と将来像」の延長であり，従来の計画の強化を旨としていたが，翌年度の2017（平成29）年8月2日に厚生労働大臣（当時は塩崎大臣）のもと，「新たな社会的養育の在り方に関する検討会」から「新しい社会的養育ビジョン」が発出された。これは「社会的養護の課題と将来像」の全面的見直しであり，具体的な数値目

標を掲げ，社会的養護施設の「高機能化，多機能化」を謳いつつも，5年以内の実現を目指す，かつてないほどのアグレッシブな計画であった。

　ただ，これらの数値目標が具体的に実現できるかどうかというのは，現実的には難しいものも多い上，災害等の要因にて自治体によっては財政的に疲弊している自治体もある。そういった現状も踏まえつつ，乳児院としては2019（令和元）年9月に全国乳児福祉協議会「乳児院の今後のあり方検討委員会」から「乳幼児総合支援センター」を目指すという方向性が示された。上述したように元々，乳児院は多機能施設の傾向が強く，多機能化の部分については乳児院の機能として今までも行っていて，ノウハウも持っている状態である。

　しかしながら問題は乳児院が今まで何を行ってきたのかを世の中にあまり周知していないという問題があり，残念な話だが，未だに乳児院が収容施設機能しかないと思われている現状がある。乳児院は機能として，乳幼児の措置入所はもちろん中心的機能・役割であるが，その他に「子育て短期支援事業（ショートステイ）」や「一時保護機能」「病虚弱児・障害児の受け入れ」「里親とのマッチング機能」「短期措置への対応」「乳幼児養育相談（産前産後）」を行ってきている。これらの機能は利用施設としての乳児院の機能であり，既にどこの乳児院も通常に行っている機能である。乳児院以外がこれらに対応するためには高いスキルと機能的なハードの必要性が予想され，同時にかなりのリスクを伴う可能性があるといえる。「ハイリスク児」と一概に言うが，風邪に感染しても，乳幼児はいつでもハイリスクになってしまう現実がある。それらの対応は専門的機能を持つ，乳児院だからこそ可能だったという事実ではないだろうか。

　全国に140カ所ほどしかない乳児院は他の子どもを扱う施設と比べ施設数が少ないということも認知度に影響しているが，全国的には乳児院の新規設置も増えており，着実にニーズが増えているのは事実である。統計的には利用人数が減っているように見えるが，虐待の増加により，逆に一時保護委託児童数は措置人数を上回っている状態で，ショートステイの利用が大きく増加しており，そのケース内容も一般的なショートステイの理由というより，危険な状態の綱渡り状態のケースがほとんどである。

　しかしながら，乳児院の本当の機能は，「何かしらの問題があって養育できなくなった家庭の機能を修復し正常な状態もどす」というのが乳児院の役割であると筆者は考える。子どもが入所になるか，入所にならないかは問題ではなく，「子どもは成長する権利があり，正常に成長できる環境の中で養育されなければならない」というのは当たり前のことで，今後，成長していく人間の人生最初の部分を丁寧に扱っていくというのは乳児院の大事な使命であると考える。

---
　演習課題
---

　1　「新しい養育ビジョン」以降，国の施策によって里親委託が強力に推し進められているが，里親と委託児がうまくいかないことによる途中委託解除（不調）が増えつつある。このような中での乳児院での役割で必要なことを考えてみよう。
　2　「新しい養育ビジョン」以降，施設の多機能化，高機能化がうたわれているが，地域ニーズや療育や医療的ニーズなど色々な面のニーズごとに乳児院として何ができるのかを考えてみよう。

## 2　児童養護施設

### （1）施設の目的

　家庭の様々な事情で，家族と生活ができない子どもたちが生活する児童養護施設は，2021（令和3）年3月末現在，全国に612カ所あり，定員は3万782人，入所者数は2万3,631人，従事する職員の数は2万1人である。また，児童福祉法第41条に「保護者のない児童（乳児を除く。ただし，安定した生活環境の確保その他の理由により特に必要のある場合には，乳児を含む。以下この条において同じ。），虐待されている児童その他環境上養護を要する児童を入所させて，これを養護し，あわせて退所した者に対する相談その他の自立のための援助を行うことを目的とする施設とする」と規定されている。

　戦後，児童福祉法の制定と共に創設された「養護施設」は，戦災孤児の保護収容が主な目的であったが，時代の変化とともに家族との生活ができない児童

の保護養育・自立支援・家族再統合など目的は変化してきた。生活困窮家庭等の親の養育困難な理由による入所が多かったが，現在は児童虐待を理由に施設入所となる児童が最も多い。さらに児童虐待防止法の改正を受け，2018（平成30）年頃からは面前 DV と呼ばれる状況にある子どもも心理的虐待により保護され，心理的虐待が最も多い虐待対応理由となり，それによる入所も増加している。

### （2）施設の概要

#### 1）建　　物

　近年全国的に建物の改築が進められている。大きな食堂で大勢が一堂に食事をしたり，年齢別や性別に分けられてはいるが大部屋で生活する「修学旅行のような生活」と表現された施設の形態「大舎制」は，現在は半数以下となった。国は「多機能化・機能転換，小規模型地域分散化の進め方について<sup>(2)</sup>」を発出し，生活本体施設（本園）は，生活グループの規模をより小さくして，個別化を図りやすいよう生活の小規模化が進められ，グループホームによる地域分散の生活を進めるよう方向性を示した。したがって，小規模化は施設全体の定員と子どもの生活集団単位の2つの側面の小規模化である（図4-1）。

　具体的には施設の定員を45名以下程度に小規模化し，小舎制と呼ばれる敷地内にグループごとの家を建てたりマンションのように分け，生活をそれぞれのグループで完結して，子どもにとっては「自分の家」の意識を持ちやすい形態としている。それぞれのグループに玄関，リビング，キッチン，ダイニング，風呂，トイレ，子どもの居室や職員の部屋や相談室等があるのが一般的である。小規模グループケアと呼ばれるが，現在は1グループが6～8名だが，国は2024（令和6）年度までに1グループ6名とするよう通知を改正している[3]。

　一方，グループホームは地域の中での家であるため，子どもたちには「自分の家」の意識が強い。制度的には3種類あり，地域小規模児童養護施設[4]と分園型小規模グループケア[5]，自治体による独自制度がある。地域小規模児童養護施設は，本園の定員とは別に定員が増えることと，地域の中で建物を建設するかあるいは借りて用意する。地域小規模児童養護施設は1施設2カ所までという

図4-1　小規模化した児童養護施設の形態

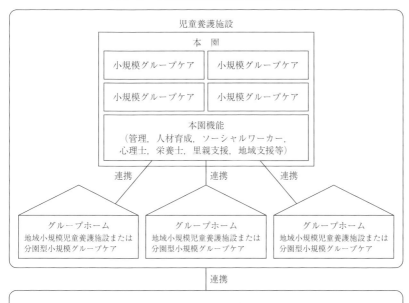

出所：筆者作成。

制限があったが，小規模化の計画を策定することで，現在は6カ所までとなった。

　分園型小規模グループケアは地域小規模児童養護施設と同様に定員6名の地域での生活であるが，本園の小規模化を図る制度のため，本園の定員に含まれ，この設置により本園の定員が6名減るのが地域小規模児童養護施設と異なるところである。

　両形態とも，借家の場合，補助金の家賃補助の限度額がなくなったため，地域の地主等に初めからグループホーム用の建物として建設してもらい，グループホームとして借用することも増えてきている。また，国の地域分散化推進の方針を受けて，2019（平成31）年から措置費の改正が続いて毎年増配置となり，2021（令和3）年度からは6名の児童の定員に対して，6名の職員の配置ができるようになった。

さらに2021（令和３）年度からは，両形態とも「６名」定員を「４名から６名」と幅のある定員を認める方針となった。特に重篤な虐待による入所児童の増加により２人部屋で生活することが困難な児童が増え，個室で自分の安心できる空間を確保する必要が増していることと，小規模化地域分散化の推進によって，都市部においては６名の個室を用意する６LDKや職員の執務室を加えると７LDKといった物件は，一般家屋では皆無であるため４名の定員は長年の児童養護施設の要望であった。

　自治体による独自制度は，国の制度ができる以前から制度化されているところが実施しており，東京都では1982（昭和57）年に東京都ファミリー・グループホーム制度により「施設分園型グループホーム」（以下，都型）が制度化された。従来の施設養護と里親制度の中間的形態として，望ましい家庭的養護形態を提供することを目的とした。本園から概ね６名の児童が地域に出て生活，持ち家または借家による家屋，当時の人員配置である児童６名に対して１名の職員であるところに補助職員の１名分の増配置により２名の職員で実施，といった内容で始まり多くの施設で実施されていた。前述のように，国が職員配置も充実した分園型小規模グループケア（国型）を制度化してからは，都型から国型に移行しているところが多い。

　また，制度的には児童養護施設とは異なるがファミリーホーム（小規模住居型児童養育事業）についても，里親型と法人設置型があり，法人設置型のファミリーホームについては児童養護施設を実施している社会福祉法人等が運営することが多く，４番目のグループホームのような位置づけといえる。

　全国児童養護施設協議会では，児童集団の人数を一つの目安として20名以上を大舎制，13〜19名を中舎制，12名以下を小舎制としている。大きな食堂で皆で一緒に食事をしている風景は過去のものとなり，少人数のそれぞれのグループで家庭的な形態で生活が営まれているのが現在の児童養護施設の本園の姿である。

　児童福祉法の定める施設の運営の基準は，児童福祉施設の設備及び運営に関する基準の省令により定められていたが，2012（平成24）年からは都道府県の条例により定められることになった。国の省令は，従うべき基準，標準，参酌

すべき基準に分けられた。居室当たりの定員の変更，職員配置，施設長の資格要件などが盛り込まれた。2015（平成27）年から職員配置も大幅に改正され，従来の子ども5.5名に職員1名から，4名に1名に改正され，人員が充足された時に単価を支弁する基準に改正された。前述のように地域分散化への施策のためグループホームにはさらに増員がされ，2021（令和3）年度から実質子ども1名に職員1名の配置となる。

　本園は8名以下を小規模グループケアとして，グループごとに職員1名の増配置があるが，2024（令和6）年度からは1ユニットを6名とするよう国が通達を出している。

　さらにケアニーズが高い子どもと定義される，重篤な虐待により児童精神科治療や日常的な医療的ケアが必要な子ども等が多く生活している現在，本園はケアニーズの非常に高い子ども4名のグループを4名の職員で受け持つ「4人の生活単位」が2019（令和元）年度末に制度化された。

### 2）職員の仕事（ケアワーク）の内容

　それぞれのグループに職員3名から4名が子どもたちと共に生活をしている。さらに本園には間接的に子どもたちの生活を支える職員が勤務をしている。児童養護施設の職員の仕事の基本は，子どもの養育全般，つまり，教育，食事，入浴や洗濯，清掃などを含め子どもの生活にかかわることすべてである。本園の小規模グループケアや地域小規模児童養護施設等のグループホームといった，小規模な集団で生活する形態が進んだ現在は6名程度の子どもを4～5名の職員で受け持ち，生活を通して子どもたちの育ち直しや社会性を身に付けること，そして自立に向けて育ちを支えていく。

　学校の保護者会や町内会等地域の役割も担い，余暇時間には，子どもと一緒にスポーツやテレビを見たり，ゲームなどで過ごす。招待行事で，遊園地やテーマパークなどへ行くことや，多くの施設では夏にはキャンプなど宿泊行事も出かけていく。夜間は緊急時に対応できるよう，宿直勤務により夜間の勤務を交代で担っている。

　従って子どもの発達や権利擁護についてしっかりとした知識や理解，そして職員自身が自立した者でないと，子どもの育ちを支えることは難しい。特に虐

表4-2　グループホームの1週間の勤務表の例

| 職　員 | 日 | 月 | 火 | 水 | 木 | 金 | 土 |
|---|---|---|---|---|---|---|---|
| リーダー（保育士） | 休 | C | B泊 | A | 休 | A | C |
| 保　育　士 | A | B泊 | A | B | B | 休 | 休 |
| 児童指導員 | B泊 | A | 休 | C | 休 | B泊 | A |
| 保　育　士 | C | 休 | 休 | D泊 | A | D | B |
| 補助職員 | | | | | 泊 | | 泊 |

注：(1)A勤務：6：30〜15：30，B勤務：14：00〜22：00，C勤務：9：00〜18：00，
　　　D勤務（断続勤務）：6：30〜9：30と17：00〜22：00（休憩：9：30〜17：00）。
　　(2)休憩時間は，A勤務からC勤務については，勤務時間のうち1時間。
　　(3)補助職員は20：00〜翌日9：00までの宿直に本園職員の応援。
　　(4)水曜日は会議等があり全員出勤日。
出所：筆者作成。

待を受けた子どもたちは親との健全な愛着関係が構築されていないため，毎日
の生活を通して大人との信頼関係を再構築していくことが最も重要で，高度な
専門性を要する業務となっている。それゆえ，仕事を通して子どもから多くの
ことを学び職員自身も人間として成長を実感できる仕事であるといえる。

　児童養護施設職員へも質の向上を図るため，措置費において研修費の補助や
処遇改善手当として，夜間勤務職員やリーダー的立場への職員の手当の加算が
図られている。

　児童養護施設では，学齢期の子どもたちの担当となれば子どもたちが学校に
行っている間に，職員会議や児童相談所等の関係機関との調整，研修，ケース
カンファレンス等の会議，日用品の買い出し等の時間を持っている。24時間
365日子どもたちの生活を支えるために，職員は交代勤務のため同じグループ
担当の職員が一堂に会するのは週に1回程度になるため，日常的な申し送りや
職員間のコミュニケーションに意識を持つことがとても重要である。最近はコ
ンピューターネットワークを本園の各ホームやグループホームとつなぎ，また
モバイルシステムを活用して，子どもの日々の記録や施設の予定，職員の勤務
等，職員間の情報共有やコミュニケーションを支える仕組みを導入している施
設が多い。児童養護施設の勤務は，旧来は労働時間も長く仕事と生活の境界も
あいまいで体力的にきつい職場のイメージが強かったかもしれないが，近年の
働き方改革や人員配置増，仕事と休みのメリハリの大切さなども認識されるよ

うになり，働きやすい職場になるよう改善されてきている。4人体制のグルー
プホームの1週間の勤務例は表4-2の通りである。現在は，週休2日は一般
的で，断続勤務を行わない施設も多くなってきた。一方で施設内に職員用の居
住スペースを確保し，休日や休憩時間をしっかり保障しながら，住み込み勤務
により子どもの安心した生活を保障している施設もある。

### 3）職員の種別（国制度）と資格

　児童養護施設で働く職員の職種は，施設長，ケアワーカーと呼ばれる保育士
と児童指導員，ソーシャルワーカーと呼ばれる，家庭支援専門相談員と里親支
援専門相談員，心理職，栄養士，看護師，事務職，嘱託医師等である。また，
東京都の自立支援コーディネーターやグループホーム支援員のように，都道府
県・特別区・政令指定都市の独自財源により，職種を配置しているところもあ
る。東京都の実践の効果から，国は2020（令和2）年度から児童養護施設に自
立支援担当職員を制度化した。近年は専門機能として，地域の子育て相談等に
も大いに期待されている。

　資格については，福祉施設の中でも条件が厳しく，ケアワーカーについては
保育士または児童指導員である。保育士は，児童福祉に関する国家資格であり，
児童指導員は任用資格であり，その条件については，「児童福祉施設の設備及
び運営に関する基準」で規定されている。

　児童指導員任用の条件は，社会福祉士または精神保健福祉士資格，4年制大
学で社会福祉学，心理学，教育学または社会学を専修する学科を卒業，小学校
から高等学校のいずれかの教諭となる資格等である。また2019（平成31）年か
らは幼稚園教諭の資格も児童指導員任用に加えられた。高校卒業後，児童福祉
施設で2年以上児童福祉事業に従事した者も規定されてはいるが，実際は児童
福祉に関するトレーニングなしに従事するのは難しい。

　資格については，保育士としてキャリアを積みながら，通信教育や専門職大
学院で社会福祉士受験資格を得て，社会福祉士として家庭支援専門相談員や里
親支援専門相談員で活躍している職員もおり，そういった施設では専門性の高
いソーシャルワークが展開されている。

　2020（令和2）年度より，自立支援担当職員が全国の児童養護施設に配置と

なったが，実際は従来から配置がされている職業指導員との選択となった。高齢児の自立は大きなテーマであり特別の支援を要するため，自立支援担当職員が全国の施設・フォスタリング機関に配置となったのは大きなことである。

また2021（令和3）年度からは，より地域の子育て家庭や里親家庭を支援し虐待防止を図るために，児童養護施設に配置されている家庭支援専門相談員や心理職の増員がされることになった。


### （3）利用者の入所理由・特徴・状況

施設に入所する子どもは要保護児童として，児童相談所から児童福祉法第27条第1項第3号に基づき措置される。児童養護施設は措置施設であり，子どもは施設を選べず，児童相談所が適切であると判断した施設へ子どもを入所させる。つまり児童相談所の権限である措置は行政処分である。様々な環境から，児童相談所に併設される一時保護所へ，要保護児童として一旦保護された児童は，児童相談所の社会診断，心理判定，医学診断等を経て，援助方針会議等で，中長期的な支援方針をもとに，施設入所が決定される。この過程で，施設入所には親の同意が原則必要となっている。入所時の子どもの年齢も様々であるが，近年は中学生，高校生，いわゆる高齢児の一時保護から措置といったケースが増えている。

また，権利擁護の観点からは子ども本人の納得が重要である。児童が施設を選ぶことはできないが，納得のいかないまま入所に至ることはその後の生活に負の影響がある。たとえ幼児であっても，乳児院からの措置変更の時などは，数回に分けて施設を訪問して，施設に慣れていくことを大切にしている。たとえ，入所時は納得していても，家族と離れて生活することに，子どもたちは「なぜ自分が施設で生活しなければならないのか」という問いに向き合い続けている。

入所児童については，児童相談所の支援方針をもとに，入所間もない生活の経過観察後，施設での自立支援計画を施設全体で策定する。自立支援計画書は，子どもの意見，家族の意見も尊重し，施設でのアセスメントを元に子どもの強みを伸ばす支援方針を策定して，施設全体での共通理解として支援にあたる基

本となるものである。支援をモニタリングして，必要であれば自立支援計画の軌道修正をしつつ，毎年策定をして，ケースのゴールに向かって進むのである。改正された児童福祉法により2024（令和6）年から子どもの意見表明を支援する仕組みも始まる予定である。

### （4）利用者の生活状況

　大舎制の時代は，性別や年齢別に集団を構成することが一般的なため，ある程度の日課と生活のルールを定め集団生活を構成していた。小規模化が進んだ現在では，生活単位のグループごとに職員も子どもも一緒になって，自分たちのホームの生活をどうするか，主体的に柔軟に生活を組み立てている。グループごとに子どもの性別年齢の構成は異なり，幼児や高校生といった年齢層の違いで学校，部活動，高校生は自立へ向けアルバイトをすることが多く，夜や週末はいないことが多いため，生活時間も大きく異なる。幼児は園内に保育室を設けたり，幼稚園も現在認められているので通園しているところが多い。学童は地域の小中学校へ通うため，その年齢での入所となると転校する。特別支援学校へ通う子どもも増え送迎が必要だったり，児童精神科の服薬をしている子どもも多いのが近年の状況である。近年はほとんどの子どもが高校進学をしており，地域によっては施設の近隣に高校がなく，全寮制の高校へ入学する例もある。高校生で入所の場合，転校が難しいため，措置される施設によっては遠距離を通学している。

　つまり日々の生活は，ホームを構成する子どもや職員で生活が異なってくるのが自然である。小規模のグループとはいえ集団生活ではあるので，表4-3のような生活時間の目安を定め，生活を組み立てている。

### （5）事例でみる支援の特色

#### 1）グループホームの開設へ向けたグループワーク

　小規模化が進む中，施設の中長期計画であった新規の地域小規模児童養護施設を本園と同じ小学校区域内に開設することになった。幸い地域の協力者が施設の希望を取り入れたグループホームを本園から車で5分ほどの住宅街に建設

表4-3　ある施設のデイリースケジュール（日課のめやす）

| 時　　間 | 平　　日 | 時　　間 | 休　　日 |
|---|---|---|---|
| 6：30 | 起　床 | 7：30 | 起　床 |
| 7：00 | 朝　食 | 8：00 | 朝　食 |
| 7：30 | 登校（小学生，中学生，高校生） | 9：00 | 遊び，地域活動等 |
| 8：30 | 登園（幼稚園） | 12：00 | 昼食 |
| 14：00 | | 13：00 | 遊び，地域活動等 |
| 15：00 | 帰園（幼稚園）<br>下校（小学生）<br>おやつ | 16：30<br>18：00 | 入　浴<br>夕　食<br>余　暇 |
| 18：30 | 宿題，遊び，入浴 | 20：00<br>21：00 | 就寝（幼児）<br>就寝（小学生）<br>就寝（中学生以上順次） |
| 19：30 | 夕　食 | | |
| 20：00 | 入浴，余暇 | | |
| 21：00 | 就寝（幼児）<br>就寝（小学生）<br>就寝（中学生以上順次） | | |

出所：筆者作成。

　してくれることになった。施設長は佐藤職員を責任者に任命し2名の予定者と住宅の設計打ち合わせから参加させ，子どもたちが安心して生活できる多くの願いが込められた住宅となった。近隣の住民や町内会の会合に挨拶に行ったりして，新しい地域の住民として仲間に入れていただく気持ちを伝えることを心がけた。佐藤職員の努力により，子どもが減っている町内会では，子ども会が活気づくとしてとても好意的に受け入れていただいた。

　子どもたちの中には複雑な家庭環境のため日常的に暴力等の行動となってしまう小学生もおり，少ない職員体制での生活に心配もされたが，幼少期から佐藤職員との関係性を重点においたことと，佐藤職員の希望によりその子どもも含めた6名のメンバーが決まり，全員がグループホームへの引っ越しを希望し楽しみにしていた。

　佐藤職員は，グループホームの開設準備のグループワークがその後の子どもたちの生活や自立支援に活用できると考え，担当予定職員やグループホームに移動予定の子どもたちと一緒に，家具やカーテン，鍋や食器などを購入し，皆で新しい生活を話し合い，意見をできるだけ入れながら準備をしていった。引

っ越しの際には，子どもたちと近隣の家に挨拶に回ったり，通学路を確かめたり，周辺のスーパーなどの生活に必要な場所を見て回った。生活が始まると玄関の向かいのおじいさんと小学生男子がとても仲良くなり，将棋を指すのが週末の楽しみとなって，近隣の方たちも子どもたちの成長を見守ってくれている。

　グループホーム開設から早くも10年が経ち，その間子どもたちが家庭に帰ったり，進学して一人暮らしを始めた。退所となっても近くに来ればグループホームに寄り，職員を訪ねてくれ，そして向かいのおじいさんにも挨拶する関係が続いている。地域の方々に子どもたち，職員は支えていただいている。

　グループホームでの子どもたちの生活は地域住民の支えがなければ実現できず，担当職員と子どもで新しい生活を準備する過程が，子どもにとって生活を肯定的に捉える貴重な機会となる。新しい生活を作ることや地域に受け入れられる経験が子どもの自己肯定感を育む機会となり，新規開設の機会は，ケアワークにおいて子どもが育つ貴重な機会となる。

### 2）入所に向けての取り組み──子どもへのインテークケア

　施設には毎週のように入所依頼の電話や毎日のように一時保護依頼の電話がかかってくるが，満員のため受け入れることができない。現時点で，来月に5年間施設で生活した男児の家庭復帰で退所が決まっている。すでに次に入所する子どもが決まっている。児童相談所から新しく入所予定のつよし君の児童票が送られてきており，つよし君の生活するグループホームでは，田中職員が初めて入所を担当することになった。児童票には，4歳のつよし君の情報と母親の情報，親族についても書かれている。主訴はネグレクトとなっており，つよし君の医学診断，心理所見のページには，ネグレクトからくる発育の遅れや人との距離感の困難さが指摘されていた。母親が数日家を空け，子どもの泣き声がすると近隣の通報があり児童相談所の保護となった。母親が男性を求めて家を空けることを繰り返していたためつよし君の施設入所が望ましいと記載があった。

　田中職員は児童票からひどい母親に怒りを覚えながらも，つよし君の面会に一時保護所へ行くことになった。主任から，靴のサイズや好きな色，動物や，

献立など，つよし君についてみてくるように言われていた。施設では，入所時にアタッチメント形成の一助となるよう動物のぬいぐるみをプレゼントすることになっていた。

　初めて会ったつよし君は4歳にしては小柄で細身であった。児童相談所の担当児童福祉司にあらかじめ説明がされていたためか，つよし君は田中職員に会うのを楽しみにしていたようで，面会室ですぐに隣に座った。施設では子ども用のパンフレットを作成しており，田中職員はそれを使って施設での生活の説明をした。好きな動物はゾウというので，田中職員はゾウのぬいぐるみを用意して待っていることを伝えた。

　つよし君の自立支援方針は，近隣にいる祖母の支えのもと，母親の生活を立て直し母親との親子の再統合であった。祖母と母親の関係は悪く，2人の関係修復をまず行うことになっていた。家庭復帰の支援計画であることから，はじめが重要と施設では捉え，児童相談所へ入所時には必ず祖母と母親にも立ち会うよう，何度も依頼した。


　児童養護施設は措置施設のため，児童相談所が施設を決定する。したがって制度上，子どもや親が入所する施設を選ぶことはできない。入所理由の多くは虐待や経済的理由といった家庭の事情で入所となるため，子どもの不安に配慮し，施設入所や里親委託を安心して進められるように，児童相談所と施設，里親からの説明と子どもの意見を確認しながら丁寧に進める必要がある。また，入所にあたり親族が立ち会うことが可能であれば子どもにとって施設が安心した場所となり，不安の軽減や施設生活での安定が期待できるのである。

### 3）大学進学を希望する子どもの意見表明への支援

　精神疾患があり生活保護受給の母親のネグレクトにより小学校1年生の時に入所となった美樹さんは，小学校5年生の頃，生活も安定していた母親が子どもの引き取りを希望したことから，家庭復帰について母親から児童相談所に話があった。

　毎週のように施設へ児童相談所の児童福祉司や児童心理司が訪れ，美樹さんの話を聞いた。美樹さんには将来の明確な夢があり，大学に行きたいことと母

親との生活の不安が強いことが伝えられ，施設では子どものアドボカシーとして捉え，家庭状況からの自立支援方針ではなく，子どもの希望を中心に置いた支援方針とした。改めて児童福祉司が話を聞き，正式に支援方針の変更が児童相談所の援助方針会議で決定された。母親はとても落胆し受け入れがたい様子であった。

　高校も希望した進学校へ入学，アルバイト，部活動，予備校にも通い，充実した高校生活を送った。本人の努力の甲斐があり希望の大学への進学に手が届きそうになった。

　大学進学による退所後の生活は，家庭復帰して母親との生活であるが，学費の問題があった。社会的養護施設から進学する児童への奨学金が増えており，施設の自立支援担当職員のコーディネートのもと，複数の奨学金の組み合わせで，奨学金が得られれば学費の心配はなくなる。美樹さんはたくさんの奨学金の申請書を書いた。申請書を書くことを繰り返すうちに，美樹さんは自分の将来を改めて考え，母親の経済的な支えを期待できない中でもアルバイトで教科書代や学費の一部を補えば，卒業までの学費と生活費のめどが立ちそうであることがわかった。

　美樹さんは無事に希望の大学に合格し，奨学金もめどが立った。施設で催された卒園式では，職員への感謝の気持ちと後輩たちへのエールを送った。施設にとってもロールモデルとなる先輩であった。一部の奨学金は施設を経由して本人にわたるため，定期的に施設へ訪れ，近況を知らせることになっている。美樹さんが社会人になって美樹さん自身が安心して社会生活を送れるまで，施設のアフターケアは続き，美樹さんを支えていくことになる。

　子どもの最善の利益として，意見表明保障の事例である。特に進路決定については，十分な情報を得た上で，子どもの意見が最優先されることの社会的養護にかかわる視点が示されている。

## （6）施設が果たすべき役割と重要性

### 1）治療的役割

　厚生労働省によると，児童養護施設で生活する子どもの6割以上が入所前に虐待を受けており，本来愛さるべき親から適切な愛着関係を築けなかったことと，家族や友人，地域と分離されたことが，心に大きな傷となって生活をしている。人への信頼関係を生活を通して取り戻すために，健全な生活と職員の愛情に満ちた生活を通して，育ち直し，子ども本来の力を取り戻していく。児童養護施設には，心理療法担当職員が配置され，また嘱託医として医師の配置がある。近年は児童精神科医のみならず，小児科医も児童虐待問題に意識の高い医師も増えてきている。子どものトラウマ改善への取り組みとして，カウンセリング療法，心理療法，行動療法等様々なアプローチにより実践されている。

### 2）親子再統合支援

　職員向けに各種のペアレンティング技法の研修もあり，施設全体で一貫した子どもへの対応を構築することが重要である。また，家族との関係改善を図ることで，児童の安定につながることから，家庭支援専門相談員が中心となって，児童の家族との関係改善に積極的にかかわっている。

　食事についても専門ケアが求められる。それまでの食生活の習慣から健全な食生活へ改善していくのは難しいことである。幼児期に習慣となってしまったゆがんだ食生活は改善に困難を極めるが，食生活が改善されていくと，みるみる健康になっていくものである。また，ネグレクトを主訴とする子どもにみられる虫歯もひどく，スナックや清涼飲料類で不健全な乳歯のために，永久歯の発育が難しくなってしまう。食事と医療両面からのアプローチで改善を試みていく。

　虐待を主訴とする入所児童の増加で，反応性愛着障害が発達障害を抱えた子どもにみられることから児童精神科のかかわりが多くなっている。継続的な通院や必要な服薬治療も日常的に必要であり，そういった医療的ケアの必要な子どもが増えた場合を見越して看護師の配置もされている。

　さまざまな角度から焦点を当て，子どもの育ちを支えることは，生活の中から安心，信頼を取り戻すための，その子どもにとって治療的かかわりとなる。

日々の生活から，自己を認め認められ，前へ踏み出す力となっていくものである。子どもの担当者がしっかりと発達を支え，それぞれの専門職が様々な角度からアセスメントをして，その子どものケースカンファレンスを通して，最も効果的な支援計画を進めていくことが，児童養護施設におけるチームアプローチである。

### 3）自立支援・退所の過程

児童養護施設からの退所は，18歳満年齢の年度末に自立により退所，家族の元へ帰る家庭復帰による退所，他施設への措置変更になる退所の3つがある。

### ①　自立支援の現状

近年は，大学進学への奨学金制度も増え，国の支援策もあり，高校卒業から大学等へ進学することを希望する子どもも増えてきている。18歳満年齢に退所と進学，一人暮らしとすべてを両立することは大変困難を要し，進学した子どもの退学率の高さが指摘をされていた。奨学金制度が増えたとはいえ，生活費を工面しながらの自立生活は容易ではなく，不安定になりやすい。そこで，2011（平成23）年の児童家庭局長通知により，進学や就労をしながら自立生活していくことは容易なことではないことが認められ，精神的にも，経済的にも生活が不安定となりやすく，進学後の退学，就職後の離職する場合も多いため，定員に余裕がある場合，20歳までの措置延長（施設での生活の継続）を各都道府県に推奨している。措置延長は児童相談所の判断によるが，措置の継続であるため，措置費の支弁も継続されるのである。さらに，20歳までの措置延長が続いた場合，引き続き22歳まで施設での生活を支援する補助事業も毎年金額が増額されており，自立支援に国が力を入れている。2024（令和6）年度からは，20歳以降は児童自立生活援助事業となり22歳の年齢上限が撤廃されることが改正児童福祉法で決まった。

また，施設を満年齢により退所となる児童のためにリービングケアとして，より具体的な生活スキル習得のための練習や，進路選択の相談や各種支援策の手続きやアフターケアに寄り添う職員として，東京都の自立支援コーディネーターの実践をモデルに，全国に自立支援担当職員が配置されている。

② 家族再統合の現状

戦災孤児を対象として始まった社会的養護施設においては，子どもに養育する家族がなく，保護され18歳の自立まで施設で生活するように制度は作られた。しかしながら，現在はほぼすべての子どもに家族が存在しており，80％以上の子どもにおいて何らかの家族との交流があり，児童養護施設においては45％以上が家族との帰宅交流を行っている。厚生労働省の児童養護施設入所児童等調査によると，毎月1回以上帰宅や面会がある子どもがほとんどである。

家族関係再構築の考え方では，たとえ児童虐待を主訴として親子分離になったケースでも，子どもの安全の確保のため接近禁止等の指導を重ねながらも，親の生活環境や養育環境を改善させ，子どもと親の関係を改善させることを支援の目標にしている。2016（平成28）年の児童福祉法改正において，同法第48条の3に親子の再統合ための支援として条文が加わり，そのことが明確にされた。

③ 措置変更の状況

家庭養育優先の原則により，里親家庭への措置変更が進められている。日本の社会的養護のシステムとしては，一旦乳児院や児童養護施設に措置されたあと，里親候補家庭との交流を丁寧にすすめて，里親委託となるのが一般的なため，子どもへの負担は大きい。一方で，思春期等難しい年齢になり，里親家庭との不調で措置変更となり児童養護施設へ再び入所するケースも増えている。

ほかに，措置変更による退所には，自立援助ホーム（児童自立生活援助事業）への措置変更により，就職自立を目指す高齢児のケースがある。自立援助ホームでは義務教育終了後，就職する子どもが，共同生活を通して相談援助や生活スキルの習得を目指した事業として，定員6名程度で行っているところが多い。ある程度の食費と将来に向けた貯蓄を義務とするところが多く，職員のソーシャルワークの支えによる，自活生活を目指しての共同生活の場所である。現在は大学等へ進学した子どもへの自立援助ホームへの入所も奨励されている。

また，措置変更による退所は，より専門的ケアを必要とする子どもの措置変更である。虐待等の犠牲により，激しい行動化や非行等により，児童養護施設での生活が難しくなり，一時保護所へ保護のあと，児童心理治療施設や児童自

立支援施設への措置変更もある。

---

┌─ 演習課題 ─────────────────────────────────

1　（5）1）の事例において，グループホームの子どもが地域で安心して生活できるために，担当職員として何ができるか，具体的に複数挙げてみよう。

2　（5）2）の事例において，つよし君の不安な事とは，具体的にはどのようなことだろうか。5つ以上挙げてみよう。

3　（5）3）の事例において，美樹さんの意見を尊重した上で，母親を含めた親族へ働きかける美樹さんへの支援を挙げてみよう。

└──────────────────────────────────────

# 3　母子生活支援施設

## （1）施設の目的

　母子生活支援施設は，かつては「母子寮」と呼ばれていた。「母子寮」は，1947（昭和22）年に児童福祉法の施設として作られ，1998（平成10）年には，保護だけではなく，保護と自立を支援することを目的とした施設として，「母子生活支援施設」と名称変更された。

　現在の母子生活支援施設は，「配偶者のない女子又はこれに準ずる事情にある女子及びその者の監護すべき児童を入所させて，これらの者を保護するとともに，これらの者の自立の促進のためにその生活を支援し，あわせて退所した者について相談その他の援助を行うことを目的とする施設とする」（児童福祉法第38条）として，子と母が親子で利用できる第1種社会福祉事業の入所施設である。

　全国母子生活支援施設協議会（以下，全母協）発行の「全国母子生活支援施設実態調査報告書」（以下，「全母協調査」）によると，現在の施設数は全国で212施設が存在する。本節では，全国の母子生活支援施設の現状を伝える上で，2020（令和2）年「全母協調査」のデータを基に説明する。

## 1）対　象　者

　母子生活支援施設の利用対象者は，18歳未満の子どもを養育している母子世

帯や，何らかの事情で離婚の届出ができないなど母子世帯に準じた状況の者である。ただし，特別な事情がある場合には，入所中の子どもが満20歳になるまで継続利用が可能となる。

### ２）申請窓口と利用費用

施設の入所申請の窓口は，現在住んでいる所を管轄する市区町村の主に福祉事務所であり，受付担当は，母子父子自立支援員である。

施設利用に関わる費用は，住民税や所得税の額に応じて決まる。

### ３）利用期間

利用期間の定めはない。全国的には３年未満が約７割を占めている。

### ４）施設の特徴

母子生活支援施設の支援の特色は，「親子」と個々人の支援が行われること，厨房のない入所施設であること，社会的養護の施設でありながら，入所窓口が市区町村の基礎自治体の福祉事務所などであること（児童養護施設や乳児院は児童相談所），支援が必要な児童のいる世帯が入所理由となり限定された入所要件はないこと，などである。

① 親子と個々人の支援

母子生活支援施設は，親子で利用する施設である。そのため，「子ども」と「母親」それぞれの課題と，家族全体の課題を整理し，優先順位を考えながら支援方針を立てていく。

② 厨房のない入所施設

入所施設ではあるが，母親と一緒に生活することから，食事はそれぞれの家庭で作る。そのため，施設から提供する食事は，施設内保育の給食や行事の時以外は行われないため，厨房のない入所施設といわれる。

③ 基礎自治体が入所窓口

社会的養護の施設ではあるが，児童相談所による判定入所措置ではなく，親権を持つ母親が居住する地域の自治体の福祉事務所等の行政へ入所申請となる。

④ 入所要件が限定されていない

支援が必要な18歳未満の子どもを持つ母子が利用対象となるが，入所要件は詳細に限定されておらず，様々な課題を持つ母子が利用することができる。そ

のため，時代とともに変化する多様な家族の課題に対応してきた。一方で，全国の母子生活支援施設には様々な個性があり，職員等による夜間管理体制が行われていない施設もある。そのため，施設の機能に応じて，入所者の利用傾向が異なる場合がある。

### （2）各施設の概要

#### 1）施設と建物

　母子生活支援施設の設備は，「母子室，集会，学習等を行う室，調理場，浴室及び便所」「母子室（面積は，30㎡以上）」「状況に応じ，保育所に準じた設備，医務室及び静養室」である。

　昨今の建て直し施設の多くは，居住の個室化を進めるだけではなく，地域のひとり親や子育て世帯のための子育て支援事業などを付加した機能を持ち，防犯カメラ設置などのセキュリティにも配慮した安全な施設つくりを行っている。また，建替えを機に名称変更する施設もある。

#### 2）職員構成と専門職種の配置

　施設職員配置は，施設長を除く職員配置基準（第27条）では，「母子支援員（母子生活支援施設において母子の生活支援を行う者をいう），嘱託医，少年を指導する職員及び調理員」の他，機能等に応じて「保育士」や「心理療法担当職員」などがある。

　施設の支援職員として必要な資格は，「保育士」「社会福祉士」「精神保健福祉士」などであり，その中で「保育士」資格保持者は，「母子支援員」の他に「保育士」「少年指導員」など多くの職種につくことができる。子どもや母親へ支援を行う上で，子どもの成長発達や家族の支援を行う資格や知識を持つことはとても重要である。

　施設職員数は施設の規模や機能によって異なるが，母子生活支援施設協議会の「全母協調査」によると，全施設で勤務する職員は2,694人であり，1施設当たりの職員数は約13人である。職員の役割は，様々な事情で入所した子と母に対し，心身と生活を安定するための相談や援助を行い，それぞれの状況に応じた自立支援を行うことである。

### （3）利用者の入所理由・特徴・状況

#### 1）利用者の「母子世帯になった理由」と「入所理由」

「全母協調査」によると，在所世帯の「母子世帯になった理由」は，「生別」が99.1％である。「生別」の内訳は，「離婚」44.7％，「家出，別居33.4％」，「未婚（非婚）」16.4％，「その他（DV，虐待，再統合，離婚調停中など）」4.6％である。施設在所世帯の主たる「入所理由」は，「夫などの暴力」55.8％で微増，次に「住宅事情」17.4％，「経済事情」9.1％であるが，ともに微減している。「その他」は，数は少ないものの，「ストーカー被害」「親子再統合」「養育困難・養育問題」「養育不安・育児不安」「特定妊婦で緊急一時保護事業からの入所」など様々な理由がある。また，入所理由は一つではないことも多く，複数課題のある世帯は，自立が困難になっている。

#### 2）利用者の特徴と状況

利用している母親等の年齢は，「30代」が39.9％と最も多く，次に「40代」31.2％，「20代以下」24.3％である。過去10年前からの比較では，40代と20代がやや増加傾向にある。

母子生活支援施設入所時に同居しておらず，他の児童福祉施設に別居の子どもが「いる」と回答した施設の割合（2019（令和元）年度）は，44.2％であり，そのうち再統合支援を行った世帯の割合は，35.6％（146世帯）であり，増加傾向にある。

また，昨今の利用者傾向として，障害のある母親や子どもが増加している。母親は精神障害，子どもは発達障害が増加傾向にある。

#### 3）利用者の経済的な状況

① 養育費の取り決め状況

養育費の取り決めをしている利用者は20.8％であり，近年増加傾向にあるものの，全国のひとり親母子世帯の約半分の状況である。施設利用者の取り決めが少ない背景としては，ドメスティックバイオレンス（以下，DV）や児童虐待などのため話し合いが困難だといわれている。

② 就労状況

2019（令和元）年度の就労している母親の割合は64.5％であり，そのうち正

規雇用は16.0％であった。未就労の理由は，「求職中」「障害がある」「病気」「乳幼児等の世話」「妊娠中」などである。就労していても，正規雇用にはなかなかなれないため収入が少なく，経済的困窮状態にある世帯が多くいる。

③　生活保護の受給状況

生活保護受給世帯は就労・未就労にかかわらず54.8％である。そのうち，全額受給は半数を超えている。生活保護受給者は，「障害がある」母親の増加（10年前の約3倍）により，年々増える傾向にある。

## （4）利用者の生活状況

母子生活支援施設の利用者は，DVや虐待，体調不良などの特別な事情がない限り，子どもは保育所や学校に通い，母親は出勤するなど在宅生活と同様の日常生活を送る。施設職員は利用者の状況に合わせて対象別支援を行うが，施設によって行われる施設機能が様々で異なるため，本節では表4-4をベーシックなタイムスケジュールを一つの例として取り上げて紹介する。

### 1）乳幼児

乳幼児の対象者は，出生後から小学校入学前までが対象となる。

昨今，乳幼児の利用は利用する子どもの4割強となり，低年齢の子どもが増加傾向にある。

施設入所当初は，母親が未就労のことも多く，保育所を利用していない乳幼児も多い。そうした保育所利用前の乳幼児に対して，自立生活の計画を立てるための準備や就職準備のために，「補助保育（必要に応じて一時的に行う保育）」や，施設によっては「未入所児保育（保育所に準じた保育）」の子育て支援を行う。また，利用者の状況によっては，「子育て不安」「子育て疲れ」に対し，子ども預かりや，「妊娠期」の母親への支援を行うこともある。

その他に，施設内において，誕生会や遠足などの行事が行われる。また，必要に応じて，専門家と連携しながら発達支援や心理支援を行う。

母親へは，子どもの養育支援として，子育て支援の他，予防接種などの情報提供や養育相談を行う。

乳幼児の生活には，健康的な生活ができることが最優先である。そのため，

**表 4-4　対象別 1 日のスケジュール例**

| | 乳幼児 | | 児童（小学生以上） | | 母　親 | |
|---|---|---|---|---|---|---|
| | 乳幼児 | 職　員 | 児　童 | 職　員 | 母　親 | 職　員 |
| 午前 6時 | | | | | | |
| 7時 | 起　床 | | 起　床 | | 起　床 | |
| 8時 | 保育園へ登園 | 施設内保育 | 学校へ登校 | | 仕事へ出勤 | |
| 9時 | | 体調確認 | | 不登校児童 正 | | |
| 10時 | | おやつ | | 心理支援 パ | | 相談・援助 |
| 11時 | | 遊　び | | | | 就労支援 |
| 12時 | | 昼　食 | | | | 手続き |
| 午後 1時 | | お昼寝 | | | | 子育て支援 |
| 2時 | | 遊　び | | 施設内学童 | | 生活支援 |
| 3時 | | おやつ | 下校→学童保育 | 宿題・遊び | | |
| 4時 | 帰　宅 | 遊　び | 遊　び | おやつ | 帰　宅 | |
| 5時 | 帰　宅 | お迎え | 帰　宅 | 帰　宅 | 帰　宅 | 相談・援助 |
| 6時 | 夕　食 | 片付・記録 | 夕　食 | 学習支援 | 夕　食 | |
| 7時 | 入　浴 | | 宿　題 | 心理支援 | 入　浴 | |
| 8時 | 就　寝 | | 入　浴 | | 寝かしつけ | |
| 9時 | | | 就　寝 | | | |
| 10時 | | | | | 就　寝 | |

出所：筆者作成。

「子ども」のみ，「親」のみ，「親子」へ支援しながら，養育支援を行っていくこと，健康支援，食育支援，環境美化など QOL（生活の質）に配慮した支援が大切となる。

### 2）小学生以上の子ども

　施設利用の子どもは，18歳までが対象であるが，状況に応じて20歳まで利用することができる。全国的には小学生以上の子どもは，「小学生」が4割弱，「中学生」が約1割，その他には「高校生・高専生以上」「その他・中卒以上」である。

　施設では，子どもの健全育成のために，年齢に応じて様々な支援が行われる。例えば，子どもが学校から下校後に，施設内の「学童保育」や「学習支援」などの支援が行われる。また，乳幼児同様に，誕生会や遠足などの行事や，必要

に応じて，発育支援や心理支援も行われる。しかし，様々な理由で不登校状態の子どもも増えており，学校に行かない時間帯の過ごし方の工夫もされている。最近は，施設内の子どもだけではなく，施設を退所した子どもや，地域の子どもも施設内で行われる，「学習支援」や「居場所支援」「子ども食堂などの食支援」など，様々な支援が受けられるようになってきている。

### 3）子ども全般

施設利用をしている子ども達は，親からの虐待を受けていることもある。DVを含む児童虐待では，「心理的虐待56.7％」が一番多く，次いで「身体的虐待28.9％」「ネグレクト9.6％」「性的虐待4.9％」であり，ネグレクトは「母親」による割合が多く，ネグレクト以外は父親等の割合が多い。虐待被害は，施設入所後にわかることもある。

障害のある子どもがいる施設の割合は88.5％，障害のある子どもの割合は入所している子どもの22.5％と，ともに増加傾向にある。年々，知的・発達・精神などの障害がある子どもが増えており，特別支援学校（学級）や発達相談・療育センターとの連携が重要となっている。

### 4）母 親 等

母親等の年齢は，10代から60代までと幅広い。全国的には，36.5歳が平均年齢である。施設利用の際には，子どもと母親が利用することが主となるが，祖母と孫などが利用することもごくわずかだがある。年齢が異なる母親等へは，それぞれの課題に合わせた支援が必要となる。

障害のある母親等がいる施設の割合は91.3％，障害のある母親等の割合は38.7％であり，子ども同様に増加傾向にある。その内訳は，精神障害者保健福祉手帳を持つ，療育手帳を持つ，身体障害者手帳を持つ，または手帳は持たないが医療機関に受診している，障害の疑いがあるなどである。

## （5）事例でみる支援の特色

### 1）DV・児童虐待ケースの事例

母親の美咲さん（20代）と翔太くん（4歳）は，実家とは離れた地域で生活している。実母は既に他界している。結婚ののち出産すると，美咲さんは夫か

ら身体的・精神的な DV を受けるようになった。父親は，翔太くんが 1 歳になる頃から，食事を与えない，入浴させない，外出させない等の虐待をするようになった。美咲さんは，夫が留守のすきに翔太くんと一緒に家を出て，警察に保護された。

その後，美咲さんは，DV の影響による PTSD と不眠症となる。また，夫からの暴力を受けた際に歯が 3 本折れて無い。翔太くんは身体が小さく，入浴の習慣があまりない。保育所にも通っていない。

課題としては，①美咲さんは治療が必要な健康状態，②働いていないため金銭的に生活が厳しい生活状況，③離婚や親権などが法的に解決していない，④翔太くんの養育に気持ちが追いつかない，の 4 点が挙げられる。

そこで，上記の①②については，福祉事務所に相談し生活保護受給と医療扶助を受け治療ができるように支援する（その際に必要に応じて同行する），③については，法的な手続きの支援を進めるために法テラスを紹介し，④については，子どもには施設内保育を行い，母親の体力を整えながら生活支援をし，食事や掃除などの日常生活の支援を当面行う，といった支援を行うことにした。さらに，母子には，病院または施設内の心理支援を受けさせるようにした。

子どもの面前で母が「DV」を受けているのを見ている，見せられている場合を「面前 DV」という。「DV」を受け続けていると，うつ状態と暴力から逃げられないような心理状態になる。子どもも虐待被害の後遺症として心身の発達の遅れや，自身や他者へ傷つける行為をすることがあるなど，様々な影響が出る。そうした状況の母子が施設に入所した場合は，医療機関や関係機関と連携し，支援方針を立てる。特に性的虐待などを受けている場合などには，様々なところで何度もこれまでの話をしなくて済むような対応をとる「司法面接」[7] を行うなどの配慮をすることがある。

─ 演習課題 ─

1　施設入所後に，子どもへどのような支援や声掛けをすべきだろうか。また，しない方がよい言動とは，どのようなものだろうか。

### 2）特定妊婦への支援事例

　母親の美菜さん（10代）と陽ちゃん（女子2歳）は二人暮らしで，現在，美穂さんは第二子を妊娠中である。美菜さんは母子家庭で育ったが，母と折り合いが悪く高校中退後に家出し，彼の家で生活していた時に第一子の陽ちゃんを出産した。その後，第二子妊娠したが，彼が家を出て行き暮らしに困り，施設入所となった。また，美菜さんは，高校中退後，アルバイトをしていたが長続きしない。陽ちゃんは，保育所に行っておらず，トイレトレーニングが終わっていない。食事メニューもおやつが多い。

　課題としては，①お金がない，②第二子の無事な出産，③第二子出産の際の陽ちゃんの預け先を探す，④出産後の美穂さんの体調含め，子ども達との生活が可能か，⑤母親の就労などの自立，の5点が挙げられる。

　そこで，①②については，福祉事務所に相談し生活保護受給と医療扶助を受け入院出産ができるようにして，出産時には同行する，③については，ショートステイにて母親の出産時の子どもの預かり，④については，子どもに対しては施設内保育を行い，就労できるようになったら保育所を申請する，⑤母親の体力を整えながら生活支援をし，食事や掃除などの日常生活の支援を当面行う，⑥母親の今後の生活についての相談の上，子育て支援，生活支援・就労支援を計画する，といった支援を行う事にした。

　特定妊婦[8]は，妊娠中に家庭環境にリスクを抱えている妊婦のことで，複雑な家庭内事情を持っている場合など，育児が困難と予想される。そして，養育支援訪問ガイドライン，厚生労働省通知，子どもの虐待の手引きが，それぞれ特定妊婦の判断要件を示している。

### 3）親子関係再統合の事例

　母親の葵さん（30代）は，拓也くん（7歳）・健太くん（6歳）の2人と一緒に暮らしているが，もう一人の子どもの漣くん（2歳）とは別居している。上の子ども達が大きくなってきたため，乳児院に入所している漣くんと施設で再統合し，親子関係再統合を模索している。

　葵さんは高校中退後，アルバイト先で出会った男性との間に子どもを年子で出産し，その後，漣くんを妊娠中に男性と別れた。葵さんは，児童養護施設の出身で，現在は働いておらず生活保護受給中である。関係機関は，福祉事務所・児童相談所である。

　葵さんは，療育手帳を持っている。拓也くんは小学生，健太くんは保育園児で，共に体が大きく健康である。養育や家事などは苦手であるが，子どもとの関係は良好である。ただ，上の子ども2人は学習面の遅れがある。

　課題としては，①漣くんと一緒の生活ができるか，②生活保護などを受けていて子育てと就労との両立が難しい状況をどのように克服するのか，③関係機関との連携調整，の3点が挙げられる。

　そこで，①③については，漣くんの引き取りのために，関係機関と連携調整し，②については，関係機関との連携の上，自立支援の優先順位を決める，といった支援を行う事にした。はじめは子育てを優先することにした。具体的には，子どもへの養育支援と学童保育と学習支援である。また，母親への相談・家事や様々な手続き等の支援や，母親と子どものために病院または施設内の心理支援も合わせて行う。

　親子関係再統合のための支援は，関係機関との連携が重要となる。事前に関

116

係者と母親や子どもが話し合いを重ねながら，母子生活支援施設での時期や方法を検討しながら，親子関係再統合を行う。この場合，施設ですでに同居している子どもとの生活の様子を伺い，時期をみて別居している子どもと一緒の生活にしていく場合や，施設入所時にはじめて一緒に生活スタートさせる場合，施設入所後に分離となりその後，時期をみて行う場合もある。

　ただ，親子再統合はすべてが成功するとは限らない。再度，子どもが母親と別れる時は，子どもにとっても母親にとっても，とても辛い経験となる。そんな時には，利用者に寄り添い，子どもの気持ちを聞きながら，その子にとって良いと思える方法を見出し，前に進めていくことが重要である。

---

　　演習課題
　1　療育手帳は，どのような人が取得の対象となるだろうか。
　2　「子どもと別居」している理由として，どのようなことが考えられるだろうか。

---

### （6）施設が果たすべき役割と重要性

#### 1）母子生活支援施設の役割の重要性

　母子生活支援施設は，社会的養護の施設でありながら，子どもと母親が一緒に生活することができる施設である。それは，戦後，母子生活支援施設の前身である母子寮ができた際に，戦争で夫と死別し母子となった家庭への支援として，児童福祉法で唯一母子家庭への屋根対策として居住支援を主に行っていたためにできた特殊な経緯が起因している。

　しかし，現代は，新たな社会的養育のあり方が検討され，子どもが親とのかかわりや家庭に近い環境でなるべく生活できるようにすることが求められるようになった。そのため，里親等のもとへ行く子どもを増加させることや，施設の小規模化や多機能化などが計画されている。しかし，すぐに里親が増えることが困難であることや，親子分離前や，分離後の再統合支援のあり方を見直すためにも，母子生活支援施設を活用し，親子での生活の可能性を探りながら，最終的な判断をすることができる支援が行われる環境が増えることが期待されている。母子生活支援施設以外にも，様々な種別施設において，親子で生活す

表4-5　母子生活支援施設の機能

| 施設で生活する母子家庭等 | 地域全体（ひとり親家庭） |
|---|---|
| ◆生活と権利擁護の拠点<br>(1)癒しを得ることができる生活環境<br>(2)相　　談<br>　日常的ストレスへの対応<br>　生活相談（諸サービスの利用，自立に向けての準備）<br>(3)生活支援と生活に関するスキルの向上支援<br>　生活スキルの習得<br>　制度活用のサポート（アドボケート）<br>(4)子育て支援と子どもへの支援<br>　養育技術の習得／しつけ／生活習慣／保育／学習指導／遊びの指<br>　導／進路相談／被虐待児支援（心理的サポートを含む）／障害児<br>　への支援<br>(5)健康維持のための支援<br>　治療のサポート／服薬のサポート<br>(6)就労支援<br>(7)危機対応<br>(8)アフターケア | (1)地域支援・子育て支援<br>　学童保育／ショートステイ<br>　／トワイライトステイ／保<br>　育機能強化等<br>(2)危機対応<br>　ひとり親／単身／被害者支<br>　援<br>(3)相談機能（電話相談含む） |

出所：「母と子の権利擁護と生活の拠点をめざして――全国母子生活支援施設協議会　特別委員会報告書」2005年。

ることができる環境をつくることが検討されている。例えば，乳児院においては，特定妊婦の支援や，親子での生活訓練が通所や入所で支援できるようになってきた。また，婦人保護施設においても，親子で生活することができる支援が行われるようになるなど，子どもだけ，親だけという従来の支援のあり方から，家族全体を支援すること，在宅で家庭生活が送れるような支援のあり方が広がりつつある。

　母子生活支援施設は，施設と在宅生活の中間の立場にいることから，「中間施設」<sup>(9)</sup>と呼ばれることがある。そうしたことから，母子生活支援施設は，社会的養護と社会的養育の両側面を持ち合わせ，家族全体をみていく施設として重要な存在であるといえる。

### 2）施設の課題

　全国200以上あるすべての母子生活支援施設は，親子の自立のために支援を目指しているが，どこでも同じような支援や機能を持っているわけではない。

　全国母子生活支援施設協議会によると，「施設で生活する母子家庭等」と「地域全体（ひとり親家庭）」に分かれて，様々な支援が記載されている（表

118

図4-2　利用者支援の状況　利用者からの相談内容

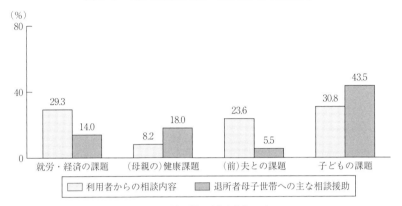

出所：「2020（令和2）年度全国母子生活支援施設実態調査」83頁。

4-5）。

　どの施設も，（1）～（8）は基本的に行っているが，施設によって行う支援やその深さが異なる。例えば，（3）生活支援と生活に関するスキルの向上支援，（4）子育て支援と子どもへの支援は，特に行う支援に施設間格差がある。具体的には，新生児支援や妊婦支援，再統合支援をすべての施設が行うわけではないなどである。

　また，地域全体へ支援事業は，施設特性として行うことがあるものの，実施施設は全国的に少ない。

　施設間格差の背景としては，戦後できた施設は居住支援を中心とした事業を行ってきた名残りや，戦前からある施設は生きづらさを抱えた，母親と子どもの多様なニーズに対応してきた施設との違いがあることや，施設の運営形態が，民間の社会福祉法人が行っている「民設民営」と行政が民間事業者へ委託をして運営されている「公設民営」など，様々な要因が関係している。

　また，母子生活支援施設を利用している「利用者からの相談内容」は，在籍中には，「子どもの課題（育児不安，子どもの行動課題，不登校・ひきこもり等，子どもの病気・障害等の課題，親子関係）」が30.8％と一番多く，次に世帯の自立のための「就労・経済の課題」29.3％，母親自身の課題として「（前）夫との課題（DVの関係する離婚の課題）」23.6％，「（母親の）健康課題（精神保健含む）」

8.2％であった（図4-2）。

施設退所後には，「子どもの課題」「（母親の）健康課題」「就労・経済の課題」「（前）夫との課題」の順となっており，子どもへの支援とともに，生活支援の必要性が高まっている。先に記述したことを含め，家庭的な支援のニーズが高まっているが，それらが行える施設と職員配置（保育士，心理職やアフターケア支援の職員配置など）の増加が今後，期待される。

### 3）今後の方向性

今後，母子生活支援施設の機能のあり方は，大きく変化する。例えば地域に生活する多くのひとり親家庭への支援として，施設を利用しない在宅生活している母子家庭も，多様な家族支援のニーズがある。また，母子家庭以外に，父子家庭や祖父母と子どもの家庭や里親家庭も，利用しやすい家庭的な支援を求めている。

今後の方向性は，地域のひとり親等へ子育て支援や親への支援，親子への支援のニーズをキャッチする相談機能と，母子生活支援施設のこれまでのノウハウを活かし，入所型と通所型の支援が開発されることが必要となる。これからも，地域に必要とされる母子生活支援施設を目指すためには，今は変革の時期であるといえよう。

## 4　児童心理治療施設

### （1）施設の目的

児童心理治療施設の目的は，困難や苦しみを抱える子どもとその家族に心理治療を提供し，問題が改善もしくは解消して，ウェルビーイングが高まるように支援することである。“ウェルビーイング”という用語は，幸福と訳されたり，身体・精神・社会的に満たされた状態のことと意味するとされていたりするが，実践的には当事者の困難や苦しみが和らぎ，安心や喜びが増えることと捉えた方が理解しやすいだろう。とても平易に言い換えると，“笑顔が増えること”といえる。なお，「児童心理治療施設」という名称は，2016（平成28）年度の児童福祉法の一部改正で変更された名称であり，以前は「情緒障害児短期

治療施設」という名称だった。

### 1）設置当時の目的

　情緒障害児短期治療施設という施設種別が設けられたのは，児童福祉法の公布（1947〔昭和22〕年）から14年経った1961（昭和36）年のことであった。1960年代前半（昭和30年代後半）は戦災孤児の問題が落ち着きつつあった一方で，終戦当時に乳幼児だった子ども達の非行が社会問題として浮上してきた時代であった。そのため，非行予防施策の一環として情緒障害児短期治療施設を新設し，非行に至る前の情緒障害の段階にある子どもを，3カ月から6カ月程度の短期間施設に入所させて，集中的に心理治療等を行い，非行化を防ごうとしたのである。

### 2）不登校の治療が中心だった時代の目的

　1962（昭和37）年から実際に施設の運用が始まると，問題が軽度である上にまだ年少の子どもを施設に預けようとする保護者は少なく，学校に行かないもしくは学校に行けない子どもの方が数多く入所するようになっていった。そのため，1990年代（平成初期）の頃までは入所児の主訴は不登校（以前は「登校拒否」と呼ばれた）が中心であった。登校拒否の基本的な治療方針は，心理的な抑圧から情緒を解放することと，集団生活により社会性を高めることによって，再び学校もしくは社会生活に復帰できるようになることだった。

### 3）被虐待児の支援が中心となる近年の目的

　1998（平成10）年頃になると，不登校は誰にでも起こり得るという認識が広く社会に浸透して，教育委員会の不登校支援事業が充実してきた。その結果，在宅で支援ができる不登校の子どもは情緒障害児短期治療施設に入所してこなくなり，不登校の背景に虐待等の親子関係の問題が存在している子どもや，発達障害で深刻な集団不適応をきたしている子どもが入所児の大多数を占めるようになった。彼らは深い心の傷や大人への強い不信感，もしくは強い発達障害特性を持っているため，心理的な課題のアセスメントがより重要になり，個々の子どもの事情や特性を考慮した個別性の高い支援が求められるようになった。

　そして現在の児童心理治療施設は，不登校と関係なく，児童虐待を受けた子どもを主な支援対象とする施設となっている。児童虐待を受けた子どもの支援

にあたっては，安全で心地よい日常生活を基盤として，これまでの生活で不足していた愛着体験と適切なしつけを経験しなおす「育てなおし」と，トラウマに配慮のある生活の中で心の傷つきを癒し，主体的な生き方を取り戻していく「トラウマケア」を重視する視点が取り入れられている。

　このように，時代とともに児童心理治療施設の目的と支援内容は変遷してきた。この歴史は，児童心理治療施設の支援の進歩の歴史ともいえる。児童虐待を受けた子どもへの支援が中心となっている近年の児童心理治療施設においては，子どもに根深く残る不信感と恐怖感を和らげ，子どもが周りの人を信用できるようになり，互いに心地よい交流を持つことが上手になり，そして周囲と楽しく過ごす時間を作り出せるようになることが，支援の主要な目的となっている。この目的を実現する上で，子どもと大人の間に安全で，安心で，安定した1対1関係（2者関係）が成立することが重要である。集団適応を目指した不登校治療の時代に比べて，現在では2者関係を重視しており，個別的な支援によって子どもの主体性が育まれることを目指している。


**（2）施設の概要**

　「福祉行政報告例」（厚生労働省，2021年3月現在）によると，全国の児童心理治療施設の施設数は53施設，定員は2,018人である。厚生労働省は各都道府県に設置されることが望ましいとしているが，一部の自治体では児童心理治療施設が設置されていない。

　家庭的養育が重視される情勢を受けて，近年は寮舎のユニット化が進んでいる。多くの施設の定員は50人程度で，8人程度の子どもが5～6ユニットに分かれて生活している。各ユニットには食堂，リビング，風呂場等があり，生活空間として完結しており，子どもの居室は基本的に個室である。居室には，各自のベッド，学習机，衣類棚などが置かれている。多くの施設で男女の生活空間を区分していて，小学生ユニットや中高生ユニットのように年代別の集団編成をしている。

　児童心理治療施設に勤務する職員の職種は多彩であり，施設長，医師（精神科または小児科），心理療法担当職員（“セラピスト”の呼称が一般的），児童指導

員・保育士，看護師，個別対応職員，家庭支援専門相談員，栄養士が配置され
ている。

　児童心理治療施設における心理治療は，施設での生活全般を治療的な意図を
持って構成する“総合環境療法”を用いていることが大きな特徴である。児童
心理治療施設における総合環境療法は主に次の3つの部門で構成されている。
①治療的に構成された生活支援，②生活の場に参加する心理職員による心理治
療，③子どもの状態に配慮した学校教育である。多くの児童心理治療施設には
教室が併設されていて，同じ敷地の中に3部門が揃っている。3部門がそれぞ
れに異なる役割を果たしながら，緊密な連携の下に協働して総合環境療法を進
めることができる構造となっている。

　これらの3部門は入所児の家族も支援しており，家族関係調整，保護者カウ
ンセリング，家族心理教育などを行っている。さらに診療所を併設している児
童心理治療施設が多く，日常的に医療的ケアを受けられるようになっている。
また，通所・外来相談部門を設けている施設も多く，入所に至らない子どもや
退所後の子どものケアを行っている。

## （3）入所理由と子どもの特徴

　児童心理治療施設は児童相談所の措置により利用することができ，近年の入
所児の主訴は児童虐待が圧倒的に多く70〜80％を占める。次いで自閉スペクト
ラム症等の発達障害を主訴とする子どもが多い。児童養護施設や里親宅で関係
が悪化したために，児童心理治療施設を利用する子どもも少なくない。児童心
理治療施設の対象年齢は概ね学童期から18歳で，施設によって小中学生を中心
に受け入れるところと，中高生を中心に受け入れるところがある。制度的には
年齢の下限の定めがなく，18歳を超えても延長が可能なので，幼児や大学生が
入所している場合もある。入所期間は平均して2年半から3年程度で，心理治
療を目的とした通過型の入所生活を経て，家庭復帰もしくは施設や里親宅への
移行となる。ただし，家庭の事情や本人の状態によっては児童心理治療施設か
ら社会に自立していくこともある。

　児童虐待を主訴とする子ども達は，多くの場合愛着形成が不十分であること

表4-6　児童心理治療施設の1日の流れの例

| 午　前 | | 午　後 | |
|---|---|---|---|
| 6：30 | 起床・洗顔 | 13：00 | 再登校 |
| 7：00 | 朝　食 | 14：30頃 | 下校（学年により異なる） |
| 8：00 | 登校（園内学級） | | 宿題・時間割合わせ |
| | ※授業から外れ順番に心理面接 | 15：00 | おやつ |
| | （1人につき週1回程度） | | 自由時間 |
| | 昼食（寮の食堂） | 17：30 | 夕　食 |
| 12：00 | | | 自由時間・入浴 |
| | | 21：00 | 就寝（中学生以上は22：30） |

出所：筆者作成。

に加えて，様々なトラウマ体験を持っている。そのため，周囲の大人への根強い不信感と警戒心があり，些細な刺激によって強烈な恐怖や怒りが湧き出しやすい。中には爆発的に興奮して，パニックに陥ることがある子どももいる。また，大人と一緒に遊んでもらった経験が乏しい子どもが多く，誰かと一緒に楽しく過ごすことが上手ではなくて，すぐに悪態をついたり，わがままや天邪鬼を言ったりしがちという特徴もある。このような子ども達も，半年から1年ほどの施設生活によって徐々に安全に暮らす感覚が回復し，安心や楽しさを感じながら日常生活を送れるようになっていく。

### （4）利用者の生活状況

　多くの児童心理治療施設では基本的に集団生活を前提として日課が組まれているが，個別のニーズに応じた柔軟な運用を行っている（表4-6）。日課を設ける目的は，安定した生活リズムによって子どもの体内時計を整えることと，次の行動の見通しを持ちやすくすることである。日課があることで集団生活がスムーズになるという面もあるが，子どもが抱える課題はそれぞれに異なるので，一律に日課に乗せようとすると，却って子どもの安定を損なうおそれがある。柔軟な日課運用の例を挙げると，食事や就寝の時間は年齢によって異なっているし，子どもが精神的に不安定になった時には登校を控えて別日課で職員と過ごすこともある。

　子ども達は朝食をユニット内の食堂で食べ，歯磨きを済ませたら，寮舎の玄関から同一敷地内にある学校に登校する。学校の玄関で上履きに履き替え，自

表4-7　児童心理治療施設の年間行事の例

| 上半期 | | 下半期 | |
|---|---|---|---|
| 4月 | 入学式 | 10月 | 運動会 |
| 5月 | バス遠足 | 11月 | 地区文化祭 |
| 6月 | 修学旅行 | 12月 | クリスマス会・もちつき |
| 7月 | 七夕会・調理練習 | 1月 | 初詣・サッカー大会 |
| 8月 | キャンプ | 2月 | 節　　分 |
| 9月 | 避難訓練 | 3月 | 卒業式 |

注：他に随時，誕生日会や買い物外出を行う。
出所：筆者作成。

分のクラスの教室に入る。クラスは少人数学級で，複数の学年を一緒にした複式学級になっていることもある。午前の勉強が終わると給食になり，教室で給食を摂る施設もあれば，寮に戻って食べる施設もある。午後の授業が終わると，掃除や帰りの会をして帰寮する。帰寮したら宿題を済ませ，おやつを食べて，あとは自由時間となる施設が多いが，放課後に心理面接やグループ治療を実施している施設もあるし，スポーツ活動を取り入れている施設もある。夕食を終えると自由時間になり，リビングでテレビを見たり，職員や他児と遊んだりして過ごす。この時間帯に順番に入浴をしており，ユニット化している施設ではひとりずつ個人浴をするのが一般的である。消灯時間になると自室に戻って就寝となる。小学生のユニットでは職員が日替わりで居室を回って本読みをしたり，中高生のユニットでは個別に話を聞く時間にしたりしている施設もある。

　安定した日常生活は心理治療の基盤として重要だが，子どもが自分の生活を楽しいものにする力を育むためには，日常を離れたイベントを指折り数えて待つような体験も必要である。また，楽しい思い出が子どもの記憶の中に蓄えられていくことは，自分の人生史のつながりを取り戻す心理治療の一環としても意味がある。そのため，寮部門と学校部門では年間を通じて様々な行事を実施している（表4-7）。退園した子どもに尋ねると，これらの行事は印象深い思い出として記憶に残っているそうである。

## （5）事例でみる支援の特色

　児童心理治療施設における心理治療の特徴は，総合環境療法であることは先

に述べた通りである。ここでは児童心理治療施設の主要3部門が行っている支援の特色を紹介し，架空事例で具体的な支援経過を説明する。

### 1）寮部門

寮部門は日常生活の運営を担っており，子どもたちに心地よい衣食住を提供するとともに，一定の構造を持つ生活環境を提供している。洗濯された衣類を身に着け，温かい食事を食べ，清潔で整頓された室内で暮らすという，子どもに与えられていて当然の世話が確実に提供され続けることが，子どもの安心感と信頼感の基盤となる。生活の構造が安定していることも大切な基盤であり，何時頃に何をするかが毎日あまり変わらないことで，体内の生活リズム（概日周期）が自然と身に付いてくるし，何をする部屋なのか用途が区分されていたり，他人に勝手に入られない境界線が明確になっていたりすることで，子どもは場に応じて自分の気持ちを切り替えたり，相手にも自分の領分があると感じたりする分別（ふんべつ）の感覚（バウンダリー感覚）を吸収できたりする。

### 2）心理部門

多くの児童心理治療施設では，心理職も何らかの形で生活支援にかかわっており，相談室で面談をしているばかりではない。ただ，心理部門にとって最も重要な役割は，見立てを立て，それを他の部門や関係機関に伝えることである。見立てとは，子どもの行動の意味や背景を考えたり，支援の目標や見通しを立てたりすることである。子どもの問題行動の背景にはその子特有の事情があるので，それを踏まえたかかわり方や支援目標を選ばないと，効果的に支援を進めることができない。しかし子ども一人ひとりが抱える特有の事情は容易にはわからないので，心理検査，発達理論，精神分析，学習理論などの心理学の理論を駆使して，見立てを立てることが心理部門に求められる。

もう一つの心理職固有の支援として，心理面接を挙げることができる。面接の時間は，プレイセラピー，カウンセリング，心理療法，生活の振り返りなど様々な使い方をするが，大人と1対1で過ごし，子どもの心理的成長に役立つ交流や対話を持つ点は共通している。施設によって心理面接の対象が異なっており，全入所児に定期的に実施する施設，心理的課題の見られる子どもだけに一定期間実施する施設，問題が生じた後にだけ短期間実施する施設などがある。

家族への支援も心理部門が担当している。児童相談所や施設内のファミリーソーシャルワーカー（FSW）等と連携して，家族療法，保護者カウンセリング，ペアレントトレーニング，家族交流の振り返りなどを行っている。

### 3）学校部門

多くの児童心理治療施設で，施設に併設される形で小中学校の教室が設置されている。教室の位置づけは様々で，地域の普通学校の分級または分校であったり，特別支援学校の分級，分校，本校であったりする。いずれの場合でも10人未満の少人数学級であり，この点は様々な問題を抱える子どもの教育環境として好ましい。

児童心理治療施設を利用する子どもの多くは，基本的な学習行動が身に付いていないため，着席して聞く，教科書を出す，板書する，挙手して発言するなどの習慣づくりから始めることも少なくない。また，学習空白が大きいため，小学3年生や4年生でも片仮名の練習や九九の暗記までさかのぼって学び直す必要がある子どもも少なくない。通常のカリキュラムだけでは子どもの実情に合った教育とならないので，算数や国語の時間に進度別教材を取り入れるなどの工夫をしている施設もある。

学力だけでなく，社会性を伸ばすことも学校部門が得意とするところである。集団生活の基本的なマナーやルールを教えることは寮部門でも行うが，さらに学校では，この年齢であれば一般的にこのような振る舞いが求められるという常識性を高めるかかわりも行いやすい。退園する子どもたちの社会適応を考えると，常識的な振る舞いを学ぶ場があることは大切である。

### 4）家族と協働した支援事例

英男くんは小学4年生で，保護者からの暴力や暴言が主訴であった。敬語が使えて，生活態度もきちんとしていたが，年少児への暴言や威圧が目立った。自由時間はひとりで漫画を見て過ごし，他児と遊ぶ姿は見られなかった。心理面接を週に1回行い，英男くんがやりたいことを一緒にやる時間とした。英男くんはプラモデルを作りたいと言ったが，心理担当に作ってもらって自分は見ているだけだった。しかし1年ほどすると，自分で作りたがるようになり，心理担当に教わりながら一人で完成させ得意げだった。学校でも学習への取り組

みが良くなり，難しい問題をやりたがるようになった。この頃には，大人をからかうようになり，子どもらしい可愛らしさが感じられた。週末帰省で母親と一緒にプラモデル作りをしてもらったところ，母子ともに「あんなに楽しい時間は初めてだった」と言った。ただこの時点でも，英男くんは他児を威圧的に叱責することが多く，子どもの間では煙たがられていた。職員がこの点を指摘しても，相手が悪いからと，自分の問題は認めなかった。

　ある日，英男くんが女児のルール違反を注意した際に，この女児から猛烈に言い返されたことをきっかけに，女児を思い切り蹴飛ばすというトラブルが発生した。英男くんは女児のケガを見て青ざめ，初めて自分がいけないことをしたと認めた。その日の夕方に母親に来園してもらい，一緒に英男くんと面談を持った。母親は「どんな理由でも暴力は許されない。自分も英男くんを叩いたが，間違っていた。ごめんなさい」と話し，涙を流した。英男くんもそれを聞きながら泣いていた。

　その後，英男くんの言動にとげとげしさがなくなり，徐々に下級生と遊ぶ姿が見られるようになり，やがて英男くんと遊びたい下級生が順番待ちをするようになった。家族との関係も安定していたので，小学校の卒業に合わせて家庭生活に戻った。

　この事例は，支配的な親子関係の下で育った英男くんの自己効力感と主体性を育み，並行して，相互交流のある母子関係を再構築する支援を行った事例である。


　美子さんは小学2年生で，保護者からの心理的虐待を主訴に入所した。いつも笑顔で，どの職員にも「大好き」とくっついてくる半面，注意されると別人のようになって暴言を返してきた。入所後半年経つと，消灯後に職員についていてほしくて大騒ぎをするようになった。職員を独占する行動は徐々に頻度を増し，授業中に駄々をこねたり，宿題の時間に騒いだりするようになった。厳しく注意する方針をとったところ，パニックを起こして教職員に向かってくるようになり，その間のことを憶えていないというトラウマ症状が現れた。そこで方針転換をして，個別に遊ぶ「美子さんの時間」を週に2回とることにした。

美子さんが「いっしょに幼児番組を見たい」と希望したので，職員といっしょに幼児番組を見ながら体操をし，おやつを食べ，絵本を読んでもらうという過ごし方だった。「美子さんの時間」を始めてからも頻繁にパニックは起きたが，罰としてこの時間をやめることはせず，約束通り定期的にこの時間を持ち続けた。そして1カ月経つと，徐々にパニックの回数が減り，この頃から担当職員に家庭で体験した辛い出来事を語るようになった。そして3カ月後に，自分から個別対応はもう終わりにしていいと言ってきた。

　美子さんの両親は実父と養母で，2人とも子どもと遊ぶのが苦手だった。親子交流の時間に養母に遊んでもらおうとしたら，「何をしたらいいかわからない」と立ち尽くし，美子さんも緊張で固まってしまった。そのため交流の時間に職員も入って，養母から読み聞かせなどをしてもらった。交流を1年ほど続けると，実父が，「養母は変わったと思う」と語るようになり，祖母からも「養母が母親らしくなった」という言葉が聞かれた。その後自宅への外泊を繰り返し，美子さんは自宅での生活に戻った。

　美子さんは愛着形成とトラウマの課題が大きかったので，トラウマに配慮しながら育て直しに注力した。そして養母も安心の対象になるように関係づくりを進めた結果，在宅生活に戻った事例である。

### （6）施設が果たすべき役割と重要性

#### 1）施設の役割

　厚生労働省が定める「情緒障害児短期治療施設運営指針」（2012（平成24）年3月29日 厚生労働省雇用均等・児童家庭局長通知）を参考にして，名称が変更された現在の児童心理治療施設が果たすべき役割を考えると，以下の7点にまとめることができる。

①　心理的な発達や心的外傷などの問題を持つ子どもに対して，入所又は通所による支援を通じて生活の中で再養育と心理治療を行う施設である。
②　地域の住民に対しても，子どもの養育に関する相談に応じるほか，退園した子どもの相談にも応じる。

③　総合環境療法によって，個々の子どもが持つ自他への信頼感を回復し，自律的に社会生活を営むことができるようになることを目指す。

④　心理治療は，心を癒す体験を積み上げながら，安心や満足を得るべく主体的に生きる人になることを目指して行う。

⑤　生活支援は，心地よく安定した生活の場の提供を通じて，基本的生活習慣を身に付けるとともに互恵的な社会性を養い，社会生活に必要な経験を蓄積できることを目指して行う。

⑥　学校教育は，子どもの特性や学力に応じた個別的な配慮をし，自主的に学習に取り組む姿勢を育むとともに，社会の中で自らの力を発揮する喜びを感じられることを目指して行う。

⑦　家庭環境の調整は，家族関係や生活状況を把握し，背景にある課題も考慮しながら，家族全体の養育能力が向上することを目指して行う。

## 2）施設の課題

　児童虐待が重要な社会問題となっている現在，虐待を受けた子どもの治療や育て直しを担い，その家族の養育能力の向上も目指す児童心理治療施設には高度な専門性が求められている。このような期待に十全に応えるために，いくつかの課題があることも指摘しておきたい。

　1つ目の課題は，人員体制である。傷ついた子どもの心を回復するにあたって，大人との個別のかかわりは重要である。特に寮と学校では，常に複数の職員がいて，個別に対応する役割と全体をまとめる役割に分かれることができると機能的なのだが，現在の人員配置では常時複数配置とすることは難しい。さらに寮をユニット化することで人員が分散してしまい，常時複数の職員がユニット内にいる体制をとることがいっそう難しくなっている。そのため，個別に勉強を見てあげたい時や子ども同士のトラブルに介入しなければならない時に，かかわるタイミングが遅れてしまうことがある。

　2つ目の課題は，医療機関との連携である。入所後しばらくすると，心身の調子が崩れる子どもが多く，中には職員が丁寧にかかわっても，感情の暴走をコントロールできなくなってしまう子どももいる。そのような時には集団生活

から離して，ゆっくりと病院で静養させてあげたいのだが，良いタイミングで入院できるとは限らない。次善の策として，気分が落ち着く向精神薬を服薬してしのぐことになるが，この服薬についても医師と連携が必要である。施設によっては医師が常駐しておらず，なかなか服薬を始められない場合がある。医療との連携がとれない期間は耐え忍ぶほかなく，本人にも，職員にも，周りの子どもにも辛い期間となってしまう。

　3つ目の課題は，入所期間が長くなると社会経験が乏しくなることである。子どもの安全や治療上の配慮から，ほとんどの施設が子ども単独の外出を許可していない。そのため，入所期間が長くなると年齢相応の社会経験が不足してくる。家族交流が可能な場合は，外出や外泊の機会に社会経験を積むことができるが，家族交流が難しい子どもは職員が付き添って外出しなければならない。人員不足がここでも影響しており，社会経験の重要性は認識していても，子どもとの外出機会を増やすことは職員にとって容易なことではない。

---
**演習課題**

1　児童心理治療施設の治療技法である総合環境療法を構成する主要3部門には何があり，それぞれがどのような役割を持っているのかまとめてみよう。
2　英男くんの支援経過において，大人と1対1で遊ぶ時間が英男くんの成長をどのように後押ししたのかを考えてみよう。
3　美子さんの問題行動に対して，叱責や罰を使わずに遊ぶ時間を増やした目的と，その効果について考えてみよう。

---

# 5　児童自立支援施設

## （1）施設の目的

　児童自立支援施設は，児童福祉法第44条に「不良行為をなし，又はなすおそれのある児童及び家庭環境その他の環境上の理由により生活指導等を要する児童を入所させ，又は保護者の下から通わせて，個々の児童の状況に応じて必要な指導を行い，その自立を支援し，あわせて退所した者について相談その他の

援助を行うことを目的とする施設」と定められた厚生労働省所管の児童福祉施設である。

## （2）施設の概要

### 1）施設の環境

　児童自立支援施設の多くが，自然豊かな広大な敷地に農場，グラウンド，体育館，プール，寮舎，校舎がある。全国に58カ所設置されている施設の中には，都市部にあり児童相談所と隣接している施設もあるが，ほとんどの施設の立地場所としては都市部ではなく自然豊かなところにある。

　寮舎は，男子寮と女子寮と男女別であり，複数の寮がある施設では入所している子どもの年齢や人数により，小学生だけの寮もしくは中学校を卒業した中卒寮というように年齢によって寮を構成しているところもある。寮舎は，小舎制・中舎制・大舎制とあり，定員が小舎制は1寮に12名以下，中舎制は20名前後，大舎制は20名以上である。ほとんどの施設が小舎制であり，複数の寮がある場合は寮舎が敷地内に点在している。

　寮舎は，入所している子どもにとって安全で落ち着いて過ごすことができる居場所でなければならない。家庭的な環境としてくつろげる空間を確保することが大切である。寮舎内は，一人で過ごせる空間（プライベートゾーン・居室）と集団で過ごせる空間（パブリックゾーン・ホール）がある。このプライベートゾーンとパブリックゾーンの使い分けによって，勝手に他の子どもの居室には入らないということや，みんなで使うものは大切に扱うなどの空間の利用の方法やルールを習得する。このことは社会性を身に付けることにもつながる。このほかに寮舎内には，静養室や台所や洗面所，風呂とトイレがある。

　学習指導は，1997（平成9）年の児童福祉法改正まで，多くの施設において職員が学校教育に準じる教育を行っていた。しかし，学校教員に比べ教材研究等が十分でないこともあり，改正後は，学校教育を導入することが義務づけられ，学校教育法による学習指導要領に準じるようになり，日中における学校教育は学校教員が行っている。学校教育の実施形態は，本校方式・分校方式・分教室方式がある。本校方式は，施設内の学校が本校として扱われ，校長等の管

理職も配置されている。分校方式は，分校における在籍生徒数に対して教職員が配置され，また分校の管理職として教頭が配置されている。分教室方式は，管理職の配置はなく，教職員は本校の在籍生徒数との合算で配置されている。

　児童自立支援施設内の中学校では分校型が多く，小学校では分教室型が多い傾向にある。一般の学校と異なる児童自立支援施設内の学校の特徴としては，年度途中に入所児童数が増減するという傾向があるため，年度当初の教職員配置やクラス編成を上回る入所があった場合，人員不足で対応に苦慮することもある。また，入所してくる子どもは，入所前から恵まれない養育環境とそれに伴う不登校や被虐待，非行などの問題を抱え，学年に応じた学力や学習に向かう姿勢が身に付いていない子どもが多い。近年，知的障害や情緒障害，発達障害のある子どもが増加傾向であり，クラスという寮生活とは違う人間関係の中で生じるトラブルや，落ち着いて授業に向かうことができないなど学習支援がより困難な状況にある。このような状況から学習支援においては施設職員も補助的に入って学習を実施する等の工夫されている。施設職員と学校教員は，それぞれの専門性を尊重し，連携・協働し合いながら教育・支援を展開することが必要である。

### 2）施設で勤務する職員構成

　児童自立支援施設には，児童自立支援専門員，児童生活支援員，家庭支援専門相談員（ファミリーソーシャルワーカー），心理療法担当職員，医師，看護師等，様々な職種の職員が従事している。寮舎を担当する主たる職員は，社会福祉士の資格を有する子どもの自立支援を行う児童自立支援専門員と，保育士の資格を有する子どもの生活支援を行う児童生活支援員である。

　運営については，夫婦小舎制ではなく通勤交代制の施設の寮舎の職員は，ローテーション勤務で24時間365日子どもと起居を共にしながら，基本的には肯定的・受容的・支持的な態度で自立を図るように支援している。

### 3）職員に求められる資質・能力

　児童自立支援施設で勤務する職員は，子どもの自立支援は特定の職員による個人的なアプローチではなく，組織によるチームアプローチが基本であるということを常に念頭におき，情報共有をしながら共通理解の上で勤務することが

重要である。

　児童自立支援施設の一人の職員としての資質・能力は以下のようなことが求められる。

　① 　時間・場所・マナー等について，公私混同しないで，子どもにとって一人の大人としてのモデルであることを意識して支援すること。
　② 　子どもに対しては共感的理解の上にたった支援を行うことは原則であるが，毅然とした態度での対応を心がける。例えば，子どもからの意見や要望等については，聞くべき箇所と聞けない箇所の区別をはっきりと，理由とともに児童に伝えること。
　③ 　臨機応変に対応した支援については，隠すことなく，具体的に「報告・連絡・相談」を徹底し，風通しの良い，見える支援とすること。
　④ 　関係性については，子どもと職員の関係性だけを重視した職員個人の支援力ではなく，チームとしての支援力で組織的に対応できる職員集団を作り，虐待，発達障害，性に関する問題，中卒児の対応等，様々な行動上の問題を抱えた子どもに対する多様な支援とすること。

　職員間は議論できる関係性を築き，馴れ合いのような関係ではなく，また，そこには子どもに対しても，職員に対しても，関係機関に対しても，お互いが「尊敬」・「尊重」し合い，「信頼できる関係」になくてはならない。そのような関係こそが「チーム支援」であり，その「チーム支援」の確立のために職員一人ひとりが組織の一員であることを認識して，自分の役割で自分の力を活かしていかなければならない。

## （3）入所している子どもの状況

　児童自立支援施設への入所は，基本的には，子どもの行動上の問題を保護者が児童相談所に相談し，児童・保護者の同意を得て「児童福祉施設入所措置」として入所する場合と，子どもが事件を起こし，家庭裁判所の少年審判によって「児童自立支援施設送致」として入所する場合の2通りである。

　児童自立支援施設の入所主訴は，万引き，窃盗，傷害，暴力行為，不純異性交遊等がある。最近は，家庭での生活不適応や虐待，児童養護施設等からの施設不適応，学校不適応，性に関する問題，特に女子ではSNSによる性被害で入所する子どもが増えてきて，非行事案は減少している。しかし，注意欠陥多動性障害（ADHD）や自閉スペクトラム症（ASD）等の発達障害のある子どもや虐待の影響による愛着障害の割合は高くなっている。

　入所してくる年齢については，中学生年齢の子どもが多いが，近年，小学生年齢の入所が増加傾向にある。また，女子児童については，高校進学したものの，教員やクラスメイトとの関係がうまくいかず退学し，前述したようにSNSによる性被害等で入所する中卒児年齢が増加傾向にある。

　退所については，復学・進学・施設変更など子どもの支援目標に応じ，施設生活から生活場所が決定される。退所先としては，自宅へ戻る児童の割合が高い。それ以外は，児童養護施設や里親等，社会的養護関係施設への措置変更というケースがある。


## （4）施設の生活状況

　児童自立支援施設での支援は，子どもの健全な発達・成長のために子どもの権利擁護を基本として，子ども一人ひとりの行動上の問題や課題に応じて，その子どもにあったきめ細やかな支援を行うことが重要である。

### 1）生活のリズム・日課

　入所する前の生活は，昼夜逆転の生活や食事を抜くなど，不規則な生活をしていた子どもが多い。このような生活では学習やスポーツなどにも集中できず，必要以上にイライラすることにもなりやすい。子どもが心身の健康を回復して，いろいろな活動に取り組み自信を持てるように入所中は，生活指導・学習指導・作業指導の3つを大きな柱として，様々な体験や行事を取り入れながら効果的な支援を行っている。

　生活指導は，規則正しい生活を通して，起床・食事・排泄・学習・スポーツ・睡眠などの基本的な生活習慣を身に付け，毎日の繰り返しの安定した生活を送ることである。施設職員は，枠のあるメリハリがしっかりした生活の中で，

**表4-8　「1日の日課」**

| 時刻 | 内容 |
|---|---|
| 6：40 | 起床・洗面・清掃 |
| 7：00 | 朝　食 |
| 8：35 | 登　校 |
| 8：45 | ホームルーム |
| 8：50 | 授業開始 |
| 12：05 | 授業終了・終学活 |
| 12：15 | 昼食（寮で食事） |
| 13：05 | 登　校 |
| 13：15 | 授業開始 |
| 14：00 | 授業終了 |
| 14：10 | 集会・掃除 |
|  | 寮別活動<br>（スポーツ・作業等） |
| 17：00 | 清掃・自習・入浴・夕食 |
|  | 自由時間・日記記入 |
| 22：00 | 消　灯 |

出所：筆者作成。

子ども一人ひとりが伸び伸びと日常生活体験から学び体得できるように日課を設定する。その日課は，ゆとりを持たせ，規則正しいリズムと安心・安定感ある生活にするように，子どもの意見も取り入れながら設定する必要がある。

　1日の日課は，表4-8の通りである。1日の生活が枠のある空間・時間で完結する仕組みになっている。単純で変化がないように思われるが，この規則正しい，リズムのあるルーティンな生活こそが重要である。

　朝，6時40分に起床して布団を畳み，居室の掃除をする。食事については，施設内の厨房で作り，食堂で食べる。朝食については，寮で子どもたちと作っているところもある。身支度を整えて，8時35分に登校し，昼食は寮に帰って食べる。午後，再び登校して授業を受け，授業後は校舎の掃除をして下校する。寮別活動の時間には，環境整備や農場草取りなどの作業活動や野球・バレーボールなどのスポーツ活動をする。スポーツ活動は，児童自立支援施設が各ブロックで大会を実施するため，その練習をしている。男子は，夏に野球大会があり，女子は秋にバレーボール大会がある。また，夏には記録を持ち寄っての水泳大会や秋には駅伝・マラソン大会もある。子どもたちはスポーツを通して，集中力や忍耐力，協調性を養い，ルールを身に付けることができ，社会性の発達を支援することにつながる。

　入所してくる多くの子どもは，自分の気持ちや考えを言語化することが苦手で，「うざい」「むかつく」「楽しかった」等，一言で表現していることが多い。職員は，子どもの一言に対して，具体的に表現できるよう丁寧にフィードバックして，言語化へのサポートをすることが大切である。

　1日の終わりは，「終わりの会」を開き，活動の振り返りをし，その日の活動でよくできたことや注意を受けたこと，仲間と上手に意思疎通ができたこと等を振り返り，また予定や生活の目標等を確認して翌日につなげている。日記もその一つであり，日課として書いている。子どもが1日を通して感じたこと等書き記したことに対して，職員が返事をする交換日記的な要素であるが，他の子どもたちに見られない安心感もあり，気持ちを正直に表現してくるようになる。日記を通して，子どもの気持ちを理解したり，職員側の思いを伝えたり，出来事に対して助言ができるなど貴重で個別的なかかわりを持てる場ともなり，きめ細かなやりとりができるため，日記の効果は大きい。このようなやりとりを繰り返していくことは，子どもの思考や心を豊かにしていくことができる。

　職員は，子どもにとって安定した生活を保障し，安心感・安全感・信頼感を形成しながら，全体の雰囲気づくりや基本的な信頼関係の確立をしていかなければならない。

### 2）自立支援計画の作成と記録

　社会的養護関係施設には，「児童福祉施設の設備及び運営に関する基準」で自立支援計画の策定が義務づけられている。児童自立支援施設においても子ども一人ひとりに対して計画策定をすることになっている。

　まず，子どもの適切な自立支援を実施するために，児童相談所の援助方針に基づき，子どものケースを適切に理解し，そのケースの課題や養育環境に適った支援を展開するアセスメント（実態把握・評価）をする。このアセスメントに基づいて自立支援計画を策定し，支援を行い，計画通り実施されているかどうかを確認し合い，支援の効果について評価・見直しをする。この一連の流れを繰り返し，目標が達成できたら，基本的には児童は退所ということになるのである。

　目標については，子ども自身が主体的に考え作成することが重要であり，職員は，子どもと意見交換をしながら，努力すれば実現可能な目標を設定することが大切である。短期目標は概ね1カ月から3カ月程度で達成し進展するような目標である。短期目標は，長期目標を達成するためにより具体的な目標として設定する。決定した目標が，具体的であれば，子どもがその達成を自分で認

識することができ，自己肯定感を形成することにも結び付くのである。課題を克服するために，子どもや家族の持っている強み（ストレングス）に注目し，子どもや保護者の評価をするのではなく，施設の支援方法の評価をしなければならない。

　策定した自立支援計画は児童と施設職員だけが共有するのではなく，施設全体，保護者，児童相談所の職員や関係機関の職員等，子どもを取り巻く全体で共有する必要がある。子どもが，関係しているあらゆる人から見守られている，応援してもらっているという実感ができ，生活の励みになることが重要である。また，すべての職員が，その子どもの具体的な支援課題・目標及びその方法について十分に理解し共有した上で，組織として一貫性のある継続的な支援を行うことも重要である。

　記録については，日誌と子どものケース記録がある。日誌は，その日の在籍児童数や天気や行事，通院などを記入する。ケース記録は，子ども一人ひとりの支援の実施状況を適切に記録する。ケース記録は，的確なアセスメントや支援計画を策定するための重要な情報であり，支援を評価・見直しを図るための貴重な情報である。また，記録は支援の質や方法などを検証するための重要な情報でもある。職員は，以下の7点に留意して記録を書くことが大切である。

① 客観的な事実を正確に書くこと。
② 「主観的事実」と「客観的事実」とを混同しないように書くこと。
③ 最低限5W1Hを基本にして，事実を明確で具体的に，わかりやすく簡潔に書くこと。
④ 施設内だけで通用するような言葉や略語などは使用しない。
⑤ 「柔らかい」「広い」などの抽象的な表現は可能な限り使用せず，「3畳の広さ」というように具体的に表現すること。
⑥ 公的な記録であり，情報開示や個人情報保護などを意識して書くこと。
⑦ 子どもの心の動きや変化を読み取っていくことに努め，発見したり，気づいたら書くこと。

　子どもの生活状況などを的確に記録することは，適切な支援を展開していく上で重要であり，子どもや家族へのよりよい支援につながることである。

### （5）施設の支援の特色

#### 1）枠組みのある生活

　児童自立支援施設の生活は，「枠組みのある生活」といわれる。「枠組みのある生活」とは，子どもが，安定した生活の中で自立するために必要なしくみである。この「枠組み」は，時間的な枠組み・場所的な枠組み・人的な枠組みの３つに分けられる。

　時間的な枠組みについては，朝起床し消灯するまで日課があるということである。子どもは，決められた日課や規則に従って生活する。

　場所的な枠組みについては，子どもは一人で，施設の敷地内から勝手に出ることができないことである。一般の家庭や児童養護施設入所中の子どもであれば，放課後に友達の家に遊びに行くということはあるが，児童自立支援施設入所中は我慢しなければならない。

　人的な枠組みについては，入所前に遊んでいた友達との交流ができないことである。入所中に交流できるのは保護者・家族・入所前の学校の教員・児童相談所の職員である。家族については，子どもが将来帰る場所であることが多いので，計画的に意味のある交流をするようにしている。

#### 2）事　　例

　6月22日入所。中学1年生の優斗くん。家族構成は，自衛官で厳格な性格の父親と元自衛官の母親（専業主婦），姉と優斗くんと弟の5人家族。父親が帰宅すると家族がピリッとする。父親は，早寝早起き等の身辺自立の躾は厳しく，時に手を出したこともある。

　入所主訴は，万引き・家出。優斗くんが万引きをしたことにより，父親からの行き過ぎた養育に発展する可能性があるため入所となる。

　身の回りのことは自分ででき，中学1年生にしては礼儀正しく大人びた印象。職員の声掛けに対して恥ずかしそうであるが，「はい」としっかりした返事をする。自己主張するほうではなく，素直で従順。表情は伏し目がちであり，乏

しい。

　入所して日が経つにつれ徐々に学園生活に慣れてきたが，表情は変わらず乏しい。

　7月5日分校での様子。授業で先生の指示がなかなか聞けず，話を聞く時も外を眺め続けるなど非常に態度が悪かった。先生が別室で話を聞くと「学園は少年院の一歩手前の地獄のようなところだ。1年悪いことをしなければ出してやると児相のヤツに言われた。ここでは頑張ろうとは思わない」と話す。下校後，寮でも話を聞く。優斗くんは「児相に騙された。いいところだと聞かされて来て，途中で気づいたがひどいところだ」と話す。職員から，優斗くんの気持ちを聞くことができて良かったことと，職員は優斗くんに無理やり作業や運動をさせようとは思っていないこと，やる気のない態度で示すのではなく言葉で伝えてくれれば対応を考えることを話す。

　7月16日無断外出。夕方掃除後の自習時間に優斗くんの姿がない。他の子どもが「前に脱走したい」って言っていたと話す。勤務職員で手分けをして学園内を探す。グランドの隅に隠れるように座り込んでいる優斗くんを見つける。声をかけて，職員も隣に座り話を聞く。

　優斗くんに今の気持ちを聞くと「悔しい。学園に来たことが。学園は悪いことをした子が入れられる場所，僕は「落ちこぼれた」と感じてしまった，万引きや家出をしてしまった自分が悔しい。友達や家族に会いたい」と涙ながらに話す。職員から，優斗くんがそのような悔しさを噛みしめながら生活していたこと，万引きや家出をしたことがいけないことだとわかっているが，そもそも児童相談所の職員との話に納得していない状況で入所になったことがわかり，児童相談所の職員とも話し合いの場を設定する必要があると思うこと，児童相談所の職員に優斗くんが感じていることや今の思いを話す方がよいと思っていることを伝える。しばらくすると優斗くんも落ち着き，帰寮することができる。

　児童相談所に報告し，面接の場を設定する。

　7月18日面接。(学園の職員も同席) 児童相談所の職員に優斗くんが自分の言葉で入所して悔しい気持ちや友人や家族に会いたいと思っていることを伝える。児童相談所の職員からは再度入所に至った経緯と優斗くんに身に付けてほしい

力を丁寧に説明される。面接後，優斗くんから「自分の思いが伝えられてよかった。入所しないといけない理由もわかっているけど，集団で暮らさなきゃいけないことがしんどいときがある」と話す。職員から，優斗くんが話をしてくれたことで優斗くんの気持ちがよくわかったこと，学園の生活は集団生活なため，しんどいときは個別で対応することもできること，しんどいときは我慢をせずに職員に相談することを伝える。

　児童相談所との面接後，学園生活での目標が整理でき，授業や作業，運動にも前向きに取り組む姿がある。自立支援計画票の自立目標を確認しながら，今後は家族との交流もすることも伝える。優斗くんに夢を聞くと「高校に行き，漁師か自衛官になりたい」と話す。その夢に向かって，家族とは少し距離をおいて入所前のことの振り返りと入所中の学園生活で身に付ける力，そして将来の夢を実現するために必要な力が何かを考えることを確認する。

　その後，表情が乏しい優斗くんであったが，笑顔も増え，夢に向かって力をつけようと1日1日を大切に過ごしている。


　児童自立支援施設の子どもたちの生活は，規則正しい生活で，自分のできることは自分でするというものである。しかし，日課をこなすことが児童自立支援施設の生活の最終的な目的ではなく，基本的な生活習慣を身に付けることと，生活を通じて子どもと職員が信頼関係を深めていき，温かい雰囲気の中，子どもが職員から大切にかかわってもらっているということを感じ，安心して暮らせるようにしていくことである。職員は，そのような寮づくりを意識的に追求していく必要がある。一般家庭や児童養護施設に比べると「枠組みのある生活」であるが，その枠内ではできるだけ自由な生活を展開している。「枠組みのある生活」の中で，より充実した生活が送れるように，子どもも施設職員も共に楽しみながら意欲的に取り組める，あるいは伝統の行事や自然の中で四季を感じながら体験ができる様々な行事を計画している。

　どの行事も日々の生活も楽しさだけではなく目的意識を持って実施することが重要である。そのため，施設職員も学校教員も全職員が同じ方向性の認識を共有し，連携を図っていく必要がある。

表 4-9　主な講座とその内容

| 講座名 | 内　　容 | 講　　師 |
|---|---|---|
| SST（全5回） | 適切な自己表現の練習 | 少年鑑別所 |
| アンガーマネジメント（全5回） | 適切なコミュニケーション | 少年鑑別所 |
| 非行防止教室（交通） | 交通安全，飲酒運転での事故 | 警察署交通課 |
| 食育講座 | バランスの良い食事<br>食事マナー | 給食センター |
| 非行防止教室（SNS） | SNSでのトラブル<br>携帯電話の安全な使用方法 | 少年サポートセンター |
| デートDV講座 | デートDVについて | 婦人相談員 |
| 未来のパパママ講座 | 性教育 | 一般社団法人助産師会 |

出所：筆者作成。

### 3）退所後の生活を見据えた支援

　入所中の生活だけを考えるのではなく，退所後の生活に必要と思われる知識やスキルの獲得を目的として，関係機関の方に協力していただき，様々な講座の実施に力を入れている（表4-9）。

　それぞれの活動の子どもの反応は以下の通りである（原文のまま）。

　① SST

・スクイグル[12]のとき，2人ペアでして会話が増えてよかった。

・スクイグルは，どんなものができあがるのか楽しみだった。

・自分のことばで伝えることができてよかった。ことばで伝えたほうがわかると思った。

　② アンガーマネジメント

・自分の性格とか人の性格とかがどんななのかが知れて面白かったです。

・言い訳をすることは誰でもあるけど，言い訳をせずに伝えられたら良いと思います。

・忘れ物をしないようにしたいです。でも宿題をやってなかったりしたらウソをつくんじゃなくってしっかり訳を話して謝りたいです。今日は良い勉強になりました。

・友人関係でのトラブルは学園に来る前にあったから，どうことわったら良いかを考えることができてよかった。

・すぐに注意したり話し合いができたらいいりょう生活ができると思いました。

・断れる勇気が大切だなとおもいました。断れる勇気をつけていきたいとおもいます。

　③　非行防止教室（交通）

・学園を退所したら，前は信号無視してたけど自転車でも同じで，怪我されることがあるので，ちゃんと信号無視以外でも，しっかり守ります。無免とか飲酒運転とか，大人になってからしないようにと，今この話を聞いて思いました。犯罪はこれだけじゃないので，家族と生活を良い風にずっとできるようにしっかりルールを守ります。

・将来免許を取るので交通には気を付けたいと思います。一時停止の所もちゃんと止まりたいと思います。2人乗りもしないようにします。

　④　食育講座

・成長期の自分たちにとって「食べる事」は大切なんだと思いました。あと，主食，副菜，主菜を3：2：1のバランスで摂取することも大切だと分かりました。骨密度とかモデルさんの写真とかの話を聞いて成長期の今は食べないといけないんだなと思いました。

・土曜日や日曜日は夜更かしすることがあるから早く寝ないと背が伸びにくいんだなと思いました。あと食事の時にゆっくりかんで食べた方がいいと言っていたので今日からゆっくりかんで食べたいです。

　⑤　非行防止教室（SNS）

・写真を載せるだけで居場所を特定されたり，言葉巧みに誘い出し襲ってくる人もいると知って，怖かった。

・退所して入所前の自分みたいにSNSでやりとりしないように気を付けて生活したいです。

　⑥　デートDV講座

・今日の話を聞いてむしするのもぼうりょくの一つなんだとわかりました。これからはむしをしないようにしようと思います。

・自分が知らなかったこともデートDVの一つなんだなと知りました。もし周りの人が困っていたら話を聞いてあげたいなと思いました。

⑦　未来のパパママ講座

・将来お父さんになると思うので奥さんの手伝いとかちゃんとできるお父さんになりたいと思いました。

・お母さんが大変な思いをしているとは初めて知りました。自分に小さい頃の記憶がほぼないので，こんなに大変だったんだなと思いました。

・赤ちゃんの首がくねくねしていて自分もあんな感じでくねくねだったんだなと思いました。

・自分を大切にすること，そして出産した場合は子どものことを一番に考えることを意識しようと思った。


　講座後，子どもたちに感想を書いてもらうようにしている。子どもたちは，どの講座も講師の話を真剣に聞き，これまでの生活を振り返りそのとき感じたことを書いてくれる。子どもたちの感想をもとに，各講座のねらいや内容等を講師の方と検討している。また，講座の内容は実際の生活に役立ててこそ意味があるものであるため，講座はそのきっかけづくりであり，そこから日々の生活の中にどのような形で活用していくかは検討が必要である。外部機関との連携を軸にした PDCA サイクルを確立させ，レベルアップにつなげていきたいと考えている。

### 4）退所した子どもの手紙から気づくこと・考えること

　入所してくる子どもの多くが入所に納得しておらず，入所初日は下を向き不安そうに玄関を入ってくる。施設の生活に対して，拒否的で消極的であるが，しかし勉強・スポーツ活動や作業活動に生き生きと取り組む先輩入所児童や，どんなときも寄り添ってくれる教職員と様々な行事に参加していくうちに，居場所を見つけ生活に意味を見いだしていく。約1年から1年半の入所期間で，施設の変化のある生活の中で様々な体験と，自分自身の課題にも向き合い，体も心も入所時よりもさらに力を身に付け，自信もつき，退所の時は，入所前の生活から振り返り感じた自分自身の成長（自立）と，離れてみてわかった家族の思いや家族への思い，退所後の生活について発表し，胸を張って巣立っていく姿がある。

　次の手紙は，中学2年生の夏に入所し，約1年半の入所期間を経て高校進学が決まった子どもが，無事に3年間の高校生活を終えようとする2月末に届いたものである。

---

　お久しぶりです。私が，学園を退所する前の卒業式で，皆に「高校を絶対卒業する」って約束したの，覚えてますか？　私は，この三年間忘れた事ないです。そしてなんと！　その約束が守れそうです。内定もすんなりもらえて，これからが本当の頑張りどきです。卒業式3月1日なので良かったら来てください。

　私が，高校に入学できたのは，学園の職員・先生のおかげです。学園にいなかったら絶対に入学できてないです。たしかに自分の頑張りや，両親の支えもあると思います。でも，私の中で一番大きいのは寮の職員です。意味もなくキレたり，文句を言ったりしても，いつもそばにいてくれて支えてくれて，私のためになることを教えてくれて，学園にいた時には気付けなかった事が，今になってわかりました。感謝してもしきれません。学園の生活は楽しかったし，タメになりました。ありがとうございます。

　私と本気でぶつかってくれて，一緒に泣いて喜んでくれて，支えてくれて，今，私が充実した高校生活をおくれたのも，すべての職員のおかげです。ありがとうございました。お世話になりました。語りたい事がありすぎて，どれから伝えようかまようけど，すごく楽しい高校生活をおくれました！！！　春からは，コーヒー飲めないけど，コーヒー店の接客のほうで働くので来てください。安くします。（笑）

　最近インフルがはやってるので気を付けてください。私は最近また太ったのでスーツ着るまでにやせてキレイに着たいです！！

　春から新社会人は，不安しかないけど今まで以上に頑張って，のりこえます。応援してくださいね。

　静香は良い彼氏ができたり，由美は可愛い赤ちゃん産んだり，幸せそうなので，そろそろ私にも本当の春がきてほしいです。また来ます。

　　　　　　　　　　　　　　　　　　　　　　　　　　　　From 千鶴より

---

　退所生からの手紙に，日々の支援について改めて考えさせられることが多い。

　日々の生活の中での子どもとのかかわりで重要なことは，子どもの声を聴き，子どもに寄り添いながら支援する職員側の姿勢である。子ども一人ひとりを受け止め，理解して子どもの状況に応じた自立支援をしていかなければならない。子どもと真正面から向き合うことが大切である。

## （6）施設が果たすべき役割と重要性

　児童自立支援施設は，「枠組みのある生活」を基盤として，子どもの立ち直りや家族との関係調整，社会的自立に向けた支援をしている。そのために次のような基本的な支援方針のもとに支援を展開することが大切である。

### 1）安定した生活と子どもの自主性を大切にする

　施設の生活の基本は，子どもの安定した生活である。入所する子どもの特性に鑑みると，子どもたちの行動を抑制したり，対人関係の調整をする等，職員がある程度子どもたちを管理していくことが必要となる。安定した生活が基本的に成立して，初めて子どもたちの生活が有意義なものになるため，職員が管理することは，決して否定されるものではない。しかし，子どもたちの安定を図るために必要以上の管理を行っていくことは避けるべきである。子どもを徹底的に管理していくと子どもは職員の指示には素直に従い，トラブルも少なくなるかもしれないが，それは所詮，「表面適応」でしかない。子どもの成長にとって，最も大切なことは自主的に判断して行動したり，物事を考えたりできることである。職員は，「子どもの自主性」を大切にすることを常に考えなければならない。「安定した生活」と「子どもの自主性」は，対立項になっているが，両方とも必要なものなのであり，この２つのことの調和を如何にしてとっていくかが，「大切」なのである。職員は，「子どもの自主性」を大切にし，決めつけの管理とならないように，子どもたちと対話しながら進めていかなければならない。

### 2）個別支援と集団支援のバランスを大切にする

　子どもたちの能力や性格，持っている課題は，本当に多様で，一人ひとり違う。個別に支援する方法も重要であるが，子どもの社会性を培うためには，従来から言われてきた集団として支援する方法（グループワーク）も重要視すべきである。個別支援だけでは職員の満足感・達成感だけで子どもの育ちには結びつかない。子どもは，モデリングやリーダーシップ等を通して，子ども同士の中で切磋琢磨して育っていくことを押さえておかなければならない。集団が持つ影響力も活用しながら，子どもが生活の中で他者を尊重し，集団に貢献する気持ち，問題解決する力などの社会的スキルを学び，社会と調和して生活する

ことができる土台を身に付ける支援を行うことが大切である。

### 3）施設が有する環境を大切にする

　環境には，自然環境と物的環境（寮舎，校舎，グランド，体育館など）と人的環境がある。人的環境には子ども同士・子どもと職員・職員同士の3つに分類され，関係性を築くことが必要である。特に人的環境は重要であるが，かといって，他の環境が重要でないということでもない。職員が率先して，子どもと共にこれらの環境の整備や調整に心がけ，そうすることで，施設全体に一体感が醸成され，施設内が愛情と理解のある雰囲気に満たされるのである。結果的に，施設の環境が子どもの健全な育みの場として理想的な空間となる。

　3つの支援方針は，それぞれ「安定した生活・子どもの自主性」，「個別・集団」，「物的・人的」で対立項であり，それぞれにバランス（均衡）やハーモニー（調和）をとっていかなければならない。子どもたちを支援するにあたっては，職員全員が理念と支援方針を共有した上で，一人ひとりの子どもに対し一貫した支援を提供することが必要である。

　感化法制定以来，100年以上の歴史がある児童自立支援施設には，その支援について，多くの理念（考え方）が述べられてきた。その中の一つに，初代きぬ川学院の石原登院長は「教護実践のすべては心の接触に始まり，心の接触をもって終わる」と論じ，伝統的な厳しい上からの目線の指導ではなく，同じ目線に立ち，子どもの真実の感情と触れ合いながら指導をする指導者意識を排除した職員教育を行い，「教護院は，訓練や治療の場ではなく，養育の場である」ことを強調して提唱した。

　児童自立支援施設の支援には，今の支援だけを見るのではなく，児童自立支援施設の成り立ちや多くの理念から積み重ねられた愛情深い，利害を超越した支援の流れがあること，そして，それらは現在も根底にあり，不変のものであるということである。「不易流行」と言葉が示すように，本質的に変えてはいけないものもあることを知っていなければならない。

　その上で「養育」という生活をベースとした支援に，社会動向の変化に応じた支援を取り入れながら，支援の充実を図っていかなければならない。

## 6　自立援助ホーム

### （1）施設の目的

　自立援助ホームは，1984（昭和59）年東京都の自立援助ホーム制度実施要綱
によりこの名称が使われるようになったものであるが，法的には，1997（平成
9）年の児童福祉法の改正により「児童自立生活援助事業」（以下，自立援助
ホーム）として位置づけられた。また，この事業は第二種社会福祉事業として
社会福祉法第2条第3項第2号に定められている。自立援助ホームは，児童福
祉法第6条の3や児童福祉法第33条の6に基づき，義務教育を終了した20歳未
満の児童であって，児童養護施設等を退所したもの又はその他の都道府県知事
が必要と認めたものに対し，これらの者が共同生活を営む住居において，相談
その他の日常生活上の援助，生活指導，就業の支援等を行う事業である。あわ
せて，退所した者について相談その他の援助を行うこと（アフターケア）が明
確化された。都道府県に対して事業の実施を義務づけるとともに，事業の費用
に対して負担金化したこと。子どもの申込制になったことなどがその後の法改
正の内容として挙げられる。そして2017（平成29）年4月より，22歳の年度末
までの間にある大学等就学中の者を対象に追加することとなった。

　さらに，2022（令和4）年に成立した改正児童福祉法では児童養護施設や里
親のもとで暮らす子どもへの支援について，対象年齢を22歳までとしてきた制
限を撤廃することとなり，自立援助ホームもその対象となった。2023（令和5）
年1月1日現在，全国自立援助ホーム協議会に加入しているホームは245カ所
である。[13]

## （2）利用者の生活状況

　対象の子どもは，児童福祉法に基づき，①小規模住居型児童養育事業（ファミリーホーム）を行う者もしくは里親に委託する措置又は児童養護施設，児童心理治療施設（旧・情緒障害児短期治療施設）もしくは児童自立支援施設に入所させる措置を解除されたもの，②その他，都道府県知事が当該児童の自立のために援助及び生活指導が必要と認めたものである。また，児童福祉施設や里親・ファミリーホームなどを経由せずに，家庭内暴力で親子の分離が必要となって利用する場合や不登校，発達障害や精神的な様々な課題を抱えて利用する場合など様々な経緯からの利用がある。近年は定時制，通信制，高校認定試験，全日制高校，専門学校，短期大等の就学支援を中心とした利用者が増えており，ますます多様化の傾向にある。

　利用は，原則として児童相談所からの「委託する措置」であるが，18歳を超えた場合には福祉事務所から児童相談所を経由しての相談もある。また，ホームによっては補導委託先として登録されている所や家庭裁判所から受け入れている所もある。少年院の退院者は保護観察所からの相談もある。その他，弁護士，児童家庭支援センター，少年院，保護司，知人，家族，本人，他の自立援助ホーム，路上生活支援施設，婦人保護施設などからの相談がある。

## （3）事例でみる支援の特色

### 1）将来を見据えた就労を通した支援

　自立援助ホームでは，利用者の個性を認め，自己選択，自己決定の尊重を原則として支援が進められる。自立援助ホームは，国の政策もあり，増加の一途をたどることになる。自立援助ホームの増加は，その専門性の確保のための担保として，自立援助ホームのガイドラインとしての運営指針が必要となった。2015（平成27）年4月17日厚生労働省雇用均等・児童家庭局長通知として「自立援助ホーム運営指針」が通知され，その中では利用者の抱える課題とその支援のあり方について定められている。「児童自立生活援助事業（自立援助ホーム）の実施について」（厚生労働省児童家庭局通知）は，事業内容を具体的に規定している。

**表 4-10** 自立援助ホームにおけるタイムスケジュールの例（日課の目安）

| 時　間 | 平　日 | 時　間 | 休　日 |
|---|---|---|---|
| 6：30 | 起　床 | | |
| 7：00 | 朝　食 | 7：30 | 起　床 |
| 8：00 | 出勤・登校<br>※利用者それぞれに合わせた生活があ<br>　る（休職中あるいは職場または高<br>　校・専門学校や大学に通うなど） | 8：00 | 朝　食<br>※利用者の予定で在室あるいは余暇活<br>　動などで外出 |
| 12：00 | 昼　食<br>※定時制高校，単位制の高校に通う利<br>　用者もいる | 12：00 | 昼　食<br>在室あるいは余暇活動などで外出 |
| 18：00 | 帰　宅 | 18：00 | 帰　宅 |
| 19：00 | 夕　食<br>入浴，余暇活動など | 19：00 | 夕　食<br>入浴，余暇活動など |
| 23：00 | 各自居室にて過ごす | 23：00 | 各自居室にて過ごす |

出所：筆者作成。

　その内容は，子どもが自立した生活を営むことができるよう，当該児童の身体及び精神の状況並びにその置かれている環境に応じて適切な援助及び生活指導等を行うものである。①就労への取り組み姿勢及び職場の対人関係についての援助・指導，②対人関係，健康管理，金銭管理，余暇活用，食事等日常生活に関することその他自立した日常生活及び社会生活を営むために必要な相談・援助・指導，③職場を開拓するとともに，安定した職業に就かせるための援助・指導及び就労先との調整，④児童の家庭の状況に応じた家庭環境の調整，⑤児童相談所及び必要に応じて市町村，児童家庭支援センター，警察，児童委員，公共職業安定所等関係機関との連携，⑥自立援助ホームを退居した者に対する生活相談などを挙げている（表4-10）。

　自立援助ホームは，利用者が将来のことを見据え，就労を通して計画的に生活資金を貯え，様々な資格を取得できるよう支援する所でもある。利用者にとっては，将来的に生計を立てるために仕事を探すことも重要となる。しかしハローワークや就職情報誌・求人サイトなどに載る求人条件は，18歳以上，高卒以上，普通免許取得者が最低条件の場合が多く自立援助ホーム利用者にとって求められる条件が多く厳しい状況である。履歴書の書き方，面接時のスキルな

どの助言や求人先への本人理解につながる説明や自立援助ホームへの理解と協力を得るための企業まわりなども行う。また，採用された後は，仕事が続けられるよう，職場訪問を行うなどして調整も行う。状況によっては各自治体が助成や貸付をする制度を活用し資格・免許を取得する場合もある。

　さらに，利用者の中には発達障害やメンタル面での症状を抱えている人もおり，福祉的・医療的支援が必要なケース，生活課題として携帯，スマートフォン，SNS文化が引き起こす有害サイトの問題もある。一人ひとりのニーズに対応できる柔軟性や，福祉や医療，教育などと近接する領域との連携が必要不可欠でその専門性も求められる。

### 2）事　　例

### ①　概　　要

　沙希さんは中学2年生の時，母親からの暴力を理由に警察からの身柄通告で児童相談所に一時保護された。母親は叩く，暴言を吐くなどの行為は認めており，子どもが従わないと興奮しやすい面がある。父親は自営をしているが統合失調症で通院中であり，十分な養育ができず母親任せになっている。

　2カ月の一時保護所利用後児童養護施設に入所。施設生活で中学卒業後高校に通っていたが，学力は低く，対人関係も苦手で仲のよい友達はおらず，休み時間などは一人で過ごしており，保健室登校もあった。高校2年生からは不登校となり施設で過ごしていた。本人は施設からの進級を望まず自立援助ホームの入所を希望し児童養護施設の退所となった。

### ②　家族の状況

　家族の状況では，両親は沙希さんが16歳時に別居をしており，自立援助ホーム入所後は児童福祉司が間に入り不定期ではあるが面会をしている。母親には同居人がおり，本人のことを詳しくは話しておらず引き取りは難しいと言っている。父親は精神疾患のため通院中であり引き取りは難しい。父方祖母がおり同居はしていないが本人のことを何かと気にかけていたが，2年前に亡くなっている。

### ③　入所後の様子

　沙希さんは6名定員の自立援助ホームに入所した。一般的に多くの自立援助

ホームではあまりルールを設けず利用者の状況に応じて個別の約束事をしている。全国自立援助ホーム協議会が作成しているパンフレットには「仕事をすること」「利用料を納めること」「自立のため貯金をすること」などが示されている。利用者の個性を認め，自己選択，自己決定を尊重し，自己肯定感を育んでいる。沙希さんは，児童養護施設において不登校であったことを考慮し，当初は，職員との関係づくりを優先させ，すぐに就労することは勧めず，異動に伴う諸手続き，買い物，食事作りなどを一緒に行うことをしばらく続けた。また，不眠や情緒の不安定を訴えたため心療内科の受診も行った。しばらくして本人から就労の希望が出たため週3日の飲食店のアルバイトに通い始めた。生活も次第に落ち着いてきた。

　本人の社会性の経験不足からくる理解力のなさ，職場での失敗などから情緒不安定となり職場を休むこともあり，自傷行為もみられ，柔軟に対応した。また，自立援助ホーム職員・児童養護施設の職員・児童相談所の児童福祉司などとが連携して本人を支持し続けることにより関係を保つよう心がけた。就労面では，職場訪問や電話連絡などにより職場の理解を得ることも必要である。自立援助ホームでの生活のリズムをつけながら年齢的な成長を待つ。家庭復帰が望めないため，アパートを借りるために計画的に貯金をする。以上の内容で，本人とともに短期・中期・長期の自立支援計画を作成した。

　1年後，本人の希望により調理師免許取得のため専門学校への進学希望が出された。進路のステップとしてまずは定時制高校進学となり改めての入学となった。


### （4）施設が果たすべき役割と重要性

#### 1）経験を通してソーシャルスキルを身に付ける

　自立援助ホームでは，就労を通して，社会人としての責任を学ぶことになる。実社会では，様々な困難場面に出合うが，その時に自分で判断して行動し，その結果を引き受ける訓練の場でもある。仕事でミスして注意を受けたり，遅刻や欠勤など決まりを守らなかったり，社会人としてどう判断し行動するのが適切なのかを学ぶ良い機会となる。実際に経験を通してソーシャルスキルを身に

付ける。沙希さんの場合も生活に慣れるまでは食事作りなどスタッフの手伝い
をしながらハローワークに行って仕事を探した。当面は週3日で飲食店のパー
トタイムの仕事を見つけた。

### 2）進路変更

　沙希さんは飲食店のパートを半年続けたが，本人の社会性の経験不足からく
る理解力のなさ，職場での失敗などから情緒不安定となり職場を休むこともあ
り，自傷行為もみられ，退職した。スタッフと話をする中で，高校進学の希望，
将来調理師の資格を活かした職業に就きたいことなどがわかってきた。

　厚生労働省が行った2018（平成30）年2月1日現在の「児童養護施設入所児
童等調査結果」によると，自立援助ホームにも就学中の子ども等がいることが
確認できる。高校（通信制を含む）に在籍している者が34.9％，大学に在籍し
ている者が2.6％，専門学校等専修学校等に在籍している者が2.1％おり，約4
割の利用者が就学している。

　自立援助ホームは，利用者が将来のことを見据え，個別の進路変更にも柔軟
に応える必要がある。本人の意向を尊重し話し合いの上，定時制高校への再入
学，調理師を目指すために専門学校への入学を決めた。

### 3）メンタルケア

　自立援助ホーム運営指針には，「回復をめざした支援」として，社会的養護
を必要とする子どもに対し，その子どもに応じた成長や発達を支える支援だけ
でなく，虐待体験や分離体験などによる悪影響からの癒しや回復を目指した専
門的ケアや心理的ケアなどの治療的な支援も必要としている。また，近年増加
している被虐待児童や不適切な養育環境で過ごしてきた子どもたちは，虐待体
験だけでなく，家族や親族，友達，近所の住人，保育士や教師など地域で慣れ
親しんだ人々との分離なども経験しており，心の傷や深刻な生きづらさを抱え
ている。さらに，情緒や行動，自己認知・対人認知などでも深刻なダメージを
受けていることも少なくない。こうした子どもたちが，安心感を持てる場所で，
大切にされる体験を積み重ね，信頼関係や自己肯定感（自尊心）を取り戻して
いけるようにしていくことが必要である。

　また，自立援助ホーム運営指針の「各論」には，「心理的ケア」として，利

用者に対して心理的な支援を行うこと，深刻な虐待を受けてきた利用者，発達障害などを抱えている利用者に対して心理的な支援を行うこと，児童相談所や精神科医等の専門家と連携し，ホーム内で行うことが可能な個別的支援を行うことなどが挙げられている。

児童相談所の児童心理司や民間の心理カウンセラーなど様々な機関との有効な機関連携が大切である。自立援助ホームには，乳児院や児童養護施設などと同様に必要があれば心理療法担当職員を配置することができる。

沙希さんが生活する自立援助ホームには心理療法担当職員は配置されていないが，地域の心療内科に通院しながら児童相談所の児童心理司と連携をとっている。

### 4）20歳を超えた支援

社会的養護児童の自立は20歳で支援が終結する現状ではなく，20歳以降も継続して支援する必要がある。特に20代前半の支援が乏しいことで，社会的養護の対象であった児童が若年層のホームレス，生活保護受給となる事例も少なくない。

必要な場合には，児童養護施設等での措置を延長して，20歳になるまで支援するようになってきた現在，先に述べた通り，自立援助ホームは，2017（平成29）年4月より，22歳の年度末までの間にある大学等就学中の者を対象に追加することとなった。さらに，2022（令和4）年に成立した改正児童福祉法では児童養護施設や里親のもとで暮らす子どもへの支援について，対象年齢を22歳までとしてきた制限を撤廃することとなり，自立援助ホームもその対象となった。沙希さんは，高校に再入学し，調理師になるための専門学校への進学を目指している。入学時には20歳を超えてしまうため継続してホームを利用している。

### 5）家族支援

自立援助ホーム運営指針には，「家族環境調整」として，児童相談所や関係機関と連携し，利用者と家族との関係調整を行う必要があること，被虐待などの理由により親子分離が必要で入居する場合は，保護者からの強引な引取り等を想定し，関係機関と連携して利用者の権利と安全が守られるよう慎重に対応

する必要があること，状況によっては，保護者に支援のあり方を説明し，理解を求めることも必要であることなどが挙げられている。

2016（平成28年）公布された「児童福祉法等の一部を改正する法律」（平成28年法律第63号）では，児童の権利に関する条約にのっとり，全ての子どもが等しく権利を有すること，つまり子どもが権利の主体であることが明記された。

子どもの健やかな成長・発達・自立のためには，親を含めた家庭ごとに支える視点が不可欠であると示されている。親子関係再構築支援は，施設，里親，市区町村，児童相談所などの関係機関等が連携して行うべき旨が明確化され（2016〔平成28〕年10月施行），親子関係再構築支援をさらに進めていくための仕組みづくりが求められた。それに伴って作成された「親子関係再構築支援ガイドライン」によると，親子関係再構築を「子どもと親がその相互の肯定的なつながりを主体的に回復すること」と定義している。

沙希さんにとって家庭復帰は難しいが，親子関係の再構築は可能で，自立援助ホームとしては，児童相談所や関係機関と連携して利用者と家族との関係調整を行う必要がある。

---

**演習課題**

1　自立援助ホームの利用者がすぐには就労が難しい，あるいは就労が続かない理由を考えてみよう。
2　自立のためのソーシャルスキルには，どのようなものがあるか考えてみよう。
3　自立援助ホームのスタッフとして家族への支援のあり方を考えてみよう。

---

## 7　障害児支援施設

障害児支援施設は，2012（平成24）年の障害者自立支援法等の一部改正により，障害児支援の強化を図るため，通所・入所の利用形態の別により一元化された（図4-3）。

障害児入所施設については，医療の提供の有無により「福祉型障害児入所施設」と「医療型障害児入所施設」の2つに分類された。本節では，福祉型障害

図4-3　障害児支援の体系——平成24年児童福祉法改正による障害児施設・事業の一元化

○障害児支援の強化を図るため，従来の障害種別で分かれていた体系（給付）について，通所・入所の利用形態の別により一元化。

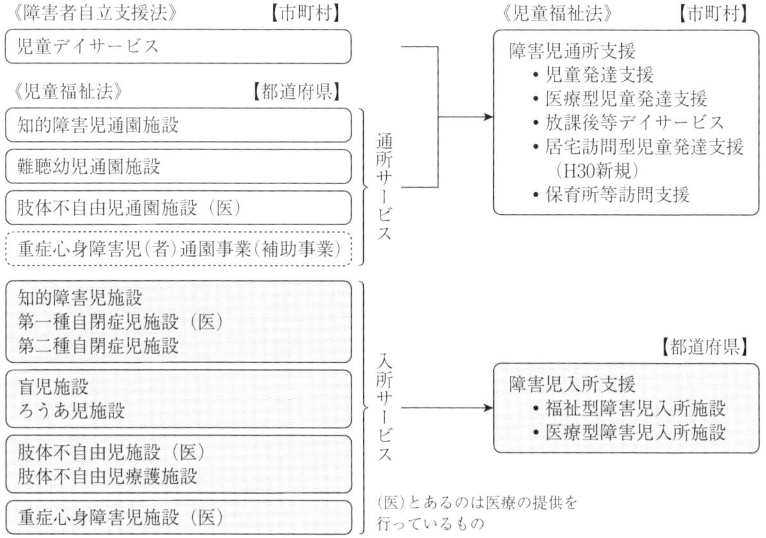

《障害者自立支援法》　　　【市町村】
児童デイサービス

《児童福祉法》　　　　　【都道府県】
知的障害児通園施設
難聴幼児通園施設
肢体不自由児通園施設（医）
重症心身障害児(者)通園事業(補助事業)

知的障害児施設
第一種自閉症児施設（医）
第二種自閉症児施設
盲児施設
ろうあ児施設
肢体不自由児施設（医）
肢体不自由児療護施設
重症心身障害児施設（医）

通所サービス

入所サービス

《児童福祉法》　　　【市町村】
障害児通所支援
• 児童発達支援
• 医療型児童発達支援
• 放課後等デイサービス
• 居宅訪問型児童発達支援
　（H30新規）
• 保育所等訪問支援

【都道府県】
障害児入所支援
• 福祉型障害児入所施設
• 医療型障害児入所施設

(医)とあるのは医療の提供を行っているもの

出所：厚生労働省ホームページ。

児入所施設について述べる。

## （1）施設の目的

　障害児入所施設は，「今後の障害児支援の在り方について（報告書）」（2014年6月）によると，①重度・重複障害，行動障害，発達障害等多様な状態像への対応のための「発達支援機能（医療も含む）」，②退所後の地域生活，障害者支援施設等への円滑な移行，就労へ向けた対応のための「自立支援機能」，③被虐待児童等の対応のための「社会的養護機能」，④在宅障害児及び家族への対応のための「地域支援機能」を今後の入所施設のあり方について検討し，その機能の活用を図とされた。

　また，「障害児入所施設の在り方に関する検討会（最終報告）」（2020年2月）では，今後の課題と方向性として①「発達支援機能」は，ケア単位の小規模化

の推進，②「自立支援機能」は早い段階から退所後の支援に取り組むための関係機関との連携を担うソーシャルワーカーの配置促進，18歳以上の入所者への対応，③「社会的養護機能」は，児童相談所との連携，保育所等訪問支援等による障害児入所施設から児童養護施設・乳児院への専門性の伝達，④「地域支援機能」は，障害児等が抱える課題解決に向けて必要となる支援について総合調整の役割を担うソーシャルワーカーの配置促進，障害児の代替養育として委託されている里親，ファミリーホームの支援を行うとなっている。

　障害児入所施設においては，①「発達支援機能」は，家庭的な養育環境の推進，専門性の高い支援，教育と福祉の切れ目の内連携を図るため，支援が困難な知的障害児等を受け入れ，障害児毎に適切な支援方法を構築する等，先駆的・総合的な支援に取り組む，②「自立支援機能」は，自立に向けた支援の強化，18歳以上の障害児入所施設入所者への対応（いわゆる「過齢児問題」）を図るため，自立（地域生活移行）のための支援を入所者の状態像に応じて行う。③「社会的養護機能」は，被虐待児等の増加を踏まえた支援力の強化，児童養護施設等との連携強化を図るため，支援が困難な知的障害児等に対して短期間受け入れ，障害児毎に適切な支援方法を構築する等，先駆的・総合的な支援に取り組む，④「社会支援機能」は，ソーシャルワーカーの配置の必要性も視野に入れ，退所した児童及び在宅で養育している児童について，関係機関と連携したフォローアップ等を検討する，といった施設の機能強化を目指している。

### （2）施設の概要

　寮舎は一つの建物に男子エリア，女子エリアと分けられているところと，小規模でいくつもの棟に分かれている施設も多い。中には，体育館，プール，グラウンドがあるところもある。

　組織体制は，施設長を筆頭に庶務，入所児童を管轄する部門で構成されている。中には地域支援を管轄する部門や，自立生活支援を管轄する部門や通園部門を備えている施設もある。

　庶務には，給食部門があり，管理栄養士を配置し日々の栄養バランスの整った子どもたちの食事を提供している。入所児童を管轄する部門には児童指導員，

保育士が配置されており，日々の生活支援，発達支援を行っている。また医務室には看護師が配置されており，健康管理，通院付き添い，服薬管理等を行っている。なお，臨床心理士，理学療法士，作業療法士，言語聴覚士が配置されている施設もあり，入所時のアセスメントとともに子どもたちの日々の生活において評価し，適切な支援をするために児童指導員，保育士にアドバイスを行う役割を果たしている。

　地域支援を管轄する部門では，ボランティア対応，見学対応等を担っている。

　自立生活支援を管轄する部門は，入退所や子どもたちが18歳以降の暮らしの場所に対して，保護者や関係機関と連携を図り，見学，短期入所などに同行し，子どもたちが安心して暮らせる場所に導いている。

　通園療育部門を併設しているところでは，児童指導員，保育士が配置され，発達障害の診断を受けた，または発達が気になる等を医師や保健師から言われた幼児・児童を対象に①発達検査や机上学習，集団活動を通して療育を行う「発達支援」，②家族の子育て力向上のために療育相談・勉強会・親の会のサポートなど支援を行う「家族支援」，③通園・通学している機関や行政などと連携を図り地域で一貫した支援を目指す「地域支援」の3つの柱で療育を行っているところもある。


### （3）利用者の入所理由・特徴・状況

　障害児入所施設への入所理由については，厚生労働省調べでは，措置入所は虐待（疑いあり），保護者の養育力不足が多い（図4-4）。

　また，強い行動障害を呈する子どもで家庭での養育が限界で保護者のメンタル不調に陥るという例も多く，親の離婚と経済的理由と養育力不足など理由が複合している場合も多くみられている。入所に際し，秩父学園の場合，保護者や児童相談所からの入所相談から正式に児童相談所から入所内議が上がり，入所に至るケースが一般的である。入所の相談は，他自治体からの相談も増えている。

　中には，地元の都道府県内の障害児入所施設からすべて入所を断られて，入所相談を経て入所した子どもや，児童心理治療施設や児童立支援施設の卒園す

## 図4-4　障害児入所施設の入所理由

入所理由としては福祉型，医療型共に，措置では虐待（疑いあり），保護者の養育力不足が多い。契約では，保護者の養育力不足が多くなっている。

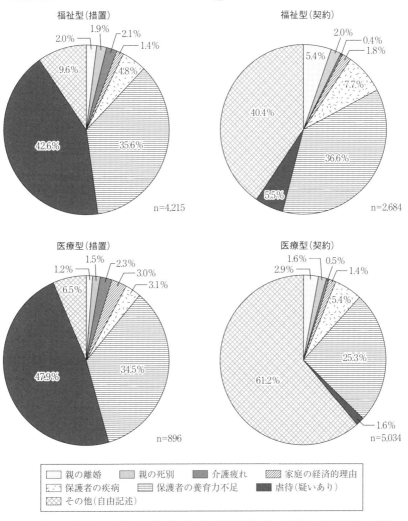

出所：厚生労働省 社会・援護局 障害保健福祉部 障害福祉課 障害児・発達障害者支援室調べ（平成31年１月17日時点）。

**表4-11** 障害児入所施設の年間
行事（例）

| 月 | 行　事 |
|---|---|
| 4 | お花見 |
| 5 | 端午の節句 |
| 6 | |
| 7 | 七夕，プール開き，夏祭り |
| 8 | プール，夕涼み会 |
| 9 | お月見 |
| 10 | レクリエーション大会 |
| 11 | バスハイク |
| 12 | クリスマス会，もちつき |
| 1 | 新年の集い |
| 2 | 節　分 |
| 3 | ひな祭り |

出所：秩父学園パンフレット。

るにあたり，他県からの入所相談を経て入所した子どももいる。障害の程度は，知的障害の最重度・重度・中度・軽度であり，自閉スペクトラム症・ADHD（注意欠如・多動性障害）を併せ持っている子どもも多い。また，愛着障害や反抗挑戦性障害など社会適応に時間をかけた支援が必要な診断を受けている子どももいるほか，愛着形成に課題のある子どもや強度行動障害の子どもも増えてきている。

特別支援学校や地域の小中学校の特別支援学級に通学する子どもも多くいる。

### （4）利用者の生活状況

障害児入所施設では，成長期にある子どもの発達ニーズに沿って，できるだけわかりやすい環境を配慮・工夫し，活動支援をし，地域において豊かな生活が送れるようになることを目的として，幼児から成人まで一緒に生活を送っている。

日常生活においては，それぞれの発達状況に合わせて基本的生活習慣の確立とともに，情緒の安定を図るため，生活の中に潤いを持てるように工夫している。また，卒園後の地域社会での生活を視野に入れて，一人ひとりの個別支援計画に基づいた支援及びQOLの向上に努めている。

年間行事は日本における伝統行事を四季とともに感じることができ，行事を楽しみに待つことができたり，行事自体を楽しむことができるように発達状況に合わせた支援を行っている（表4-11）。

主な平日の1日の流れは，6：00〜6：30に起床。すでに起きている子どももいる。特別支援学校高等部職業科に通う子はバス・電車での通学のため，一足早く朝食を摂り，7：00頃に出発する。

他の子どもたちは，発達状況に合わせた1日のスケジュールを確認し，着替えを済ませ朝食。歯磨き，学校の支度を済ませて，地域の小中学校特別支援学

級に通学する子どもは徒歩にて7：30頃出発する。特別支援学校高等部のスクールバスは8：00頃に出発する。特別支援学校小・中学部のスクールバスは8：50頃に出発する。学校へ出発した後，学校を卒業した人や成人や学校に通わず集中的に発達支援を行っている子どもは，10：00から昼休みを挟んで15：00まで日中活動を行う。

　特別支援学校小・中学部は15：00頃にスクールバスにて下校，地域の小中学校特別支援学級の子どもは15：30～16：30頃にそれぞれ下校する。下校するとかばんから連絡帳，体操服や給食で使用するエプロン・手ふき等を所定のカゴに出し，各自のスケジュールを確認しながら翌日の必要なものをかばんに入れる。一人でできる子どももいれば，手伝いが必要な子もいる。発達状況に合わせて，支援員はできないところを手伝う。その後，宿題がある子どもは居室にて行う。

　16：30頃に特別支援学校高等部のスクールバスにて下校。下校後の手順は小・中学部の子どもたちと同様である。17：30から夕食だが，夕食前後に入浴となる。バス・電車で特別支援学校高等部職業科に通学している子どもは，17：00～18：00に下校し，翌日の学校の準備。夕食・入浴後は，宿題をしたりテレビを見たりゲームで遊んだりして自由時間を過ごす。

　子どもによっては，1日頑張ったことや頑張れなかったことなどの振り返りを支援員と一緒に行う。就寝前には，翌日のスケジュール確認を行い就床する（表4-12）。


## （5）事例でみる支援の特色

　知的障害だけでなく自閉スペクトラム症やアタッチメント障害（愛着障害）を併せ持っている子どもたちも在籍しているため，それぞれの発達状況に合わせ，先の見通しが立てられるようにスケジュールやカードなど，わかりやすく視覚支援で提示したり，自立課題等を行う中で，要求の出し方の練習や，「いや」と言える（提示できる）ような練習等のコミュニケーション支援を中心に個別支援計画を立てて支援を行っている。

表4-12 障害児支援施設のデイリースケジュール例

| 時　間 | 項　　　　　目 | | | |
|---|---|---|---|---|
| | 平　　　　日 | | | 土・日・祝 |
| | 高校生 | 小・中学生 | 成　　人 | |
| 6：30 | 起　床 | 起　　床 | 起　　床 | 起　　床 |
| 6：45～ | 朝食準備 | | | |
| 7：10 | 朝　食 | 朝食準備 | 朝食準備 | 朝食準備 |
| 7：30 | 歯磨き・洗面 | 朝　　食 歯磨き・洗面 | 朝　　食 歯磨き・洗面 | 朝　　食 歯磨き・洗面 |
| 8：00 | 登　校 | | | |
| 8：50 | | 登　　校 | | |
| 10：00～ | | | 日中活動 | 余暇活動 |
| 11：30 | | | 帰寮（手洗い） | |
| 12：00 | | | 昼　　食 食後，昼休み | 昼　　食 食後，昼休み |
| 13：30 | | | 日中活動 | 余暇活動 |
| 14：45 | | 下　　校 学童日中活動 宿　　題 | 余暇活動 | |
| 16：25 | 下　校 | 入　　浴 | 入　　浴 | 入　　浴 |
| 17：30 | 夕　食 歯磨き・洗面 | 夕　　食 歯磨き・洗面 | 夕　　食 歯磨き・洗面 | 夕　　食 歯磨き・洗面 |
| 18：30 | 余暇活動 入　浴 | 余暇活動 入　　浴 | 余暇活動 入　　浴 | 余暇活動 入　　浴 |
| 19：30 | 就床準備 | 就床準備 | 就床準備 | 就床準備 |
| 21：00 | 宿題・自由 就　寝 | 宿題・自由 就　　寝 | 就　　寝 | 就　　寝 |

出所：秩父学園諸体制。

### 1）地元の障害児入所施設から断られ他県の障害児入所施設に入所した事例

　入所相談の段階から，在宅ではすでに限界で児童相談所一時保護所に入所することも，強い行動障害があるために難しいので，一刻も早く入所させてほしいという緊急性があったため，雄吾くん（中学校1年生）の生活の様子を支援員が家庭に見に行った。保護者から話を聞き，生活の様子を観察してそれを基に事前にアセスメントを行い，課題点を洗い出し，支援について雄吾くんが入

る予定の生活寮職員とともに検討して入所に至った。

　暴力・破壊行動を起こす前の状況を観察してみると，嫌いな食べ物が食事に出たり，周りから本人にとっていやな音が聞こえたりすることがわかったので，食事の際は，嫌いなものを入れるお皿を用意し，そこに入れたら食べなくてよいとしたり，イヤーマフ（周りの音が聞こえにくくなるヘッドホン状のもの）をつけるなど，環境設定を整備することによって暴力・破壊行動がほぼなくなった。その後，地元に戻ることは叶わなかったが，他県のグループホームに入居して生活している。

　本ケースは，強度行動障害を呈し，家庭生活が困難になった子どもに対して，丁寧にアセスメントを行って課題点を洗い出し，入所と同時に環境調整と支援を行ったことで，先の見通しが立てられ，落ち着いた生活を送ることができた。

　アセスメントを行うことと，子どもに合わせた環境調整をすることが大切になる。

### 2）愛着障害と診断された子どもの感情を育むための支援事例

　史乃さん（高校3年生）は，要求が叶わない時やイライラした時に，物を壊す，暴力を振るうことが多く見られた。まず原因を探ったところ，行動の背景には①愛着の未形成，②自己肯定感の低下で不安をたくさん抱えている，③疲れ・緊張をうまく発散できない，④信頼関係の構築ができていないなどが挙げられ，長い目でこれらの原因を解決しないと，根本的な改善はないと考えられた。そこで，それぞれに対して支援を行った。①コミュニケーションをしっかりとって（個別対応及び感情が高まった時にはじっくり時間をかけてコミュニケーションを図る）史乃さんとの信頼関係の構築を図った。②ほめられる場面をあえて作り，たくさんほめていくことで，自分は良いことをしている，周りの人が認めてくれているという認識を持つことができてきた。③運動（トランポリンや自転車で施設内を走るなど）や睡眠，余暇の充実（好きな絵を描く時間を増やしたり，アイドルの写真を切ってノートに貼る）などでストレスの発散を行った。④様々な人と手紙のやりとりをする中で，史乃さんが考えていることに共感し，できるだけ寄り添い続けることで，少しずつ人を信頼することができるようになった。

その結果，落ち着いて過ごすことが多くなり，卒園して行った。

愛着形成に問題がある史乃さんに対して，まずはキーパーソンを決めて，時間をかけて大人と信頼関係を構築することを心がけたと同時に，安心・安全な存在であることを史乃さん自身が実感していくことで，愛着の修復がなされていった。

### （6）施設が果たすべき役割と重要性

障害児入所施設に入所している児童は，障害があるということに加え，何らかの理由により自宅で暮らすことができないほど極めて困難な状況下の家庭もある。こうした困難な状況にある障害児本人の最善の利益を保障する観点から，過去の集団処遇を基礎とした施設環境及び職員体制を見直し，子どもの最善の利益を尊重した個別支援とともに子ども同士の集団の中で，共に過ごすことで発達を促す支援を実践できるよう，障害児入所施設の機能を考えることが必要である。

近年は，近隣地域のみならず，広域から入所相談があり，入所中の発達支援はもちろんのこと，家族支援，卒園後の行き先や就労場所についても，早いうちから関係機関と連携を図っていく必要がある。特に児童相談所については，契約入所となると入所後は手を引いてしまう場合が多く見られるので，児童相談所はじめ関係機関とは密接に連絡を取り合っていく必要がある。

「障害児入所施設の在り方に関する検討会報告」（2020年2月）によれば，福祉型障害児入所施設に現在入所しているすでに18歳以上の入所者については，障害者支援施設の指定を受けているとみなすみなし規定があったが，児童福祉法等の一部を改正する法律（令和4年法律第66号）が交付され，2024（令和6）年に施行されることとなり，障害児入所施設の入所児童等が地域生活等へ移行する年の調整の責任主体（都道府県・政令指定都市）を明確化するとともに，22歳までの入所継続が可能になった

障害児入所施設では，愛着形成の課題や強度行動障害などケアニーズの高い入所相談が多くなってきているため，複合的な課題を抱える子どもに対して，きめ細かい支援が必要になってくる。そのため，支援員の専門性の向上のため

の研修機会をより多くとることが課題となる。

　自閉スペクトラム症についての支援のノウハウと同時に，アタッチメント障害（愛着障害）については，基礎的な部分から学んでいく必要がある。

　自分で希望して障害児入所施設に入所してくる子どもは一人もいないということを支援員はじめ職員全員が念頭において，子どもたちに発達を支援し，自己肯定感を高め，卒園後も本人にとって幸せな生活を送れるように，日々の生活を通して支援を続けていくことが障害児入所施設に携わる職員にとって，願いであり最も大事なことである。

---

演習課題

1　子どもが暴力や破壊行動などの問題行動を起こす原因について，考えてみよう。
2　子どもの状態像を把握して支援するためのアセスメントの方法について，考えてみよう。

---

## 8　婦人保護施設

### （1）施設の目的

　婦人保護施設は社会的養護に含まれる施設ではないものの，かつて社会的養護の下で生活していた，自身の子どもを乳児院や児童養護施設等に預けている，という女性の入所が少なくない。そのため社会的養護と地続きの分野といえる。

#### 1）施設の目的と基本方針

　婦人保護施設は，様々な事情により社会生活を営むことが困難となった女性に対し，社会において自立した生活を送るための支援を行うことを目的とする。1956（昭和31）年制定の売春防止法を根拠法にもち，基本方針においても「安心安全な環境のもと日常生活や就労に関する自立支援を行うこと」（婦人保護施設の設備及び運営に関する基準第12条）と定められる。日本で唯一女性を対象とした公的な入所施設であり，単身女性だけでなく約6割の施設では母子の受け入れを行う。中には妊娠期から出産，産後のケア，育児相談にわたり一貫した妊産婦支援を行う施設もある。

都道府県による任意設置で，2022（令和4）年4月現在，39都道府県に47カ所設置されている。入所のための相談窓口は福祉事務所である。福祉事務所を通じて婦人相談所に一時保護となり，婦人相談所の措置により入所が決まる。なお，婦人保護施設には入所期限，年齢規定，利用料負担がない。

### 2）入所対象女性

入所となるのは，①売春経歴を持つ女性・売春を行うおそれのある女性，②配偶者等（夫，元夫，内夫，交際相手）からの暴力（DV）被害者，③人身取引被害者，④ストーカー被害者，⑤関係機関との十分な連携・調整の上で婦人保護事業で支援する必要があると認められる女性等である。⑤については，例えば，10代だが18歳を超過しているため児童福祉法の対象となり得ない，障害や疾患があるが障害者手帳の取得がないために障害福祉サービスが利用できない等，他の法律や支援の狭間にある女性も含まれ，対象は幅広い。

### 3）現行法での支援の限界と新法成立

婦人保護施設は当初，①売春経歴を持つ女性・売春を行うおそれのある女性を対象に設置されたが，前述のように時代の変遷とともに対象者が次々と拡大した。しかし，根拠法である売春防止法の抜本的改正はなく，また，社会福祉に係る法律でないことから，長年，支援には限界と弊害がみられていた。こうした中，2022（令和4）年5月に「困難な問題を抱える女性への支援に関する法律」が成立した。2024（令和6）年の法律施行以降は，婦人保護施設はこの法律の下で「女性自立支援施設」と名称変更をして支援を行うことが決まり，ようやく時代に即した法律で女性支援を行う時を迎えた。


## （2）施設の概要

婦人保護施設は，戦後の生活苦から売春を行う（行おうとする）女性を「性道徳に反し，社会の善良の風紀を乱す」との理由から「収容・保護・更生」する施設としてつくられた歴史的背景がある。施設の諸基準には今なお売春防止法制定当時の考え方が色濃く残される。

### 1）施設・建物

居室，相談室，静養室，医務室，作業室，調理室等の設置義務があるが，居

表4-13　婦人保護施設職種別配置基準

（人）

| 定　員 | 施設長 | 事務員 | 主任指導員 | 指導員 | 看護師 | 栄養士 | 調理員等 | 嘱託医 | 総　数 |
|---|---|---|---|---|---|---|---|---|---|
| 50人以下 | 1 | 1 | ― | 2 | 1 | 1 | 3<br>（1） | ―<br>（1） | 9 |
| 51人以上 | 1 | 2 | 1 | 1 | 1 | 1 | 3<br>（1） | ―<br>（1） | 10 |

注：内は非常勤職員の別掲。
出所：厚生労働省「困難な問題を抱える女性への支援について」（2022年4月資料）を基に筆者作成。

室の最低基準は「原則として4人以下」とされ，女性の個別空間への配慮やプライバシーの保障はない。全国的に個室化が進むが未だ複数人部屋の施設もあり，個室化は喫緊の課題である。[18]作業室とは施設内就労の場であり，利用者が外勤就労への準備期間あるいは外勤へのステップとして施設内にて就労を行う。設置義務のない諸室については設置状況が悪く，心理室や保育室が未整備な施設は多い。

### 2）職員構成・専門職種の配置

　職員配置基準は，施設長，事務員，指導員，看護師，栄養士，調理員，嘱託医である。また，夜間警備体制強化として警備員の加算配置が認められている。日常生活支援全般にかかわる指導員の配置基準はわずか2名であり，支援の多様性や専門性が求められてきたにもかかわらず，法律制定当初より増配置がなされていない。[19]これには，指導員＝収容・保護・更生のための監視要員と考えられてきた背景がある。

　加算配置職員は，2001（平成13）年のDV防止法制定以降，心理療法担当職員と同伴児童対応指導員（資格要件は保育士・児童指導員）の配置が認められた。また2018（平成30）年には個別対応職員の配置が認められ，支援困難な利用者への個別対応や職員へのスーパーバイズが可能となった（表4-13）。

## （3）利用者の入所理由・特徴・状況

### 1）入所理由

　2020（令和2）年度の在所者の入所理由は「夫等からの暴力」（40.1％）が最

表 4-14　婦人保護施設における在所者の入所理由

| 総　数 | 夫等から の暴力 | 子・親・ 親族から の暴力 | 住宅問題 ・帰住先 なし | 交際相手 等からの 暴力 | 男女・性 の問題(1) | 暴力以外 の家族親 族の問題 (2) | 医療関係 (3) | その他の 人間関係 | 経済関係 |
|---|---|---|---|---|---|---|---|---|---|
| (100%) 643人 | (40.1%) 258人 | (13.7%) 88人 | (28.1%) 181人 | (9.0%) 58人 | (2.5%) 16人 | (1.9%) 12人 | (1.7%) 11人 | (1.6%) 10人 | (1.4%) 9人 |

注：(1)うちストーカー被害 4 人を含む。
　　(2)離婚問題を含む。
　　(3)精神，妊娠・出産を含む。
出所：厚生労働省（家庭福祉課調べ）「婦人保護施設における在所者の入所理由」を基に筆
　　　者作成。

も多く，「子・親・親族からの暴力」(13.7％)，「交際相手等からの暴力」
(9.0％) も含めると暴力被害による入所が全体の 6 割以上 (62.8％) にのぼる。
次いで「住宅問題・帰住先なし」「男女・性の問題 (ストーカー被害含む)」「暴
力以外の家族親族の問題 (離婚問題含む)」「医療関係 (精神，妊娠・出産含む)」
「経済関係」と続く。多くの利用者が性暴力被害を含む何らかの暴力被害を受
け，居所なし・就労なしの状態で生活困窮・経済的困窮に至るという極めて切
迫した状況に置かれてきた。婦人保護施設には，所持金もなく着のみ着のまま
で保護され入所となる利用者も珍しくない (表 4-14)。

### 2）利用者の特徴

　利用者の特徴として，まず，女性であるがゆえの困難や被害に直面してきた
ことが挙げられる。具体的には，暴力被害，性暴力被害，予期せぬ妊娠・出産，
就労の不安定等である。生活困窮や家族機能不全，居場所の喪失等から性産業
に取り込まれた末に性被害に遭った女性は多い。JK ビジネスや AV 出演の強
要，SNS トラブル等による被害女性の入所もみられる。

　次に，複合的な困難を抱えていることが挙げられる。家庭や学校，社会から
の孤立・排除等により，困難な状況時に助けとなる人がいない，支援情報も得
られない，その結果さらなる状況悪化に陥ったという傾向がみられる。女性特
有の困難や被害に加え，教育機会の喪失，人間関係不和，経済搾取・借金問題，
障害・疾病による生活の不安定等も重なり入所へと至っている。

　DV 防止法以降に入所対象となった同伴児童[20]の特徴には，母親同様に困難や
課題を抱えていることが挙げられる。多くには「被虐待経験」「発達障害」「知

的障害」のほか，「学力低下・成績不振」「放置された疾病・虫歯」「不登校」「発育不良」等がみられる。DV被害で入所した母子の場合，ほとんどの同伴児童が面前DVによる心理的虐待を受け心理的ケアを必要としていることも特徴的である。

### 3）利用者の状況

入所年齢は10代～70代以上と非常に幅広い。都市部においては近年，若年女性の民間支援団体への相談を機に入所につながる若い利用者（10代後半～20代前半）が増えている。子どもをもつ利用者の場合，母子入所となる人もいれば，様々な事情（養育困難や本人による虐待，加害者からの危険回避等）により母子分離となり母親のみ入所する場合もある。

入所期間は1年未満から10年以上と幅広い。中長期の支援を必要とする利用者が多く，必要な期間入所できるのは婦人保護施設の特徴と強みである。退所先は，アパート，グループホーム，生活保護施設（更生施設，救護施設，宿所提供施設），母子生活支援施設，高齢者施設等，様々である。

## （4）利用者の生活状況

利用者は心身の回復や課題解決等を目標におき，施設生活を通して主に，①基本的生活習慣の獲得，②社会生活・自立生活に向けたスキルの獲得，③暴力被害からの回復やリプロダクティブヘルス・ライツ[21]の獲得を図っていく。生活や支援状況は個々に異なるが，本項では基本的な内容を述べる。

### 1）基本的生活習慣の獲得

基本的生活習慣の獲得とは，安全確保，生活形成，健康管理等である。利用者は，これまでの生活歴にて習得できなかった，あるいは奪われてきた基本的な生活習慣を，安心・安全な環境のもとで整えていく。安定した睡眠や栄養をとることすらままならず，必要な相談機関につながらずにきた利用者は多い。医療機関を受診したり，加害者から追求の恐れのある場合は職員の同行支援により安全確保と不安軽減を図るところから生活がスタートする。担当職員や看護師，栄養士，心理士，医師などの助言を受けながら健康と生活を整えていく（表4-15）。

表4-15　ある施設のデイリースケジュール（日課のめやす）

| 時　　間 | 平　　日 | 時　　間 | 休　　日 |
|---|---|---|---|
| 〜7：00 | 起　　床 | 〜8：00 | 起　　床 |
| 7：00 | 朝　　食 | 8：00 | 朝　　食 |
|  | ＊外勤者…出勤 |  | ＊外勤者…出勤 |
| 9：30〜12：00 | ＊内勤者…施設内就労 |  | 余　　暇 |
| 12：00 | 昼　　食 | 12：30 | 昼　　食 |
| 13：15〜16：00 | ＊内勤者…施設内就労 |  | 余　　暇 |
|  | 余　　暇 |  |  |
| 18：00 | 夕　　食 | 18：00 | 夕　　食 |
|  | ＊外勤者…退勤，帰所 |  | ＊外勤者…退勤，帰所 |
|  | 入浴，余暇 |  | 入浴，余暇 |
|  | 就　　寝 |  | 就　　寝 |
| 23：00 | （施錠確認） | 23：00 | （施錠確認） |

注：適宜，職員面接，心理面接，受診，関係機関での手続き等を行う。
出所：小川恭子・坂本健編著『実践に活かす社会的養護I』ミネルヴァ書房，2020年，155頁。

## 2）社会生活・自立生活に向けたスキルの獲得

　社会生活・自立生活に向けたスキルの獲得とは，就労，就学，金銭管理，公的・法的手続き，社会資源の利用，地域生活移行に向けた訓練等であり，内容は多岐にわたる。利用者は施設内就労を行いながら生活リズムを整え，職員や就労支援機関と相談をしながら就職活動を行う。必要な場合には職業訓練校に通ったり，障害者手帳を取得して障害者就労を目指す。また，進学を希望し専門学校や大学等に通う利用者は，学校生活を送りながら進路を考えていく。並行して金銭管理，必要な社会保障制度の利用，その他の課題整理を進め，退所時期や退所後の生活の場を検討する。

　母子入所の場合，子どもは地域の幼稚園や学校へと通う。子どもが乳児院や児童養護施設等に入所している場合には，児童相談所や施設とも相談をしながら交流を重ね，母子関係形成を図る。子ども自身にも課題や育てにくさがみられる，あるいは利用者自身が適切な養育を受けてきていないために，子どもへの接し方がわからない利用者は珍しくない。職員は利用者の戸惑いや不安を理解しながら助言をし，母子交流場面に同席することもある。

　施設退所後，安定した地域生活を送ることが容易ではない利用者も多い。婦

170

人保護施設にはステップハウスで自活訓練を行う「地域生活移行支援[22]」や「退所者自立生活援助事業[23]」によるアフターケア機能があり，利用者は緩やかな退所や地域生活移行を図っていく。

### 3）暴力被害からの回復とリプロダクティブヘルス・ライツの獲得

暴力被害者支援と性に関するリプロダクティブヘルス・ライツへの支援は婦人保護施設特有の機能といえる。利用者には性的虐待，性暴力，性搾取，望まない妊娠や中絶，出産等を経験した人が多い。また，不安定な環境下に身を置いてきたことで安心・安全を脅かされ，生活経験にも乏しく，自身の権利を奪われた結果主体的に生きることをしてきていない。自尊感情や自己肯定感を持つことが難しく，愛着障害やPTSD（心的外傷後ストレス障害）症状などに苦しむ人も多い。

利用者は医療・保健機関による専門的支援や心理的ケア，周囲との安心できる日々のかかわり等を通じ，心身の健康回復と維持を目指す。施設において「生と性（生きることと性に関する健康や権利）」について考える機会を持ち，「自己決定（誰かに支配されるのではなく自分で決めてよいこと）」や「自分を守る（身体や心を大切にする）」経験を重ねていく。

## （5）事例でみる支援の特色

支援内容は多岐にわたるため，専門職や関係機関との連携は不可欠である。支援にあたっては利用者の支援課題を多角的に捉えて支援計画を作成し，チームアプローチにより支援を行う。チームアプローチには主に施設内におけるもの（各専門職の専門性や機能を活用）と，施設外によるもの（関係機関との連携）があり，個別性の高い支援につなげる。

### 1）児童養護施設退所後の生活困窮から性産業従事に至った女性への支援事例

彩さん（19歳）は両親からの虐待で児童養護施設に入所。高校卒業と同時に退所し飲食店で働くが，不安定な労働環境と人間関係の躓きから3カ月で退職。その後のアルバイトも続かずサラ金での借金を重ねた。生活苦となりやむなく寮付きの風俗店で働くが，男性客からは度々暴力的な性行為を求められ，親からの虐待もフラッシュバックした。心身不安定となった彩さんは児童養護施設

の職員に相談。婦人相談所の一時保護を経て婦人保護施設入所となった。

　彩さんは生活保護を受け，借金は法テラスを利用し弁護士相談を進めた。性感染症があることもわかり，婦人科治療にもつながる。彩さんは突然パニックを起こすことがあり心理面接を開始。すると「性暴力被害や虐待のことが恐怖として蘇っていた。不眠や悪夢もある」とわかり，精神科受診へもつながった。

　心身が安定してくると彩さんは就労を強く希望。しかし，時々起こるフラッシュバックや心身不調が心配された。職員が「精神障害者保健福祉手帳を取得すれば，職場の理解や配慮を得ながらの就労が可能」と伝えると，彩さんは悩んだ末に手帳の取得を選択し，障害者就労を希望。現在は前向きに仕事に通う。今後の生活について，以前は「絶対一人暮らし！」と断言していたが，今は「見守りのあるグループホームの生活から始めたい」と目標を語っている。

　この事例における主な支援内容（関係機関等）は，生活相談（婦人相談所），生活保護（福祉事務所），債務整理（弁護士），性感染症治療（婦人科），心理的ケア（心理職員），精神科受診（精神科），障害者手帳取得（保健所や市区町村窓口），障害者就労（ハローワーク・職場）である。

　家族・生活基盤の弱い女性は，性的搾取や性暴力被害の対象（あるいはそうした状況）になるリスクが高く，性暴力被害のもたらす影響も深刻である。そのため，性に関する継続的な教育，心理的ケア，周囲の理解・配慮等が不可欠である。本事例は，就労や今後の生活について周囲からの助言や情報提供があったことで，彩さんが自分に必要な支援・資源を考え，選択することができた事例といえる。

---

　演習課題

　1　生活困窮から借金を重ね，風俗で働いてきた女性に対し，支援者はどのような姿勢・視点でかかわることが大切か，考えてみよう。

---

### 2）DV 被害により心身不調・養育困難となった女性への支援事例

楓さん（28歳）は25歳の時に職場の同僚と結婚。出産を機に夫の DV が始ま

る。夫は育児にも非協力的で、子どもが泣くと「育て方が悪い！」と楓さんを責め立てた。楓さんはうつ病を発症し次第に養育困難となる。子どもの保育所の保育士が楓さんの表情の乏しさと子どもの落ち着かない様子に気づいたことで、楓さんは保育士にDV被害を打ち明けることができ、配偶者暴力支援センター[26]や警察への相談につながった。その後子どもは乳児院（後に児童養護施設）、楓さんは婦人保護施設入所となる。

　楓さんにはDV被害やうつ病による食欲不振、睡眠不良、意欲の低下等が見られたため、精神科受診をしながら心理面接や看護師への健康相談を重ね、心身の回復を図った。また楓さんは夫に探し出されるかもしれないという恐怖や不安が強く、長らく職員による同行支援が必要な状態であった。夫との離婚意思も固く、弁護士相談をしながら離婚手続きも進めた。

　楓さんの体調は徐々に安定し、施設内就労を経て2年後にはパート就労できるまでになる。継続的な母子交流もでき、楓さんの大きな励みとなっている。そして「引き続き体調・就労・母子交流が安定したら子どもと暮らしたい」との目標も語られた。今後、母子統合に向けて児童相談所や児童養護施設、児童家庭支援センター等と定期的なカンファレンスを行うことが決まっている。


　この事例における主な支援内容（関係機関等）は、DV相談（配偶者暴力支援センター・警察）、精神科受診（精神科）、心理的ケア・健康支援（心理職員・看護師）、同行支援（施設職員）、離婚相談（弁護士）、就職（職場）、母子関係調整（児童相談所・乳児院・児童養護施設・児童家庭支援センター）である。

　本事例は、保育所の保育士の気づきにより、楓さんがDV支援につながることができた事例といえる。楓さんには、元夫との離婚が成立し相手の知らない場所（施設）で生活を送る今でも恐怖や不安が続いており、これはDV被害者にみられる特徴的で深刻な影響である。また、カンファレンスでは、母子関係だけでなく楓さんの健康管理サポートや元夫の追求の可能性についても話し合い、支援・資源を整える必要がある。

1 DV被害を受けた母子が安心して生活を送っていくためには，どのような支援
や社会資源があるとよいか，考えてみよう。

## （6）施設が果たすべき役割と重要性

### 1）権利・尊厳の保障とソーシャルアクション

　婦人保護施設の果たすべき役割とは，第1に，理不尽な状況下にて権利や尊
厳を奪われてきた女性たちが，それらを取り戻し自分らしい生活を送るための
支援を行うこと，第2に，婦人保護施設や女性の置かれている実情を社会化さ
せるためのソーシャルアクションを行うことである。

　婦人保護施設は当初，売春婦の収容施設として地域社会から軽蔑の眼差しで
見られ，女性たちも身を隠すように暮らしてきた歴史がある。さらにDV防止
法以降は施設自体も秘匿性を守る性格が強まり，それゆえ社会的認知が低く，
他の社会福祉分野からの理解も浅いものとなっている。しかし，女性たちの抱
える困難は社会問題そのものである。実情が正しく顕在化され，社会の責任に
おいて高い専門性のもとで支援されるべきであり，女性たちの権利保障や尊厳
回復の場として施設の果たすべき役割は大きい。

### 2）施設の課題

　婦人保護施設は，60年以上にわたり抜本的改正のない売春防止法が根拠法と
なっていたために，多くの弊害を抱え続けてきた。ここでは制度的限界からみ
える主な課題を挙げる。

① 売春防止法の目的が女性の「保護・更生」であることから，法律その
ものに「支援」の概念がなく，女性の人権保障や権利擁護の視点が欠け
ている（新法案概要にて，ようやく現状に即した概念や新しい視点が明記され
た）。

② 利用者への専門的支援の必要性が明らかであるにもかかわらず，職員
体制をはじめとする支援基盤が圧倒的に脆弱である。同伴児童について
も「同伴」の位置づけに留まっており，女性・子どもともに支援の「主

体者」と捉え，心理的ケアを含めた支援の充実を図ることが不可欠である。

③　多様な事情を抱えた利用者の入所により，施設は暴力被害者の安全を守る（＝制約や制限を伴う）「保護」機能と，地域生活移行を支援する「自立支援」機能という矛盾する機能を有する。結果として利用者の生活や支援に支障をきたしており，施設機能の整理が不可避である。

### 3）時代のニーズに即した新法への期待

冒頭で触れた「困難な問題を抱える女性への支援に関する法律」の法律案概要では，「売春防止法からの脱却」を目指すことが示された。そして，法律の目的を「困難な問題を抱える女性の福祉の増進を図るため，困難な問題を抱える女性への支援のための施策を促進し，もって人権が尊重され，女性が安心し，及び自立して暮らせる社会を実現することに寄与する」とした。今後，売春防止法には規定のなかった基本理念がつくられることも決まっている。2024（令和6）年の施行に向け，時代のニーズに即した法律が構築され，真の支援ニーズに即した女性自立支援施設となるよう，期待をしたい。

### 注

⑴　厚生労働省子ども家庭局家庭福祉課「社会的養育の推進に向けて」令和4年3月31日。

⑵　厚生労働省子ども家庭局長「『乳児院・児童養護施設の高機能化及び多機能化・機能転換，小規模かつ地域分散化の進め方』について」（子発0706第3号）平成30年7月6日。

⑶　厚生労働省雇用均等・児童家庭局長（令和元年10月4日一部改正）「児童養護施設等のケア形態の小規模化の推進について」（平成17年3月30日雇児発第0330008号）。

⑷　厚生省児童家庭局長「地域児童養護施設の設置運営について」（児発第489号）平成12年5月1日。

⑸　厚生労働省雇用均等・児童家庭局長「児童養護施設等のケア形態の小規模化の推進について」（雇児発第0330008号）平成17年3月30日。

⑹　全国母子生活支援施設協議会は，母子生活支援施設事業の発展と母子福祉の推進を目的として，1956（昭和31）年に設立され，全国の母子生活支援施設が加入して

いる団体である。

⑺　子どもなどの社会的弱者を対象に，子ども等への精神的な負担軽減を行いつつ事実確認を行う面接のこと。

⑻　児童福祉法において，「出産後の養育について出産前において支援を行うことが特に必要と認められる妊婦」と定義づけられている。

⑼　施設と在宅の中間の存在の施設のこと。

⑽　施設全体が治療の場であり，施設内で行っているすべての活動が治療であるというアプローチ。

⑾　厚生労働省「社会的養護の施設等について」4（児童自立支援施設の概要）（https://www.mhlw.go.jp，2023年1月10日アクセス）。

⑿　イギリスの小児科医ドナルド・ウィニコットが開発したアートセラピーの技法。サインペン等で画用紙に2人が相互になぐり描きをして見えたものを絵にする方法。

⒀　全国自立援助ホーム協議会（令和5年1月1日現在）名簿一覧より，個人会員2名を除いた数字。

⒁　これまで国家が売春を認めていた公娼制度を廃止し，売春防止を目的に制定された特別刑法。売春防止法第5条は「売春の勧誘」を禁止し処罰の対象としている。

⒂　売春防止法第34条に規定された機関。一時保護機能をもち，保護を必要とする女性の相談・支援などを行う。都道府県では義務設置，市町村では任意設置であり，2021（令和3）年4月1日現在全国に49カ所設置される。

⒃　売春防止法第4章「保護更生」に規定された事業。婦人相談所（第34条）・婦人相談員（第35条）・婦人保護施設（第36条）の3つの実施機関で構成される。

⒄　性的な被害，家庭の状況，地域社会との関係性その他様々な事情により日常生活または社会生活を円滑に営む上で困難な問題を抱える女性（そのおそれのある女性を含む）をいう。

⒅　婦人保護施設には生活費の支給がなく，施設内就労で収入を得る。就労内容は施設により異なる。

⒆　入所者50人以上の場合には主任指導員1名，指導員1名の配置となるが，指導員の増配置はない。なお，東京都においては2名の加算配置がある。指導員の資格要件もなく課題とされるが，従事者には社会福祉士，精神保健福祉士，社会福祉主事，保育士などの有資格者が多い。

⒇　婦人保護事業では，女性（母親）とともに保護・入所となる子どもを「同伴児童」としている。婦人保護施設は当初，単身女性の受け入れを前提としていたが，DV防止法施行後は母子入所が行われるようになった。

(21)　性と生殖に関する健康と権利。女性が身体的・精神的・社会的な健康を維持し，子どもを持つかどうか，いつ，どれくらいの間隔で出産するかなどについて選択し，自ら決定することを意味する。1994年の国連会議にて国際的承認を受けた考え方。

⑵　施設生活から地域生活に移行するための生活スキル獲得のための支援。いわゆるステップハウス（近隣のアパート等）を利用，地域生活に近いかたちで生活体験を行う。

⑵　退所者が，地域社会で安定した自立生活を継続できるよう支援するアフターケア事業。訪問や電話相談，同行支援等を行う。

⑵　婦人保護施設において，就労が困難であったり，年金等の受給がなく収入の確保ができない場合，生活保護の医療扶助のみ受けることが可能。

⑵　日本司法支援センター。国が設立した法的問題解決のための総合案内所。

⑵　配偶者等からの暴力の防止及び被害者保護のための業務を行う。「配偶者暴力支援センター」とは施設の名称ではなく機能の名称であり，都道府県が設置する婦人相談所または都道府県や市区町村が設置する適切な機関がその機能を果たす。都道府県は義務設置，市区町村は2007（平成19）年のDV防止法改正以降，努力義務設置となった。

**参考文献**
・第1節
熊本市健康福祉子ども局「地域主権改革に伴う児童福祉施設の設備及び運営に関する条例」2013年。
厚生労働省雇用均等・児童家庭局家庭福祉課監修「子どもの権利を擁護するために──児童福祉施設で子どもと関わるあなたへ」日本児童福祉協会，2002年。
全国乳児福祉協議会制度対策研究院会「令和2年度全国乳児院入所状況実態調査　全国乳児院充足状況調査報告書」全国社会福祉協議会・全国乳児福祉協議会，2022年。
・第2節
新たな社会的養育の在り方に関する検討会「新しい社会的養育ビジョン」2017年。
池上彰『日本の大課題　子どもの貧困──社会的養護の現場から考える』筑摩書房，2015年。
厚生労働省子ども家庭局家庭福祉課「社会的養育の推進に向けて」2022年。
厚生労働省子ども家庭局長「『都道府県社会的養育推進計画』の策定について」2018年。
厚生労働省雇用均等・児童家庭局総務課長通知「児童虐待を行った保護者に対する指導・支援の充実について」2008年。
厚生労働省雇用均等・児童家庭局長「児童養護施設等及び里親等の措置延長等について」2011年。
増沢高『ワークで学ぶ子ども家庭支援の包括的アセスメント──要保護・要支援・社会的養護児童の適切な支援のために』明石書店，2018年。
村瀬嘉代子監修，高橋利一編『子どもの福祉とこころ──児童養護施設における心理

援助』新曜社，2002年。

・第3節

全国母子生活支援施設協議会「母と子の権利擁護と生活の拠点をめざして──全国母子生活支援施設協議会・特別委員会報告書」2005年。

全国母子生活支援施設協議会「2020（令和2）年度全国母子生活支援施設実態調査報告書」2019年。

・第4節

相澤仁編集代表，奥山眞紀子編『生活の中の養育・支援の実際』（シリーズやさしくわかる社会的養護④）明石書店，2013年。

厚生労働省雇用均等・児童家庭局長通知「情緒障害児短期治療施設運営指針」2012年3月29日。

全国情緒障害児短期治療施設協議会・杉山信作編『子どもの心を育てる生活──チームワークによる治療の実際』星和書店，1990年。

トリーシュマン，アルバート E.・ウィテカー，ジェームズ K.・ブレンドロー，ラリー K.／西澤哲訳『生活の中の治療──子どもと暮らすチャイルド・ケアワーカーのために』中央法規出版，1992年。

・第5節

厚生労働省雇用均等・児童家庭局家庭福祉課『児童自立支援施設運営ハンドブック』2014年。

児童自立支援計画研究会編『子ども・家庭への支援計画を立てるために──子ども自立支援計画ガイドライン』日本児童福祉協会，2005年。

留岡幸助『自然と児童の教養』警醒社書店，1924年。

増沢高『ワークで学ぶ子ども家庭支援の包括的アセスメント──要保護・要支援・社会的養護児童の適切な支援のために』明石書店，2018年。

山口泰弘『規律教育は子どもの心を育てない──教護院改革に挑んだ石原登と情性の教育』明石書店，2010年。

・第6節

小川恭子・坂本健編著『実践に活かす社会的養護Ⅰ』ミネルヴァ書房，2020年。

佐久間美智雄「自立援助ホームの現状と今後の展望」『児童福祉研究』23，東京都社会福祉協議会，2007年。

佐久間美智雄「自立援助ホームと子どもたち」中山正雄編『実践から学ぶ社会的養護──児童養護の原理』保育出版社，2016年。

佐久間美智雄「山形県における児童養護施設等の退所者支援に関する考察」『東北文教大学・東北文教大学短期大学部紀要』2017年。

自立援助ホーム協議会「自立援助ホームガイドブック」2011年。

青少年福祉センター編『強いられた「自立」──高齢児童の養護への道を探る』ミネ

ルヴァ書房，1989年。

全国自立援助協議会「2015年度自立援助ホーム実態調査」2016年。

全国自立援助ホーム協議会ホームページ（http://zenjienkyou.jp/，2022年 9 月18日ア
　クセス）。

東京都社会福祉協議会児童部会リービングケア委員会編「Leaving Care ——児童養
　護施設職員のための自立支援ハンドブック」東京都社会福祉協議会，2009年。

・**第 7 節**

厚生労働省「今後の障害児支援の在り方について（報告書）」2014年。

厚生労働省「障害児入所施設の在り方に関する検討会報告」2020年。

米澤好史『やさしくわかる！愛着障害——理解を深め，支援の基本を押さえる』ほん
　の森出版，2018年。

・**第 8 節**

戒能民江・堀千鶴子『婦人保護事業から女性支援法へ——困難に直面する女性を支え
　る』信山社，2020年。

厚生労働省「婦人保護事業実施要領」（昭和38年 3 月19日厚生労働省発社第34号事務
　次官通知）。

厚生労働省「婦人保護施設の設備及び運営に関する基準」（平成14年厚生労働省令第
　49号）。

厚生労働省子ども家庭局家庭福祉課「困難な問題を抱える女性への支援について」
　2022年。

婦人保護事業等における支援実態等に関する調査研究ワーキングチーム「婦人保護事
　業等における支援実態等に関する調査研究報告書」2018年 3 月。

婦人保護施設調査研究ワーキングチーム「平成27年度 婦人保護施設の役割と機能に
　関する調査報告書」2016年 3 月。

<table>
<tr><td>第5章</td><td>地域の身近な相談機関による支援と連携</td></tr>
</table>

## 1 児童家庭支援センター

### （1）児童家庭支援センターの概要

　児童家庭支援センター（以下，センター）は1997（平成9）年の児童福祉法改正時に児童福祉施設として制度化され，児童福祉法第44条の2に位置づけられた地域の身近な子育て相談機関である。相談は子育てに関することに悩む親や祖父母，子どもや親の友人や知人の他，子ども本人も相談できる。2022（令和4）年6月15日現在，全国に167のセンターが設置されている。

　センターの多くは，児童養護施設や乳児院，母子生活支援施設といった入所型の児童福祉施設（以下，本体施設）に併設しているが，本体施設の無い単独設置のセンターもある。いずれのセンターにも，事務室と相談室，心理療法室が備えられている。また，子どもの緊急一時保護機能のある設備や，子どもの短期支援事業（以下，ショートステイ）の受付から児童ケアに至るまでを行える設備を整えているセンターもある。

　職員配置は，設置施設長と専任の相談員2名以上，心理療法担当職員を置くことが必須となっている。地域によっては里親支援専門相談員やフォスタリング業務担当職員が配置されている場合や，ショートステイ担当者，保育士や助産師を配置しているセンターもある。
<sup>(1)</sup>

　相談者がセンターを利用するには，電話相談の他，電子メールで相談する方法や，相談者がセンターを訪れて面談もできる。また，相談者が希望すれば相談員の家庭訪問にも応じてくれる場合が多い。

　センターの役割には，子どもに関する相談受付の他，行政から委託される指導委託や市区町村の求めに応じる事業，里親支援等の役割がある。これらの

詳細は後述の「２児童家庭支援センターの持つ役割の広がり」を参照されたい。

　さらに2022（令和４）年の児童福祉法の一部改正に伴い，センターも市区町村に設置されている子ども家庭センター（これまでの子ども家庭総合支援拠点と子育て世代包括支援センターの見直しとなったもの）との連携や協働がこれまで以上に求められるようになっていることに加え，いくつかの複合的な課題に直面している家庭を支援する際には，センターを含め複数の機関で支援ネットワークを形成し，各機関が役割を分担しその家庭を支援する事もある。

　こうした相談対応について，センターではソーシャルワークを実践基盤とし，対象となる子どもの側に立って支援方法を組み立てていく。実際の電話相談対応においても関係機関との連携の場においても，まずは相談者との信頼関係の構築に努め，傾聴しつつも相談内容の情報を整理し，相談者の訴えは何か，相談者やその家庭の強みは何かを確かめていき，支援プランを立て実践していく。相談者が勇気を出してセンターに相談してくれたことを尊重し，相談者に寄り添い，相談者の直面している課題を整理するように話を聴いていく場合が多い。またソーシャルワーク実践の場においては，傾聴することが基本であるため，ここでは「聞く」ではなく「聴く」を用いている。

　例えば相談者が，「子どもに何と言えばよいのか」「自分のかかわり方がよくないのだろうか」と悩む場合に相談することにより，相談者の置かれた状況の把握や，気持ちの整理ができるようになることの他，自分を客観的に見られるようになる等，今後の方向性をある程度定めることができるようになる場合も多く，「聴く」ことの効果は大きいといえる。

　相談の終結にあたり，解決方法を見いだせればそのまま相談が終了する場合もあるが，児童虐待を疑う相談や，養育者が地域の中で孤立していると判断した場合には１回の相談で終了することなく，支援が継続できるよう各関係機関と連携・協働しセーフティネットを形成していく場合もある。センター単独では支援が難しいケースでも，関係する機関とともに動くことで，児童虐待の早期発見等，子どもやその家庭を救う場合もある。

　こうした地域にいる被虐待が心配される子どもや，何らかの支援が必要とされる子どもの把握や支援について，児童相談所や学校，警察といった機関が主

となって構成している要保護児童対策地域協議会（以下，要対協）にセンター
も構成メンバーとなり，地域の子どもの見守りを担うことも多くなっている。

## （2）児童虐待防止の視点

　センターは相談者が気軽に子育て相談できるよう，基本的には匿名で電話相
談受付を行っている。相談者が時間を気にせずメールで相談できるセンターや，
昨今のコロナ禍ではオンライン相談を行っているセンターもある。電話相談受
付時間も24時間対応の場合や，24時間相談受付ではなくとも，朝や夜間の行政
機関の開設時間外に対応している場合もある。

　こうした気軽に相談できる体制が功を奏し，電話相談から児童虐待早期発見
に至った事例を紹介したい。

　週末の土曜日に「娘がピアノの練習をしないので困っている」という母親か
らの相談がセンターに寄せられた。初回相談の後，度々電話相談が寄せられる
ようになったある日「今日は娘（明美さん・小学校2年生）に放課後ピアノの練
習をするよう伝えておいたのに，娘は無断で友人宅に遊びに行ってしまった。
夕方，帰宅した娘の顔を見たら急に腹が立ち，叩いてしまった」との相談であ
った。怒りが収まらない母親の様子から，センターでは明美さんの安否が心配
されたため，母親に家庭訪問を提案すると，「すぐに来てほしい」と希望した。
これを受けセンターの相談員が直ちに訪問を行い，明美さんの無事と怪我が無
いことを確認した。それから母親に話を聴いたところ，これまでにも感情的に
なって何度か明美さんに手を挙げたことがあると打ち明けてくれた。この相談
は2年ほど前にも児童相談所にしたが，そのとき限りの電話相談で終わってお
り，その後継続的にかかわっている相談機関はセンターだけであると話してく
れた。

　この家庭がこのままだと児童虐待に移行する恐れがあると判断したため，セ
ンターでは母親の同意を得て後日児童相談所に相談内容を情報提供し，今後の
連携を依頼した。その結果，児童相談所がこのケースの主たる支援機関となり，
学校とセンターを加えた3機関で役割分担をして，このケースを見守っていく
ことになった。学校では主に明美さんの心身の安全に関する見守りを行い，セ

ンターでは母親に寄り添って子育ての悩みを受け止めながら，児童虐待を防止する役割を担っていくことになった。この関係機関同士の連携による支援が展開されたことで，母親に子育てに余裕が見られるようになり，子育てに困った時や明美さんとの関係でイライラすることがあるとセンターに相談し，クールダウンしてから明美さんと向き合うことができるまでに変化していった。数カ月後，明美さんへの体罰は全く見られなくなったが，母親はその後も時々センターに電話をかけてきて明美さんの成長の様子を知らせてくれる等，支援は継続していった。

　この事例から，児童相談所等の公的機関の相談受付時間外に受理した，何気ない子育て相談と思われた一本の電話相談の中に，児童虐待が潜んでいるかもしれないと判断し，電話相談対応で終わらせることなく，直接家庭訪問をして子どもを児童虐待から守ろうとするセンターの相談員としての果敢な支援が見えてくる。

### （3）アウトリーチの姿勢

　地域には近隣との関係がほとんど無く，孤立した状態で子育てをしている人がいる。センターではこうした家庭に寄り添い，手を差し伸べていくように支援を展開していく場合があるが，こうした能動的な姿勢を「アウトリーチの姿勢」とし，次の事例を紹介したい。

　古田さん（60代）は，中学生の孫のエリさんと同居している。ある日，エリさんの友人サクラさんが遊びに来たが，夕方になってもサクラさんはなかなか帰ろうとしなかった。心配になったエリさんが帰宅を促すと，サクラさんから「家に帰っても食事をさせてもらえない。だから家に帰りたくない。今日エリの家に泊まらせてほしい」と言われ，困ったエリさんは祖父の古田さんに相談した。古田さんは以前，地域のオレンジリボン（地域の児童虐待発見と児童相談所への通告など）に関するセミナーに参加した際に，近くに子どもの相談ができるセンターがあることを思い出し，すぐにサクラさんと一緒にセンターを訪れた。

　古田さんの相談から，センターではサクラさんの家庭内で児童虐待が疑われ

ると判断し，直接サクラさんと面談することとした。その結果，サクラさんの母親とも話をする必要があること，サクラさんが今日どうしても家に帰りたくない場合には，センターから警察や児童相談所に連絡する必要があることを伝えた。サクラさんが「警察へは行きたくない。お母さんと話がしたい」との意向であったため，相談員は早急にサクラさん宅を訪問した。母親から「サクラにはいつも食事を用意しているけれども，メニューが気に入らないのか，食卓を囲むのが嫌なのか，学校や友人に，自分は食事をさせてもらえないと嘘をつく傾向にあり，正直に言うとどうしたらいいのか困っている」と相談が寄せられた。その後，センターでは親子関係の調整を行う目的で，サクラさんには母親の苦悩を，母親には思春期の子どもの揺れ動く気持ちをそれぞれ代弁した。しばらくしてサクラさんは自分の嘘を認め，母親はサクラさんを許し，「今後は親子で話をしていく」ことを確認した。この家庭訪問の後，母親からサクラさんの養育に関する相談や，ショートステイ利用に関する相談がセンターに入るようになり，継続的にセンターでかかわっていった。

　このケースのように，センターが地域住民向けに開催した児童虐待防止セミナーに参加したことが縁で，来所相談となっていく場合もある。オレンジリボン運動を機に，地域住民の中に子どもを虐待から守ろうとする意識が少しずつ広がっている一例ともいえる。また，この事例ではサクラさんが友人を介してSOSを発信できたが，子どもの置かれた状況や年齢等によっては，保護者から不適切なかかわりがあっても，子どもが直接外部にSOSを発信することが難しい場合がある。そのため，関係機関のみならず地域でも子どもの泣き声や大人の怒鳴り声が頻繁に聞こえる場合や，児童虐待が疑わしいと思われる場合には児童相談所に通告することが重要となる。

　さらに，親子面談実施時には，親と子どもの双方の訴えに配慮しながら話しを聴き，状況によっては子どもの安全を確保するために，緊急に親子分離することで児童虐待の早期発見と予防につながっていくケースもあるとみている。

## （4）関係機関との子育てネットワーク形成

　児童福祉法の対象が，子どもだけではなく妊産婦も対象としていることから，

ここでは支援が必要な妊産婦について少し触れることとする。地域には経済的な理由で妊娠中の定期検診を受けずにいる女性や，パートナーや親からの支援が得られないままひとりで出産に悩む女性が一定数いる。各地の要対協において上記のような女性を「特定妊婦」として登録し，母子ともに支援していくことがある。こうすることで，出産までの間も，出産後の母子の様子についても関係機関が丁寧に支援していける場合が多い。ここでは特定妊婦とかかわったセンターの事例を紹介したい。

　美佳さんは，18歳の時に児童養護施設（以下，施設）を退所し就職自立をした。就職して1年が経った頃に美佳さんは妊娠し，誰にも相談できず悩んでいた。しばらくして，施設を退所する時に「何か困ったことがあれば施設やセンターに相談してね」と言われていたことを思い出し，センターを訪れた。美佳さんは，子どもを産みたいと思っているが，お腹の子どもの父親とは結婚できる状況ではないこと，貯金はほとんどなく頼れる家族もいないため不安が大きく，産むことを迷っているという相談であった。このようなケースの場合，どのような公的母子保健サービスや福祉サービスを受けることができるかについて，センターからまずは地域の母子保健窓口（以下，保健センター）に相談した。

　保健センターでは，未婚で10代女性の妊娠という点，子育てをサポートしてくれる家族もいない点から，美佳さんには妊娠中も出産後も支援が必要であり，地域の要対協が特定妊婦として取り扱い，いくつかの関係機関で支援していくのがよいのではないかと助言を受けた。

　妊娠中から出産後までの継続的な支援が受けられると聞いた美佳さんは子どもを産む決意が固まり，各関係機関から美佳さんの出産に向けた支援が開始された。保健センターでは美佳さんの産婦人科の受診や母子手帳発行手続き等の支援を行い，併せて生活保護課では申請手続きの仕方を教えてもらい，無事に生活保護受給ができることとなった。そうして家の中もベビー用品等が整いはじめ，美佳さんの出産に関する不安も少しずつ緩和されていった。数カ月後，美佳さんは無事に子どもを出産することができた。出産後も妊娠中と同様に要対協の関係機関の支援を受けながら，美佳さんの子育てが始まった。出産直後は沐浴，着替えも慣れない手つきで頑張っていたが，半年が過ぎた頃「子育て

に疲れた。子どもをどこかに数日でも預けたい」と美佳さんからセンターに相談があった。センターは美佳さんの子育てを応援していることを伝えながら，美佳さんにも少し休養が必要だと判断し，乳児院のショートステイを紹介した。その結果，美佳さんはショートステイを利用し休養することができ，翌月のネットワーク会議では保育所活用も検討され，乳児院と保育所の2つの児童福祉施設も美佳さんの支援ネットワークに加わり，このケースの支援体制がより強化されていった。美佳さんは，日々子どもを見てくれる保育所を活用できることになったことで，何かと保育所を頼りにして，具体的な子どもの養育の方法を保育士から助言してもらうようになり，安定して子育てができるようになった。

　この事例では，10代のシングルマザーを支援する関係機関のネットワーク形成や要対協との連携等，各関係機関がそれぞれの役割を果たしながら特定妊婦の子育てニーズに添った支援が広がっていった様子が理解できると思う。さらに，養育者である母親が育児に疲労困憊した時のショートステイ利用や，日々子どもを預かる保育所の保育士と母親が子どもの成長を喜びあえるような関係になる等，関係機関が母親を継続的に支える力強い存在となり得ることが見えてくる。また，本事例は美佳さんがセンターを知っていたことにより関係機関のネットワークシステム形成がスムーズにできた事例であったともいえる。

　このような，相談機関が相談者に対し積極的に手を差し伸べて支援していくアウトリーチの姿勢や考え方は相談対応にあたる支援者にとって欠かせないものとなっているが，これまで紹介したいくつかの事例から，児童相談所等の公的相談機関や，学校・保育所，地域の主任児童委員等と連携して子育て支援のネットワークを築いていく視点の他，ネットワーク形成のスキルも重要となっていくことが理解できるであろう。

## （5）児童家庭支援センターの持つ役割の広がり

### 1）指導委託

　「指導委託」は，児童相談所が児童福祉法第26条と第27条の規定により，センターや児童委員等に対象の子どもや家庭の見守りや助言を委託されるもので，

施設入所とまでは必要としないが，地域で要保護性があると判断された子ども
の他，児童養護施設等の施設を退所後間もない子ども等が対象となる。実際に
各地の児童相談所からセンターに対して複数のケースが指導委託され，セン
ターは本来の相談業務の他に，指導委託ケースの子どもや家庭にかかわること
も大きな役割となっている。そこで次に，子どもの要保護性が高いと判断され
た指導委託事例を紹介したい。

　香ちゃんは認定こども園（以下，子ども園）に通う年少の女の子であるが，あ
る日18時のお迎えの時間を過ぎても母親が迎えに来なかった。そのため，子ど
も園が母親に電話をかけ，その後家庭訪問も行ったが，いずれも連絡が取れな
かった。その後20時の段階で子ども園から児童相談所に連絡した。児童相談所
では，香ちゃんをこれから一時保護するつもりであるが，子ども園の近くに夜
間休日でも緊急時に対応できるセンターがあるため，そのセンターに香ちゃん
の緊急一時保護を要請した。センターではすぐに職員が子ども園に出向いて香
ちゃんを保護し，センターの本体施設である児童養護施設で，香ちゃんを預か
ってもらうこととした。翌朝，母親から児童相談所に連絡が入り，昨日は睡眠
のリズムが崩れ子ども園に迎えに行けなかったことがわかった。しばらく母親
の体調が回復するまで一時保護を継続し，その後香ちゃんは家庭に帰すことと
なった。しかし児童相談所では，母親の睡眠が一定しない時や，再度子ども園
に香ちゃんを迎えに行けないことがあるのではないかという心配，それ以外に
も母親に万が一のことがあった場合に，幼い香ちゃん一人でSOSを発信でき
ない可能性が高いと判断し，一定の期間このケースを見守っていく機関として
センターが望ましいと，センターに指導委託を要請した。

　これを受け，センターでは母親からの相談対応や，時にはセンターへの来所
相談を勧め，その経過を児童相談所に報告することとなった。この支援を続け
た数カ月後，親子の生活状況が安定し，母親の睡眠状況も回復したため，指導
委託は終了した。指導委託が終わった後も，香ちゃんと母親は時々センター来
て，親子で気軽に話しをすることや，ショートステイ利用を通してその後も支
援が継続していった。

　また，この事例以外にも児童養護施設等から子どもが家庭引き取りとなる場

合に児童相談所がセンターに指導委託をし，その家庭と地域（含，学校や保育所）をつなぐ役割や，家庭に戻った後の子どもの様子の定期的な確認等，状況に応じて家庭訪問や必要な指導を行い，親子が安定して地域で生活できるように支援していく指導委託もある。

### 2）その他の委託事業の例

これまで，センターが地域の身近な相談機関であることに加え，児童相談所，要対協等各関係機関との連携，児童虐待の早期発見と予防，指導委託や里親支援等について事例を通して述べてきた。ここではそうした業務以外に，一部の自治体がセンターに業務を委託している，夜間休日の児童虐待通告後の初期調査業務（以下，初期調査）のことを紹介したい。

一般的に児童虐待ではないかという場合には，疑わしいものも含め，24時間365日いつでもその地域の児童相談所に通告できるようになっている。近年全国的に「189（いちはやく）」の児童虐待共通ダイヤルが開設され，より児童虐待通告がしやすくなっているが，実際に通告を受理した児童相談所では，48時間以内に通告のあった家庭を訪問し，対象の子どもの安全確認を行う場合が多い。多くの児童相談所は平日の夜間や休日，年末年始等は閉庁しているため，一部の自治体でこの初期調査をセンターに委託している。

委託を受けたセンターは，出動ごとに必ず児童相談所の詳細な指示を受け通告先を訪問する。訪問時には子どもの傷の有無や安全確認を目視で行い，次いで保護者に連絡先を尋ね，確認できる範囲で家庭内の様子や親子関係を見ていく。そして訪問結果を児童相談所に報告する。訪問家庭が留守の場合には不在票を投函する場合もあれば，翌日再訪問する場合もある。また，訪問から子どもの緊急移送等の指示を仰ぐ場合もある。

この業務が委託されている地域では，センターが一部の初期調査に対応することで，休日等でも48時間以内に行うことができ，週明けに児童相談所が行う本調査に引き継ぐことができる。こうした各市区町村の求めに応じる委託業務は，多くのセンターが受託している訳ではないが，今後各地の子育てニーズを受け，様々な業務が委託される可能性があるとみている。

### 3）全国の児童家庭支援センターの様々な取り組み

　全国に設置されているセンターの中には，自主的に地域の子育て家庭に向けたプログラムを展開しているセンターがある。コロナ禍で感染症対策に注意を払いながらも，子育てサロンや子育て講座の開催，絵本の貸し出しや本体施設にある交流ホールの一般開放，子ども向け英語教室の開催，ペアレントトレーニングを実施している場合がある。その他，センターの里親支援機能を活かして里親サロンを開き，里親同士の交流を図る取り組みを行う場合もある。また，これまで保護者の疾病や育児疲れ等の理由で，短い間子どもを預かるサービスに児童養護施設や乳児院等で子どもを受け入れるショートステイ制度が各自治体にあるが，この子どもの預かり先を里親家庭に広げ，センターが行政等と里親間の調整を行い「里親家庭ショートステイ」の取り組みも一部の地域で始まっている。このように各地のセンターの取り組みには様々あるが，今後も各地の子育てニーズを掘り起こしながら様々な家庭とかかわり，ますます柔軟に対応するセンターの支援が増えていくと思う。

---

演習課題

1　センターが，子育て支援が必要だと判断する家庭にアウトリーチしていく目的を考えてみよう。
2　要保護児童対策地域協議会で取り扱う特定妊婦は，どのような人を支援対象としているのかを考えてみよう。

---

## 2　児　童　館

### （1）児童館の理念

#### 1）児童館とは何か

　児童館は児童福祉法第40条で「児童遊園，児童館等児童に健全な遊びを与えて，その健康を増進し，又は情操をゆたかにすることを目的とする施設とする」に規定される「児童厚生施設」で，屋内型のものをさす。

　児童福祉法制定にあたり，支援を要する児童等の保護を中心としてきた施策

から，すべての子どもの健全育成や福祉増進を基盤と考えるように方針が転換された。この考えに合致する施設種別が検討され，児童館が創設されている。

児童館の目的は条文にある通り「遊びを通した健全育成」である。児童館に関する初めての公的解説である児童厚生施設運営要領（厚生省児童局編纂〔1951年3月〕）では，「子供のためのレクリエーションの施設であつて，児童福祉法による児童福祉施設となつているものをいうのである。即ち，単なる子供の遊び場という意味ではない」（原文）とされ，職員が手段としてのレクリエーションを活用し，児童福祉法で示されている目的を達成することを期待している。

児童館は，子どもたちが自分の意思で行くことができ，自由に遊ぶことができる（これを「自由来館」という）。利用にあたっての費用はかからない。玩具や児童書，行事，定期的なクラブ活動等があり，思い思いの活動をすることが可能である。このような自由度の高い児童福祉施設は他にない。しかしながら，当時は先行事例も少なく，広がりを見せることがなかった。

その後，国庫補助制度が創設されたことや，高度経済成長期に豊かさを得た反面として，子どもの遊び場の減少や交通事故の増加などにより，安全に子どもが過ごせる場所としての児童館の価値が認知され，整備が進んだ。

現在に至るまで，体力低下や不登校，子どもの貧困，発達上の課題，児童虐待の予防等，時代のニーズに合わせて，その活動を発展させている。

2011（平成23）年に厚生労働省から目指すべき方向性を指し示すものとして「児童館ガイドライン」が発出され，各自治体・児童館で運営の参考としている。その後，関連する法改正や児童館機能への期待等から2018（平成30）年に改正されている。

### 2）児童館の持つ特性

「児童館ガイドライン」では，2016（平成28）年の児童福祉法改正及び児童の権利に関する条約の精神に則り，子どもの意見の尊重や最善の利益の優先を示している。その上で，施設の基本特性を6点に整理している。

① 子どもが自らの意思でひとりでも利用することができる。

② 子どもが遊ぶことができる。

③　子どもが安心してくつろぐことができる。

④　子ども同士にとって出会いの場になることができる。

⑤　年齢等の異なる子どもが一緒に過ごし，活動を共にすることができる。

⑥　子どもが困ったときや悩んだときに，相談したり助けてもらえたりする職員がいる。


　これらはすべて，子どもの視点からの文章となっており，子どもの主体性を尊重した施設運営を重要視していることがわかる。また，それぞれは関連を持っていることから，子どもにとって包括的な支援ができることが期待されている。さらに，施設が有している特性を次の3点に整理している。


①　拠　点　性…子どものための拠点施設であること。

②　多機能性…子どもが抱える可能性のある福祉的な課題に対応できること。

③　地　域　性…地域と連携し，子どもの健全育成環境づくりを行うこと。


　これらは，職員が機能していることで達成されるものである。

### 3）機能・役割

「児童館ガイドライン」では，児童館の機能・役割を5点で説明している。

①　遊び及び生活を通した子どもの発達の増進

　遊びは子どもの発達増進に不可欠なものである。職員は継続的なかかわりを通して適切な支援をし，子ども同士による遊びを通じた発達の増進に努めることが求められる。

②　子どもの安定した日常の生活の支援

　児童館は子どもの居場所であることが求められる。子どもの生活の連続性を鑑みると，地域に居場所を持つことは生活の支援につながると思われる。

③　可能性のある課題の発生予防・早期発見と対応

　健全育成活動は，課題の発生予防につながると考えられている。加えて，早期発見，解決への取り組みが期待される。また，他機関と連携しての課題への

対応や解決への行動が可能である。

④　子育て家庭への支援

子育てを通した交流の場や乳幼児を対象とした活動を提供し，地域における子育て家庭を支援することができる。合わせて，子育て中の保護者等に対する相談・援助を行う。その際，地域や家庭の実態等を十分に考慮し，保護者の主体的な解決への支援を意識することが肝要である。

⑤　子どもの育ちに関するネットワークの推進

子どもや子育て家庭の生活基盤は地域社会にある。児童館が地域における子ども・子育てにまつわる人・組織をつなぐネットワークの中心や結節点となることによって，子どもや保護者等が生活しやすい地域づくりを促進できる。

## （2）児童館の施設概要と活動内容

### 1）施設概要

児童館は，児童福祉施設の設備及び運営に関する基準（昭和23年厚生省令第63号）（以下，省令基準）第37〜40条によって，設備の基準，職員，遊びの指導を行うにあたって遵守すべき事項，保護者との連絡がそれぞれ定められており，これらに基づいた都道府県の条例により，設置・運営されている。詳細は「児童館の設置運営について」[3]（以下，設置運営要綱）等に定めがある。設置運営要綱では，機能や施設規模等により，その種別を示している。（表5-1）

①　小型児童館

小地域の児童を対象とし，設置運営要綱では「児童の健全育成に関する総合的な機能を有するもの」としており，児童館の類型上，基本的な設備や事業を実施している。

②　児童センター

小型児童館の機能に加えて，体力増進の機能を有しており，運動が可能な広さや器具の設置を求めている。また，中・高校生世代の利用を促進する「大型児童センター」[4]もある。利用者の特性に応じて運動，文化等の施設設備，開館時間等に配慮することも求めている。

表5-1　児童館の種別ごとの特徴（主なもの）

| | ①小型児童館 | ②児童センター（大型児童センター） | ③大型児童館 | |
|---|---|---|---|---|
| | | | A型 | B型 |
| 設置・運営 | 市町村，社会福祉法人等 | | 都道府県[(1)] | 都道府県等 |
| 設置数[(2)] | 2,509 | 1,709 | 18 | |
| 規模・設備 | 217.6㎡以上 集会室，遊戯室，図書室 他 | 336.6㎡以上 （500㎡以上） 左記に加え，運動可能スペース 他 | 2,000㎡以上 | 1,500㎡以上 宿泊施設　他 |
| 事　業 | すべての子どもたちと子どもにかかわる大人たちの地域活動の拠点・居場所としての様々な事業 | 小型児童館に加えて児童の体力増進を図り，心身ともに健全な育成を図る事業 | 県内全域を対象に，モデル事業や中高校生対象事業，指導者の養成，地域児童館育成等を図る | |
| 対　　象 | 0～18歳未満のすべての児童 | | | |
| 職　　員 | 児童の遊びを指導する者（児童厚生員）2名以上　児童センターには体力増進指導にかかわる職員　大型児童センターには年長指導にかかわる職員　大型児童館には，専門知識を有する職員 | | | |

注：(1)運営は社会福祉法人等に委託が可能。
　　(2)厚生労働省『社会福祉施設等調査』（2021（令和3）年10月1日現在）。
出所：筆者作成。

### ③　大型児童館

　都道府県域を対象としている。その規模，機能により2つの型が存在している。A型は県域の健全育成に関するシンボリックな存在として，遊びの提供・開発とともに，県内の児童館や関係団体との連携や支援を目的とする児童館である。B型は宿泊が可能であり野外活動等を主とする児童館を指す。

　児童館は2021（令和3）年現在，約4,300カ所設置されており，少子化や施設の老朽化，財政上等を理由に減少傾向にある。[(5)]また，省令基準で児童館に配置する職員を「児童の遊びを指導する者（児童厚生員）[(6)]」と規定している。任用資格であり，保育士や社会福祉士の有資格者，教員免許保有者，あるいは大学において心理学，教育学，社会学等を修めた者等が示されている。設置運営要綱ならびに「児童館ガイドライン」では，児童厚生員2名以上の配置を求めている。

**2）活動内容**

「児童館ガイドライン」では，先述した機能・役割を発揮するための活動として，8項目提示している。

① 遊びによる子どもの育成

健全育成は5つの要素をもって構成されると説明されている。[7]①身体の健康増進，②心の健康増進，③社会的適応能力を高める，④知的適応能力を高める，⑤情操を豊かにする，である。5つの要素を「遊び」により実現していくというのが，児童館の最大の特徴であり，児童福祉施設の中では他に類を見ない手法といえる。

遊びは多種多様であり，具体的には館内外を使用した自由遊び，伝承遊び，季節行事，運動遊び，自然体験，多世代交流活動，文化・表現活動，創作活動等がある。

② 子どもの居場所の提供

利用対象を限定していないため，継続的・連続的に支援し続けることが可能である。心理的・物理的に安全な状態や，子どもにとって役割がそこにあれば，自然と居場所として認識されるだろう。家庭や学校ではない，第三の居場所としての価値を理解してもらえるよう，子どもとの信頼関係の構築が欠かせない。

③ 子どもが意見を述べる場の提供

子どもの権利擁護の観点から，子どもの意見が尊重され，様々な活動場面で反映されることは重要である。また，子どもの主体性形成や自発的な活動を支援していくことは，健全育成活動を行う中で積極的に展開される必要がある。

上記②③の具体的な活動において注目されているのは，中・高校生世代の居場所づくりである。思春期の発達特性を理解し，彼らが運営に積極的に関与できるような取り組みが広がりを見せている。

④ 配慮を必要とする子どもへの対応

「児童館ガイドライン」では，障害，いじめ，児童虐待等が例示されているが，これら以外にも，日本語以外の母語を使っていることや不登校など多様な福祉的課題により配慮を必要とする子どもの来館が想定できる。

また，子どもは自身が置かれている環境を客観視することが難しいことがあ

る。特定課題を対象としない施設だからこそ，職員や他の子どもとのかかわり
の中で，抱えている課題を職員あるいは子ども自身が気づくこともできる。近
年は，ヤングケアラーの課題もこのような視点から気づくこともある。

　配慮を必要とする子どもへの対応としては，主任児童委員，学校，相談機関
等との連携を行うことが求められる。児童館は課題解決のための専門機関では
ないため，個別の家庭への介入には慎重を要する。しかしながら，子どもの日
常生活を観察し続けることができ，課題の変化（悪化も好転も）に気づくこと
ができる。

　ただし，利用が自由であることは即ち，「利用しない」ことも自由である。
子どもは環境変化に敏感なところがある。虐待等，大人との関係性の中での課
題を有している場合はなおさらである。職員の専門的な知識や技術を要する場
面も多い。

　⑤　子育て支援の実施

　**保護者の子育て支援**　　多く展開されているのは，子育てサロン等の名称
による自由に参加できる遊びと交流の場の提供である。あえてイベントや行事
等を提供することなく，親子の日常に寄り添うノンプログラム型の取り組みや，
専門職を招いての発達に関する情報提供や相談を行うこともある。

　児童虐待につながる可能性のあるような孤育て，子育ての負担感にもつなが
る多胎児や障害児の子育て家庭に出会うこともあり，そこから適切な支援につ
なげたり，サークルづくりや講座の企画をしたりもする。サークル化すること
により，多種多様な子育て課題に対して，保護者がまずワーカビリティ<sup>(8)</sup>を発揮
し問題に向き合うことや，他の保護者との対等な関係により解決することを容
易にしている。

　児童館での保護者の子育て支援は，妊娠期から中・高校生世代の子育てにお
ける悩みにも寄り添うものである。

　**乳幼児支援**　　乳幼児対象の活動も子育て支援の範疇で実施されている。
成長・発達を促す遊びの提供により，子ども自身に対しての効果は勿論のこと，
親子の良好なかかわりをも生み出している。

　具体的な取り組みとしては，職員が主導して，年齢や月齢別のグループを設

定し，手遊び，読み聞かせ，親子体操等を実施するプログラムがある。これは，密室育児からの脱却や保護者同士のつながりづくりに適している。また，そこから発展し，児童厚生員と保護者が協力しあって，あるいは保護者自身でプログラムを運営するシステムもある。これは，保護者のエンパワメントにつながっていく。

　　**地域の子育て支援**　　地域の子育てニーズの把握が期待されている。児童館が事業を企画する際の参考にしたり，子育て支援者，NPO 等の活動に対して児童館が有している資源を提供したりもできる。また，要保護児童対策地域協議会等への参画も見られる。

⑥　地域の健全育成の環境づくり

　様々な地域組織活動の育成，支援が求められている。地域住民が児童館を拠点として，生活圏内に健全育成の考え方や活動を広げることにより，地域が子どもにとって住みやすい環境になっていく。また，地域の児童遊園や公共施設<sup>(9)</sup>を利用しての移動児童館等を開催するなど，アウトリーチの取り組みを通じて，多くの住民に対して遊びや児童文化を伝える役割もある。

⑦　ボランティア等の育成と活動支援

　児童館は子どもたちの興味関心等に応じて，技能や知識を有しているボランティアをコーディネート<sup>(10)</sup>することが期待されている。また，子どもによるボランティア活動を支援することもできる。子どもの社会参加の契機となり，健全育成の観点からも有効な支援である。

⑧　放課後児童クラブ（放課後児童健全育成事業）の実施と連携

　留守家庭等の小学生を対象に，遊び及び生活の支援を行う事業である。放課後児童クラブについて優先利用が考えられる事項として，ひとり親家庭や生活保護世帯，虐待または DV のおそれがあることに該当する場合等を例示している<sup>(11)</sup>。福祉的課題への対応としても必要とされている。


## （3）児童館の1日

　児童館は，一定の運営形態があるわけではない。ここでは一例として，平均的な平日のタイムスケジュールを掲載する（表5-2）。概観し，利用者の状況

表5-2　児童館の1日（例）

| 時　間 | スケジュール | 活動の様子 |
|---|---|---|
| 9：00 | 開　　館 | 乳幼児親子への自由開放を行い，遊びの場を提供する。 |
| 10：30 | 子育てサロン，幼児クラブ等の子育て支援活動 | 気軽な交流ができる子育てサロンや，登録制の幼児クラブ活動などがある。 |
| 12：00 | ランチタイム | 親子が昼食を持参し，交流しながら食べる姿もある。 |
| | 職員ミーティング | |
| 放課後 | 小学生が来館。放課後児童クラブを実施している施設もある。 | 児童館の諸室や設備，館庭などを使って，集団遊び，自由遊び，登録制のクラブ活動，季節行事等を実施。イベントでは地域の各種団体やボランティアと連携することもある。<br>なお，自由来館児童と放課後児童クラブ登録児童は基本的には自由に交流が可能であるが，放課後児童クラブ独自の取り組みもある。 |
| 17：00〜18：00 | 小学生退館 | 放課後児童クラブ登録児童は保護者による迎えもある。 |
| 18：00 | 中高生タイム | プログラム（スポーツ，音楽，ダンス等）や学習の場等として利用することができるが，特定の目的を持たずに来館する子どもも多い。 |
| 19：00 | 中学生退館 | |
| 20：00 | 高校生世代が退館<br>閉　　館 | |

出所：筆者作成。

を理解してほしい。

　このように1日を通じて，0〜18歳未満の児童が出入りしながら，利用していくという形態が一般的な児童館の姿である。空間を共有することから，世代を超えて交流する機会も自然と多く出てくる。

### （4）児童館で対応する相談内容

#### 1）不登校の子どもに関する相談事例

　はやとさん（13歳）は低学年から毎日のように児童館に来館し，様々な活動に参加していた。高学年になると塾や習い事が忙しくなり，足が遠のいていた。

　ある朝，児童館の玄関先に中学生になった彼の姿を見つけた。児童厚生員が声を掛けると，「マンガ読んでいい？」と聞くので招き入れた。横に腰掛けて，

「久しぶりだね」と声を掛けると，マンガを読みながら少しずつ最近のことを話しはじめた。友達とのトラブルを契機に学校に行きづらくなり，休み始めて1カ月以上経ってしまった。そこで，ふと児童館を思い出し，やって来たとのこと。

　話すうちに，学校に戻りたいという意思があるように感じ，「児童館に来てもいいけど，学校に連絡してもいいか」と尋ね，承諾を得た上で，児童館運営協議会に出席している学校長に連絡をとった。登校のきっかけを探しているのではないかという点で意見が一致し，児童館で経過観察していくこととした。来館した日は逐次報告し，担任も時折顔を出し，少しずつだが登校への意欲が高まっているようである。

　不登校児の居場所として機能することもあり，その子の意思を尊重した支援を展開できる施設である。

### 2）養育不安を抱える保護者の相談事例

　引っ越してきたばかりのみきさん（29歳）は，1歳児の双子を育てている。双子の育児は想像以上に困難がある上に，夫が忙しい部署に異動になり，いわゆる「ワンオペ育児」の状態になっていた。児童館が実施する未就学児親子向けの子育てサロンにやって来ては，壁に背をつけて座り込み，ぼんやりしている様子が見られた。児童厚生員は育児へのねぎらいの声を掛けつつ，子どもの遊ぶ様子を見ていた。母子共にあまり清潔感がなく，意欲的に動かない様子が気になり，「明日の幼児クラブに来てみない？」と声を掛けた。「クラブは登録制だから…」と躊躇しているので，「お試しということでどうぞ」と強く誘った。

　翌日の幼児クラブは市の保健師が予防接種について解説に来る予定だった。気になる親子がいることを事前に連絡しておき，来館したみきさんと引き合わせた。1歳半健診の前だったため，保健師も把握できていなかったようで，感謝された。

　みきさんは家事が手につかなくなることがあり，育児が心の負担になってしまっていた。多胎育児の難しさを改めて感じた児童館では，同じような境遇の保護者の交流の場を企画しようと動き出した。

課題を発見する機会が多くあり，どのような支援を展開するべきなのかを速やかに検討し，適切につなげられる施設である。

### （5）福祉的課題に対応する児童館の課題と展望

児童館は子どもと子育て家庭が抱える可能性のある福祉的課題の早期発見やその対応，発生予防の機能を有している。

児童館がこの機能を発揮する際に，着目されるべき点は，18歳未満のすべての子どもが本人の意思で利用できることと，利用に際して理由を問われることがないことである。即ち，来館に対する心理的敷居の低さがあり，課題を抱えた場合もアクセスしやすいという状態である。

特に，子どもは置かれている環境を客観的に比較することや，自分の抱えている困難を適切に伝えることが難しい場合がある。また，相談すること自体の必要性を理解できない可能性があり，児童厚生員が遊び等を通じてかかわることにより，その課題に気づくことから支援が始まる可能性も高い。遊びは他者との心理的・物理的距離を縮め，抑圧されたものを解放することを容易にすることも考えられる。そのため，子どもたちの中には学校や家では見られない（見せない）行動を児童館で見せる場合もある。その様子をキャッチできる場としての児童館の役割は大きい。

心理的敷居の低さは，大人に対しても有効である。一般的に，保護者からは「相談機関」という看板が掲げられたところには足を運びにくいという意見がある。それは何かレッテルを貼られているように感じるからだろうか。しかし，児童館は子どもを遊ばせるところであるから行きやすいと考える人もいる。保護者自身が課題の軽重にかかわらず，身近なところで「話を聞いてほしい」というニーズを持っているとするならば，児童館の持つ早期発見機能は活用できると考えられる。また，主任児童委員等の福祉関係者，子育てへの関心を寄せる地域住民，学校関係者が児童館を訪れることには違和感がなく，児童館に出入りすることで情報共有が可能になる。

繰り返しになるが，児童館は子どもや子育て家庭の抱える福祉的課題解決のための専門機関ではない。自明のことであるが，課題解決は個人や一機関が行

うものではなく，対象者の背景に応じて，機関や専門職が連携して行われるものである。児童館は，地域における相談支援体制において，どの部分を担っているのかを明確にしていく必要性があるが，その位置づけが不明瞭な自治体があることが課題といえよう。また，すべての子どもに開かれている施設であり，ポピュレーションアプローチが可能であるが，現在の施設数やマンパワーでは不足していると思われる。

　大竹ら（2018）の研究(12)では，人的，物的・金銭的，体制・制度的な課題について指摘し，児童館における福祉的課題への対応に関しての提言をまとめている。資源には限りがあるが，多職種連携による支援や地域住民による活動の巻き込みをしながら，児童館がその特性である「多機能性」をどのように実現していけるかは創意工夫が期待される。また，児童福祉法改正により(13)「地域子育て相談機関」や「児童育成支援拠点事業」が創設されることとなった。これらは児童館での実施も期待されている。

　子どもの主体性を尊重しながら，福祉的課題への対応に機能する児童館であるためには，より総合的な展開が期待される。

---

#### 演習課題

1　はやとさんの不登校への対応ができたのは，児童館の特性とも関係している。どのような特性からだろうか。
2　支援を必要とする保護者や子どもを早期に発見することは児童館の役割の一つであるが，どのようなことに留意するとよいのだろうか。

---

**注**

(1)　新規里親開拓や，里親向けの研修開催，子どもと里親のマッチング，里親委託解除後の支援等を行う業務。

(2)　平成30年10月1日子発1001第1号厚生労働省子ども家庭局長通知。

(3)　平成2年8月7日厚生省発児第123号厚生事務次官通知（最終改正：平成24年5月15日）。

(4)　設置運営要綱上は，「年長児童」と表している。

(5)　大竹智「児童館の運営及び活動内容等の状況に関する調査研究」（厚生労働省令

和4年度子ども・子育て支援推進調査研究事業報告書）児童健全育成推進財団，2022年。

(6) 地方分権推進委員会第二次勧告により，1998（平成10）年に名称が変更されているが，通称として児童厚生員を使用している。

(7) 児童健全育成推進財団『健全育成論』（児童館・放課後児童クラブテキストシリーズ①）児童健全育成推進財団，2014年。

(8) ケースワークにおいて，クライアントが自ら問題解決に取り組んでいこうとする意欲。

(9) 児童遊園や近隣の公園等は外から見えるため，子どもの興味を引き出し，外出を促すことや外遊び推進を目的にして取り組んでいる。

(10) 活動を調整するだけではなく，ボランティアの発掘や研修なども含まれる。

(11) 「放課後児童健全育成事業の事務手続きに関する留意事項について」（平成28年9月20日雇児総発0920第2号厚生労働省雇用均等・児童家庭局総務課長通知）。

(12) 大竹智「児童館を中心とした社会的ニーズへの対応及び必要なネットワーク構築に関する調査研究」（平成29年度子ども・子育て支援推進調査研究事業）児童健全育成推進財団，2018年。

(13) 「児童福祉法等の一部を改正する法律」（令和4年法律第66号）。

**参考文献**
**・第1節**
新たな社会的養育の在り方に関する検討会「新しい社会的養育ビジョン」2017年8月2日。
「困難を抱えた家族への里親による地域養育支援の仕組みづくり」（特定非営利法人SOS子ども村JAPAN　2019年度独立行政法人福祉医療機構社会福祉振興助成事業〔モデル事業〕事業報告集）2020年3月。
「フォスタリング機関（里親養育包括支援機関）及びその業務に関するガイドライン」（厚生労働省子ども家庭局長子発0706第2号平成30年7月6日）。
**・第2節**
児童館研究委員会・児童健全育成推進財団編『子どもは歴史の希望——児童館理解の基礎理論』フレーベル館，2022年。
児童健全育成推進財団編『児童館——理論と実践』児童健全育成推進財団，2007年。
八重樫牧子『児童館の子育ち・子育て支援——児童館施策の動向と実践評価』相川書房，2012年。

<table>
<tr><td>第6章</td><td>社会的養護に求められる専門職</td></tr>
</table>

## 1　個別支援計画・記録・自己評価

### （1）支援のプロセス

　社会的養護における支援者は，ケースワークの体系化された一連の手順と方法に従い，利用者の問題解決に向けて支援者と利用者の信頼関係（ラポール）の形成と共同作業の下，その過程が展開される。そのプロセスとは，①インテーク（初回面接・受理）といわれ援助が開始される段階をいい，②アセスメント（事前評価・課題分析），③プランニング（支援計画の立案），④インターベンション（介入），⑤エバリュエーション（評価），⑥終結の過程で展開され，支援のフィードバックを行いながら展開される。

　インテークは支援が開始される段階をいい，アセスメントは，利用者の抱える問題の原因がどこにあるのかを明らかにするため本人や家族から情報収集を行い，支援計画の立案のために分析を行うことである。プランニングは，支援計画の立案であり，課題解決に向け支援目標を設定することである。インターベンションは，社会資源などを活用して利用者が課題解決できるよう側面からサポートすることである。エバリュエーションは，実施された支援が課題解決につながっているかどうかを評価することである。評価する中でさらに支援が必要であれば再アセスメントを行い，支援の再構築を図る。課題が解決できれば終結となる。ただし，新たな課題が起これば再度相談が開始されることもある。

### （2）支援計画の立案

#### 1）アセスメント

　支援計画の立案にあたって参考とするものにはフェイスシートやアセスメン

トシート，日々を記録した日誌やケース記録，児童相談所が作成している児童票や援助方針などが挙げられる。社会的養護においてアセスメントを行う目的・意義は，育成歴，家族状況，行動や言動の観察，医学的所見，心理学的所見などの情報から総合的に把握することで，利用者についての本質的課題を多角的に捉え支援を行うことである。

　また，本人や保護者から意向を聴いてアセスメントを行う時，支援者の支援の内容との課題に対するズレが生じる場合があるため，本人や保護者と支援者は互いの真意を伝え合いながら一致点を探すことが必要になる。支援者は本人や保護者の真の意向を注意深く探り，すり合わせることが大切である。

### 2）個別支援計画

　社会的養護における個別支援計画として児童自立支援計画書がある。1997（平成9）年の児童福祉法改正によって，要保護児童への支援に「自立支援」が加えられ，翌年には厚生労働省通知「児童養護施設等における入所者の自立支援計画について」が出され，2004（平成16）年には，より高度な専門性を必要とするケースを担当する児童福祉施設や児童相談所に対して，支援計画の作成が義務化された。これは子どもの最善の利益を求めることを念頭に支援者が子どもや家族の意向を尊重しつつ，児童相談所や関係機関（学校，地域，児童委員など）の意見を踏まえて具体的な支援計画を立て，それを実行し，一定期間を経過した後に効果測定を行いながら子どものニーズに沿った支援上の根拠（エビデンス）といった観点からのものである。ここでの支援者とは，保育士や児童指導員の他，心理療法担当職員，家庭支援専門相談員（ファミリーソーシャルワーカー，以下，FSW）などである。ケアにあたるすべての職員が一人ひとりの子どもに対する支援目的や方法を共有するために，この児童自立支援計画書は欠かせないものである。児童自立支援計画書は，子どもの最善の利益に向けたケアの継続性，一貫性，妥当性の確保を助けるものとなっている。

　児童福祉施設の設備及び運営に関する基準で，乳児院，母子生活支援施設，児童養護施設，児童心理治療施設（旧・情緒障害児短期治療施設），児童自立支援施設等の社会的養護において，自立支援計画を策定することが義務づけられている。

　児童自立支援計画書は，児童が施設入所後の変化を踏まえながら，児童相談所からの「児童票」や「支援指針」などを基に児童相談所との連携のもとに作成されるものである。

　自立支援計画を作成するにあたっては，担当職員だけでなく，すべての職員が参加する支援会議の場で，支援目標，支援方法についてできるだけ具体的に検討することが大切である。その際に子どもの権利条約の子どもの最善の利益，子どもの意見表明権を尊重し，子ども自身の意向や意見，保護者の意向や意見を聴き取り，明確にしてできる限り尊重することが重要である。また，児童相談所，学校や保育所，主任児童委員など，子どもにかかわりのあった機関の意見なども参考にする。

　自立支援計画の策定にあたっては，子どもや保護者にもそのことを伝え，計画策定にも参画できるよう配慮し，策定後は，その計画をわかりやすく伝え，共同して計画を推進していくという姿勢が重要である。

　自立支援計画は，①子どもに対する支援計画，②親子関係の維持，改善，家庭復帰に向けた家庭支援計画，③将来的に受け入れることになる保育所や学校などとの関係調整などの地域支援計画とに分けられる。

### 3）事例でみる児童自立支援計画書の作定

### ①　事例概要

　優佳さん（高校3年生）の母親は本人を出産後，精神疾患の発症があった。子どもには過干渉で，あまり外出をさせなかった。また，言うことを聞かないと叩くこともあり，ひもで縛るなど身体的虐待もあった。本人が中学校の担任教師に相談して児童相談所とつながり一時保護された。母親は優佳さんを返せと何度も訴え，施設や里親に預けることに同意しなかったため，家庭裁判所が児童相談所の申し立てを承認し児童養護施設の入所となった。これは児童福祉法第28条が適用されたケースである。両親は関係が悪く本人が1歳の時に別居し，6年後に協議離婚し母親が優佳さんを引き取っている。

　児童養護施設入所後は，実母からの虐待や過干渉などの影響か，社会生活上の経験不足があり，対人関係にぎこちなさがあった。本人には，自分も母親のようになるのではないかという心配があり，精神的な面でなんらかのケアが必

要と思われた。クリニックでの受診を行ったが，本人に拒否感があるため中断した。中学校を卒業し公立高校に入学した。運動部に入り部活動にも熱心に参加していた。高校３年生になり，自立に向け貯金をするため週末にはコンビニエンスストアでアルバイトをしている。学校の求人で見つけた医療関係会社に事務員として就職が決まったが，精神的な不安を抱えているため児童相談所との協議の上で，しばらくは児童福祉司に継続してかかわってもらうことにした。支援計画の作成にあたってはFSWが担当保育士とともに作成している。

　②　児童自立支援計画書の策定

　高校卒業後もアパートでの一人暮らしを前提として継続して児童養護施設がかかわった。退所の前に行うこととして，本人の意向を確認した上での退所に向けた支援計画の策定をした。計画策定にあたっては，児童相談所をはじめ関係諸機関と事前に協議し，協力体制を整え，活用可能な社会資源や制度と対象者を結びつけることを趣旨とした。具体的には，①敷地内の自立訓練棟において３カ月間自立訓練（時間の管理。金銭管理・掃除洗濯。調理など）を開始した。②社会人になるためのスキルや心構えを習得するため当事者団体のNPO法人が主催するワークショップへ参加することとした。③担当職員は，ハローワーク，アパートの契約，銀行口座の開設，住民票の異動手続きなど，諸手続きに付き添うこととした。④母親が現れた時の対応に備え，児童相談所が仲介となって弁護士を紹介してもらっている。⑤高校３年時には自治体の助成を申請し，年明けには放課後や春休みを利用し教習所に通い運転免許を取得することとした。生活に必要な家電などは就職支度金を活用することとした。

　支援計画おける目標の視点は，①本人等の意向，②援助方法・期間，③活用資源・経費，④他機関との連携，⑤課題及び問題点（見直しと評価）である。

　また，退所後の具体的な支援の内容は，本人の意向聴取の上，①ソーシャルスキルの獲得で，町内のごみ出し，公共料金や家賃の支払い，クレジットカードの使い方などその都度職員が教える。②金銭管理は，予算立てを本人が行い，職員がアドバイスする。③電話，来所時など相談相手となる。④家族調整（祖父との連絡）については児童相談所を介して会う。⑤かかわりの評価を施設長，担当職員，FSW，心理療法担当職員等関係者で全般的に評価し，見直しを行

う。今後は，児童自立支援計画書とは別に退所後自立支援計画書を作り，短期（概ね1年以内）・中期（概ね2～3年）・長期（概ね4～5年）的視点での支援計画を立て，策定を行うことになる。

### （3）記録・自己評価

#### 1）記録の種類と意義

社会的養護の現場では様々な記録が存在する。児童相談所から引き継がれる「児童票」や「援助指針」，施設で個別に作成される「児童自立支援計画書」「健康記録」「援助記録」，学校からの「連絡ノート」などのほか，施設の業務や会議について書かれる「日誌」「職員会議録」「ケース検討会議録」などがある。また子どもの健康・保健に関する記録や学校等にかかわる記録もある。さらに，「書く記録」だけではなく写真，CD・DVD等の映像記録や音声記録もある。その他として「苦情対応報告書」「事故報告書」などもある。社会的養護は，多数の職種や機関・施設がかかわり，協働して行われることから，継続性や一貫性をどのように確保するかが課題となる。このためにも客観的な記録によって状況や情報を確認・共有し，援助を引き継いでいくことが重要となる。近年，効率化を図るために，内容が重複しないよう記録の種類や書式を精査し，合理的に作成できる方法としてコンピュータ等を利用したシステムを導入する施設が増えている。なお，このような記録の管理については，個人情報保護と情報開示の観点から職員に対し確認や研修を行い，守秘義務の遵守を周知徹底されなければならない。

記録の意義は，1つには，子どもの発達と生活の連続性の確保という観点から重要である。社会的養護の場では多様な職種が協働しており，交代勤務であることからも，支援者間の情報共有と相互理解が求められる。施設には専門職として，保育士，児童指導員，心理療法担当職員，個別対応職員，看護師，FSW，調理師，栄養士など多様な専門職が支援を行っている。また，施設内にだけではなく，児童相談所や学校等の専門機関・地域関係施設間の連携や，子どもの養護の場が変わることも視野に入れなければならない。社会的養護が多職種による協働によって行われることを考えると，子どもや保護者の最善の

利益のため客観的で具体的事実を記した記録は不可欠である。これによって支援の一貫性・継続性を確保し支援していかなければならない。

　2つ目は，評価・質の向上のため，あるいは支援がひとりよがりにならないよう科学的根拠に基づく実践（Evidence-Based Practice）を行うためにも，記録は必要である。記録を書くことで，支援者自身が自らの実践を振り返り，考察を深めることができる。支援の継続性や一貫性を確保し，職員間の格差が生じないようにするためには，職員間で基本的な養護の方法や内容についてあらかじめ確認した上で，これに基づいて支援経過を記録し，定期的に検証し見直しを行う。その際に個々の子どもの状況の変化や支援の経緯が客観的に把握できる記録が必要となる。ケースカンファレンスやスーパービジョンを行う際にも，記録は重要なデータとなる。

　さらには，これを発展させて実践記録や現任訓練のため，また，事例研究にまとめることで，支援内容についての研究を行い，一つの施設にとどまらずに社会的養護全体の質を高めることにもつながる。このような記録は，社会に向けて社会的養護に関する理解や問題提起・改善を呼びかける際の基礎資料にもなる。

### 2）自己評価の内容

　社会的養護が児童福祉における「福祉サービス」であることは明らかであり，サービスの供給者（支援者）とサービスの受給者（利用者）の関係が成り立つ。支援者には「質」の保障のため様々な評価が求められる。1つは支援者自身による自己評価がある。子どもたちへの日々の生活支援の中では，雑多な業務に追われ自身の専門性を見失うこともあり，「自分たちの支援は，子どもの最善の利益につながっているのか」と振り返る必要がある。記録を繰り返し読むことで，「自分」「自分の支援」「組織運営全般の実態」を客観的にかつ具体的に振り返り，評価することができる。子どもに日々のかかわりの中で問いかけてみることはもちろんではあるが，アンケート調査を実施することもあるだろうし集会を設けて問いかけることもできる。

　利用者からの評価として「苦情解決制度」の利用もある。これは，社会福祉法第82条に定められた制度であり，福祉サービス利用者の苦情や要望を受け付

けて解決をする仕組みであり，施設養護では日々の生活の中で職員と子どもの
関係形成を日頃から行い，子どもから直接申し出ることができ，子どもが意見
や希望を言う機会を保障するものである。

　また，定期的に意図して職場の同僚やスーパーバイザーなどによる内部評価
を行うこともできる。

　外部機関による評価では，第三者評価がある。児童福祉施設の設備及び運営
に関する基準に社会的養護関係施設関係で，乳児院，児童養護施設，児童自立
支援施設，児童心理治療施設，母子生活支援施設に義務づけられている。社会
的養護関係施設は3カ年度に1回以上第三者評価を受審し，その結果を公表し
なければならないとしている。

---

　演習課題

　1　児童自立支援計画書は，様々な関係者の意見を聞きながら作成される。どのよ
　　うな人がかかわり，どのような内容が作成されるかをまとめてみよう。
　2　施設が記録をつける必要性・意義を考えてみよう。

---

## 2　子どもの生活とかかわるための専門技術——保育の専門性を踏まえて

　社会的養護で子どもと共に生活する支援者（保育士，児童指導員）の仕事は長
年社会的に高く評価されず，子どもが好きであれば誰もが容易にできるとの誤
解があった。しかし，虐待などによる心的トラウマや発達障害などを抱えてい
る子どもの増加，家庭的養育（小規模グループケア）の推進による支援者と子ど
ものかかわりの密接化などにより支援者に専門的知識や技術を持って子どもと
かかわることがより必要となっている。ここでは，幅広い年齢の子どもや様々
な事情や課題を抱えている子どもと共に生活する支援者に求められる専門的知
識や技術を考える。

### （1）子どもの基本的ニーズの視点

　支援者は，子どもの基本的ニーズの視点をもって子どもの養育にあたること

が求められる。子どもの「基本的ニーズ」とは，子どもが健康に成長・発達するために満たすことが必要な「人間の欲求」のことであり，このニーズは子どもの年齢と関係なく普遍的なものである。この基本的ニーズを充分に理解し，そのニーズを充足する生活環境，情緒的なかかわり，日常的体験を提供することが支援者の基本的な役割である。

　この基本的ニーズを具体的に示している枠組みとして，長年参考にされてきたのは A.H. マズロー[1]の欲求階層論であり，この理論では人間は5つの基本的欲求があることが提示されている（図6-1参照）。人間の最も基本的な欲求は「生理的欲求」であり，生命を維持するために満たさなければならない欲求（食事，排泄，睡眠など）のことを指す。次に「安全と安定の欲求」があり，安全で予測可能な秩序のある生活環境を求める欲求のことである。欲求階層論では，この「生理的欲求」と「安全・安定の欲求」を「基礎欲求」と位置づけており，これを満たす生活環境は子どもの健全な成長のための土台となる。

　次に位置づけているのは「愛と所属の欲求」であり，人間の愛され，愛する欲求や家族または集団に所属する欲求のことを指す。子どもが大人に愛される経験を通して愛着関係を形成し，自分はかけがえのない存在であることを実感することは愛のニーズに該当する。また，子どもが家族，施設の生活集団や友達仲間において大切な一員であることを体験することは，所属のニーズを満たす。4つ目の欲求は「承認と自尊の欲求」であり，他者から認められることや自信を持つ欲求のことを意味する。子どもは，生活環境をはじめ，学校，部活等の活動を通して大人や友達に認められ，自尊心や自己肯定感が育まれることを通してこの欲求が満たされる。特に，学童期や思春期において成功体験を積み重ね，これが自己肯定感につながることが大切である。

　最後に，この欲求階層の頂点には「自己実現の欲求」がある。これは他の欲求が一定程度満たされると現れる欲求であり，自ら成長する，能力を発揮する欲求のことである。具体的には，自分をよくする，新しいことに挑戦する，将来に向き合って取り組む気持ちのことを意味する。この「自己実現の欲求」は他の下位ニーズと違って，生活環境や他者が与えるもの（欠乏欲求）ではなく，子ども自身の中で目覚めるニーズであり，自ら行動して満たすものである。こ

図6-1　マズローの欲求階層論

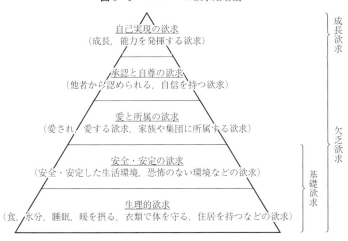

（成長，能力を発揮する欲求）
自己実現の欲求
承認と自尊の欲求
（他者から認められる，自信を持つ欲求）
愛と所属の欲求
（愛され，愛する欲求，家族や集団に所属する欲求）
安全・安定の欲求
（安全・安定した生活環境，恐怖のない環境などの欲求）
生理的欲求
（食，水分，睡眠，暖を摂る，衣類で体を守る，住居を持つなどの欲求）

成長欲求
欠乏欲求
基礎欲求

出所：岩元英隆「マズローの欲求5段階説ご存知ですか。」2022年9月（https://h-iwamoto.at.webry.info/201205/article_53.html）。

の欲求階層論では，各ニーズの順番も大切であり，下位に位置する欲求は上位欲求よりも基本的であり，先に満たされることが必要である。

　このように社会的養護の支援者が子どもの生活とかかわるという事は，単純に子どもと一緒に生活をすることではなく，子どもの基本的なニーズを意識して生活環境を整え，かかわりを持ち，様々な体験を提供することである。施設のグループケア（集団養護）において，同じ生活環境（同じ支援者，生活日課など）であっても，個々の子どもによりニーズの充足度は異なる。従って，支援者は個々の子どものニーズを把握し，必要に応じて個別的な支援を展開することが重要である。集団生活において，異なる年齢や特徴（虐待経験や発達障害など）のある子どものニーズを満たすことは容易なことではないが，社会的養護の支援者に求められる。

## （2）子どもとの関係形成

　子どもの健康な成長や回復のためには信頼できる支援者とのアタッチメント（愛着関係）は重要である。信頼できる支援者とのアタッチメントは子どもに安心感や感情を調整する能力，社会性を育む。しかし，施設などで生活している

子どもの多くは，安定した大人とのアタッチメントを経験しておらず，支援者との関係をためらい，歪んだ人間関係を無意識的に再現することもある。したがって，支援者が子どもとのかかわりの中で健全なアタッチメントを築いていくことは重要な役割である。

　社会的養護の支援者が子どもとアタッチメントを形成するにあたって，支援者自身の子どもへの態度や行動は大きく影響する。子どもとのアタッチメント形成を促進する態度や行動として次の4点が指摘されている。

### 1）子どもへの開かれた姿勢

　支援者は，いつも子どものニーズに対応できる態度や姿勢を持つことを意味する。これは，単純に支援者が物理的に子どもと同じ空間に居ることではなく，必要に応じて子どもの悩みや困りごとを随時支援する柔軟性や行動力のことである。実践では，支援者が精神的に余裕はなく，または会議，事務作業，勤務時間などにより，子どもの差し迫ったニーズが見逃され，後回しにされることが少なくない。支援者は子どもを優先する強い思いやニーズを選別する能力，同僚・施設からの協力が必要となる。

### 2）子どものニーズに敏感

　支援者が，子どもの日常的な感情の起伏を敏感に読み取り対応することは，子どもとのアタッチメント形成を促進する。特に子どもが経験しているストレス（怒り，不満，寂しさなど）に対して支援者が気づき，話を聴いてその感情を見極め，共感するというアクティブ・リスニング[3]により，子どもの情緒的安定を取り戻す手助けをすることは重要である。したがって，支援者が個々の子どものストレスの訴え方（言動）を理解し，敏感に気づき，J. B. ボウルヴィが提案した「不安・緩和サイクル」[4]（図6-2参照）を繰り返すことにより，信頼，安心感，アタッチメントが育まれる。支援者が子どもの喜びや達成感などの感情にも敏感に気づき，子どもとその喜びなどを共に分かち合うこともアタッチメントを促す。

### 3）子どもの受容

　支援者は，子どもをかけがえのない人間として受け入れることもアタッチメント形成に重要である。子どもとの生活の中で子どもは試し行動や攻撃的な行

動をして支援者を困らせることが
度々あるが，これは子どもの過去
の不適切な人間関係から生じる防
衛機制である。これらの子どもの
行動を，支援者とかかわろうとす
る必死な言動として捉え，子ども
自身を受容し続けることが必要で
ある。支援者は，時に子どもの不
適切な行動を見過ごし，子どもに

**図6-2　不安・緩和サイクル（Arousal-Relaxation Cycle）**

子どものニーズ

緩和感　　信頼　　不快感
　　　　安心感　　不安
　アタッチメント

養育者によるニーズの充足

出所：Holden, M. J., *Child and Residential Experiences: Creating Conditions for Change*, 2009.

無条件の愛情を伝え，子どもが再び適切なかかわり合いを試みることを助長することが大切である。

### 4）子どもへの投資

　子どもとの関係において支援者が精神的に投資すること（自らのかかわりに対して子どもが応えてくれる強い期待）を意味する。支援者が子どもに誇りを持ち，子どもの能力を信頼し，子どもの将来に期待を持つと，子どもはより自分に自信を持てるようになる。これは，軽々と子どもに期待をすることではなく，子どもの成長や将来への粘り強い，長期的な姿勢のことである。子どもは支援者の期待にそぐわない行動をとることも度々あるが，その場合，支援者は子どもを受容し，振り返りを行い，子どもがエピソードから学ぶことを期待する。支援者が子どもに精神的に投資し，自分自身の根気強いかかわりと子どもの努力が実を結ぶことに期待を持つことも子どもとのアタッチメントを促す。

　支援者の考えや行動は子どもとの関係形成に大きく影響する。上記に挙げている要素は，単純に支援者の性格や価値観によって生じるものではなく，自己覚知や努力を通して高めるものである。

　社会的養護の支援者の業務は，生活の中で子どもの回復や成長を支援することであり，そのためには様々な分野の知識や技術が求められている。この第2節では，特に現代の社会的養護における支援者に求められている知識や技術として「子どもの基本的ニーズの視点」「子どもとの関係形成」を取り上げ，そ

の具体的な内容にも触れた（紙幅の都合により，「子どもの暴力的な行動への対応」を割愛したが，これも重要で求められている専門技術である）。これらの専門知識や技術は即座に身に付けられるものではなく，自己覚知や研修，スーパービジョンを積み重ねることにより高められるものである。

---

── 演習課題 ──

1　友樹くん（5歳）は児童養護施設に入所して間もない。一時保護される前，うつ病の母親と二人暮らしをしており，食事を欠くことが多く，長時間家で放置されることも度々あった。これらのことからマズローの欲求階層論を参考に，特に優先的に満たす必要があるニーズについて考えてみよう。
2　児童養護施設で生活している美咲ちゃん（12歳）は自尊心が低く，「自分は馬鹿だ」「自分は何もできない」など，自分を否定する発言が多い。マズローの欲求階層論を参考に，美咲ちゃんの満たされていないニーズとは何か，またその支援方法について考えてみよう。

---

注

(1)　マズロー（Maslow, A.H., 1908～70）は，アメリカの著名な心理学者であり，1943年の論文"A Theory of Human Motivation"で欲求階層論を発表した。人間の肯定的な側面を強調する人間性心理学の立役者であった。

(2)　子どものニーズを把握し，個別的な支援を展開することは，個別支援計画の流れ（アセスメント⇒計画⇒実践）と一致するものである。子どものニーズ把握は個別支援計画においても大切である。

(3)　アクティブ・リスニングとは，カウンセリングの技法の一つであり，支援者はボディーランゲージを活用し，相手の話を丁寧に聴く技法である。支援者は，その内容を要約し，正しく理解していることを確認する。相手が「聴いてくれた」「理解してくれた」と感じることが目的である。

(4)　ボウルヴィ（Bowlby, J., 1907～90）は，イギリスの著名な発達心理学者であり，本人の画期的研究がアタッチメント理論を生み出した。アタッチメント理論では，子どもの幼少期の愛着関係がその後の発達や精神機能に深く影響することを強調している。

**参考文献**

**・第1節**

大嶋恭二・林浩康編著『社会的養護』全国社会福祉協議会，2011年。

小川恭子・坂本健編著『実践に活かす社会的養護Ⅰ』ミネルヴァ書房，2020年。

社会福祉士養成講座編集委員会編『相談援助の理論と方法Ⅰ　第2版』（新・社会福祉士養成講座⑦）中央法規出版，2011年。

東京都社会福祉協議会児童部会リービングケア委員会編「Leaving Care──児童養護施設職員のための自立支援ハンドブック」東京都社会福祉協議会，2009年。

中山正雄編著『実践から学ぶ社会的養護の内容』保育出版社，2019年。

**・第2節**

鈴木崇之「児童虐待時代の社会的養護」『マズローの欲求階層理論から理解する「養育」の本質』学文社，2015年，4-7頁。

吉村美由紀「児童養護施設における施設内暴力に関する研究──子どもから職員への暴力の背景と対応過程に視点をおいて」『名古屋芸術大学研究紀要』35，2014年，383-398頁。

Crisis Prevention Institute, *Nonviolent Crisis Intervention: key pointrefresher leader's guide*, 2011.

Holden, M. J., *Child and Residential Experiences: Creating Conditions forChange* (Residential Child Care Project, Cornell University), ChildWelfare League of America, 2009.

Maslow, A. H. "A Theory of Human Motivation" in *Psychology Classics: A Theory of Human Motivation* (www.all-about-psychology.com), 2011.

Stein, J. A. "Therapeutic Crisis Intervention" in *Residential Treatment of Adolescents & Children: Issues, Principles, and Techniques*, Nelson Hall Publishers, 1995.

<table>
<tr><td>第7章</td><td>社会的養護に求められる相談援助の<br>知識・技術</td></tr>
</table>

## 1 個別援助技術

### （1）個別援助技術（ケースワーク）

　ケースワークとは，生活上の課題を抱える個人に対して展開される個別援助のことをいう。

　例えば，児童養護施設における保育士の役割を考えてみよう。子どもたちの家庭に代わる生活の場として児童養護施設がある。生活の場としての機能とは，衣食住を基本とした日常生活の保障である。つまり，この保障を実践することが児童養護施設の基本的な役割である。さらに，日常生活の保障を確固たるものにするには何が必要かを考えてみる。まず，子どもへのかかわりのためには望ましい養育関係を形成しなければならない。子どもたちは，それまでの生活環境との分離を体験し，多くの不安を抱えながら入所してくる。その不安を受けとめ，新しい環境に安心感を持ち，生活への意欲が持てるように配慮することが大切である。そのためにも，子どもが施設入所に至る背景や家族関係を理解し，共感性を持って接することが重要である。その共感性をベースとした子どもとの信頼の絆をもとに，家族や子どもの抱えている課題への接近がなされるといえる。実は，これは情報収集・アセスメント・プランニング・インターベンションといったケースワークの援助プロセスである。つまり，児童養護施設では子どもや家族が抱える個別的・社会的課題に対して，ケースワークの技法を取り入れながら，児童養護施設の社会的役割である養育の営みを通しての実践が展開されている。

　社会福祉の専門職による実践をソーシャルワークと呼ぶ。国際ソーシャルワーカー連盟（IFSW）では，ソーシャルワーク専門職者のグローバル定義を

「ソーシャルワークは，社会変革と社会開発，社会的結束，および人々のエンパワメント[(1)]と解放を促進する，実践に基づいた専門職であり学問である。社会正義，人権，集団的責任，および多様性尊重の諸原理は，ソーシャルワークの中核をなす。ソーシャルワークの理論，社会科学，人文学，および地域・民族固有の知を基盤として，ソーシャルワークは，生活課題に取り組みウェルビーイングを高めるよう，人々やさまざまな構造に働きかける。この定義は，各国および世界の各地域で展開してもよい[(2)]」とした。したがって，子どもを取り巻く環境の変化にともない家族問題が複雑・多様化している現代において，個人や家族の幸せな生活の実現のために，ソーシャルワーク実践に必要な援助技術の一つであるケースワークを展開することは，子どもや家族の最善の利益を保障する上で非常に大きな意味を持つといえよう。

### （2）ケースワークの原則——バイステックの7原則

　アメリカのバイステック（Biestek, F. P.）が提唱した，専門職としての援助関係の最も基本的な原則を示したものである[(3)]（表7-1）。保育士（ワーカー）は子どもや家族（クライエント）の不安を少しでも和らげ，問題解決に向けて立ち向かう意欲が持てるように寄り添う必要がある。その時にワーカーのとるべき態度として，バイステックは「ケースワークの7原則」を挙げている。利用者の思いや希望を大切にすることがこの原則の意味であり，ワーカーの基本的姿勢として重要である。

### （3）ケースワークのプロセス

　近年の社会的養護関係施設には，複雑な家族問題を背景とした被虐待児童等の入所が増加している。これに対し，子どもと家庭に対する的確なアセスメントを実施し，それに基づいた子ども一人ひとりの適切な自立支援計画の策定が課せられている。自立支援計画とは，子どもが社会で生きていく力を育むために立てる計画である。「適切」な計画の作成にはアセスメントの実施，ケアプラン（自立支援計画）を策定，それに基づき支援を行うといったケースワークの技法が必要不可欠である。

表7-1　ケースワークの7原則

| バイステックの7原則 | 支援者の基本的姿勢 | 利用者の気持ち |
|---|---|---|
| 1）個 別 化 | クライエントを個人として捉える。 | 他人と一緒にしないでほしい |
| 2）意図的な感情表出 | クライエントの感情表現を人切にする。 | 自分の感情を我慢したくない |
| 3）統制された情緒の関与 | ワーカーは自分の感情を自覚して吟味する。 | 自分の気持ちに共感してほしい |
| 4）受　　容 | 受け止める。 | 自分を受け入れてほしい |
| 5）被審判的態度 | クライエントを一方的に非難しない。 | 責められたり，裁かれたりしたくない |
| 6）自己決定 | クライエントの自己決定を促し尊重する。 | 自分のことは自分で決めたい |
| 7）秘密保持 | 秘密を保持して信頼感を醸成する。 | 相談した内容は他人に知られたくない |

出所：永野典詞・岸本元気『保育士・幼稚園教諭のための保護者支援——ソーシャルワークで学ぶ相談支援』風鳴舎，2014年，71頁を基に筆者作成。

ケースワークのプロセスは，多くの場合，以下の流れをたどる。[4]

### 1）問題把握——ケースの発見

子どもや家族が自らの抱える問題を何とかしたいと考え相談機関を訪問する場合と，地域住民や社会福祉関係者が問題を発見する場合がある。

### 2）インテーク——受理面接

子どもや家族が抱えている問題について話し合い，問題の全体像を把握する。インテークでは，子どもや家族との間に信頼関係を作ることが重要である。

### 3）アセスメント——事前評価

子どもや家族，またはその環境に関する情報整理と分析を行う。インテークで収集した情報に加えて，子どもや家族に関する情報収集（特に生活状況，環境について）継続して行う。家族関係や取り巻く環境との関係を図示する方法に，ジェノグラム[5]やエコマップ[6]がある。

### 4）プランニング——支援計画の作成

子どもや家族の生活課題が解決できるように支援計画を作成する。プランニングでは，当事者主体を大切にし，できる限り子どもや家族の意向を聴きながら具体的に支援計画を作成する。完成した計画は同意を求める事が必要である。

### 5）インターベンション──支援の実際

支援計画に沿った意図的な働きかけの段階である。時には関係機関と連携しながらネットワークを活用する。支援を進めるためには子どもや家族への説明責任がある。

### 6）モニタリング──事後評価

支援計画による支援が一定期間経過した段階で，その支援の状況や得られた効果について振り返り，見直す段階である。目標が未達成であれば，再アセスメントを行い新たな目標を設定する。

### 7）ターミネーション──支援の終結

支援の実施の事後評価で，子どもや家族の課題が解決し，支援の必要性がないと判断された場合，支援は終結する。

## （4）ケースワークに必要なコミュニケーションスキル

社会的養護関係施設では，保育士と子どもとの間に「この人であれば，わかってもらえる」「この人であれば話しても大丈夫」といった信頼関係（ラポール）を作ることが大切である。この信頼関係は日常生活での具体的なかかわりを通して培われるが，そのかかわりに必要とされるのがコミュニケーションの力である。コミュニケーションには「伝える力」と同時に「相手の思い・考えを受け取る力」も必要である。社会的養護を必要とする子どもの中には，言葉で表現することが苦手な子どもがいる。泣いたり，怒ったり，叩いたりといった言葉以外の方法で自分の思いを伝えたり，コミュニケーションを図ろうとする。保育士は，その行動の背景や何を伝えたいのかについて考え，その思いを受け止めなければならない。「受け取る力」には，子どもの境遇への共感を基盤とした受容が必要であり，それに基づくアセスメントの力が求められる。また，コミュニケーションで必要なことは傾聴の姿勢である。傾聴とは，「意志を持ってしっかりと耳を傾ける」「言葉の奥にある真の不安や悩みを聴く」ことであり，リスニングマインドとも呼ばれている。つまり，相手を大切に思いやる心である。しっかりと話を聴いてくれる保育士に対しては，子どもは「自分を理解しようとしてくれる人」に安心感を抱くであろう

コミュニケーションには言語を媒体した言語的コミュニケーションと，言語以外の方法である非言語的コミュニケーションがある。ケースワークでは，傾聴・受容・共感を基本姿勢に，言語的・非言語的コミュニケーションスキルを活用しながら，信頼関係の構築を目指している。

### （5）ケースワークの実際

次に，児童養護施設の事例をもとに，ケースワークのプロセスの中でも特に重要であるアセスメントに焦点を当ててみていこう。

#### 1）事　　例

愛さん（7歳）の誕生を楽しみにしていた両親。しかし，愛さんはミルクや沐浴を嫌がり，母親は一生懸命に子育てをしたが，なかなか自分が理想とする子育てができなかった。複雑な家庭で育ち，十分な愛情を受けずに育った母親は，親族にも相談できず，地域からも孤立。その後，父親が務めていた会社が倒産し，一家は経済的にも厳しい生活となった。ある日，泣き止まない愛さんを思わず叩いてしまった母親。それがエスカレートし，愛さんが通う保育所の保育士が愛さんの様子の変化に気づき児童相談所に通告。児童養護施設入所となる。

施設入所後，愛さんの面会に訪れた母親は，「私は一生懸命子育てをしてきた。寝る前にはいつも一緒に絵本を読み，愛のためにできることは何でもやってきた。でも誰もわかってくれなかった」と施設の保育士に話した。

#### 2）アセスメントとプランニング

保育士は，家族に関する情報を整理し，母親が虐待に至った背景をアセスメントした。その結果，「母親が育児で困ったときに相談できる人が身近におらず，親戚や地域から孤立していた」「母親自身が十分な愛情を受けずに育っているため，母親としてのモデルがいなかった」「育てにくい子どもであり，母親はストレスを感じていた」といった要因を見出した。母親がかかえていた困難性が理解できた保育士は，本ケースを「虐待」というよりは「育児ストレス」と捉え，母親がエンパワメントできる支援体制が必要であることを考えた。

一方，施設における日々の生活の中で，愛さんには「融通が利かない」「自分の気持ちを表現することが少ない」「他児の失敗に対して批判的である」「お

どおどしている様子が見られる」という行動特性がみられた。保育士は，これまでの成育歴を整理。不適切な養育による影響を受け，発達上の負因としての言動であることが理解できた保育士は，安心して生活できる環境の下で，保育士との愛着関係を培うことを支援の中心とした。

### 3）まとめ

　人間関係に無力感や失望を抱いている子どもにとって，保育士との人間関係を通して活力を見出すことが社会的養護の実践では大切である。福祉専門職者である保育士に求められることは，日々のかかわりの中で子どもたちが安心して生活を送ることができる環境を整え，保育士との絆を拠りどころとした生活を通して子ども達の生きる希望を育むことといえよう。

　さらに，家族への支援を通して，子どもが家族や親族から孤立することを防ぐことも重要である。施設生活はともすると子どもを過去の生活や人間関係から切り離し，これまでの人生と訣別させることになりかねない。過去の自分と現在の自分を連続性を持って捉えることができなければ，アイデンティティの確立は困難となり，子どもの未来にも影響を及ぼすことになる。児童養護施設における家族支援とは，家族関係の問題解決を目指すことは言うまでもないが，子どものアイデンティティの確立においても重要な視点といえる。

　そのためにはケースワークの前提として重要な共感，ケースワークの原則の一つである受容，情報収集・アセスメント・支援計画・支援といった支援プロセス等，ケースワークの知識や技法が必要といえる。ケースワークとは，利用者が本来持ち合わせている"力"を引き出し，自らの子育てや生き方に自信を持ち，主体的に生きることを手助けすることであり，支援者はあくまでも側面で支えることが大切である。ケースワークを社会福祉の専門性に基づく社会福祉実践と位置づけ，実践に活かしていくことが今後の保育士には重要となる。

---

演習課題

1　子ども虐待は様々な要因が重なり合って発生する。母親が虐待に至った要因について，他に何があるか，考えてみよう。

2　保育士が愛さんと愛着関係を築くためのポイントについて考えてみよう。

## 2　集団援助技術

### （1）集団援助技術（グループワーク）

　社会的養護関係の施設では，虐待や配偶者間暴力（DomesticViolence，以下，DV），貧困，喪失体験など，多重逆境の中を生き抜いてきた者が生活している。

　施設は利用者にとって家であり，衣食住を伴った手厚い支援がソーシャルワーカー（以下，SW）によって日々実践されている。しかし，上記のような逆境に置かれてきた者の中には，著しく自尊心が低い，自暴自棄，共感力が低いなどの特徴を持つ者がおり，個別援助だけでは十分な支援体制を構築できない場合がある。そのため社会的養護の現場では個別援助に加え，ソーシャルワークの技術としての集団援助技術（以下，グループワーク）を用いた支援が展開されている。

　グループワークは19世紀にイギリスやアメリカで起こったセツルメント運動[7]やYMCA活動[8]がその始まりとされており，その後社会背景や社会問題の変化によってその定義や方法も変遷していった。

　1963年にジゼノ・コノプカ（Conopka, G.）はソーシャルワークにおけるグループワークについて，「ソーシャル・グループワークとは，社会事業の一つの方法であり，意図的なグループ経験を通じて，個人の社会的に機能する力を高め，また個人・集団・地域社会の諸問題に，より効果的に対処しうるよう，人々を援助するものである[9]」と定義している。

　人間は本来，家族・学校・会社など常に何らかのグループに属しているといえる中で，社会的養護の施設で生活する人々は施設自体が大きなグループである。そこで展開されるグループワークは，個人の社会的に機能する力を高め，その高まりがグループに所属する他者の成長発達や，グループ自体の成熟につながる。この点をSWは大いに意識し，グループワークを展開していくことが求められるのである。

## （2）グループワークの実際

グループワークは一般的に，①「準備期」，②「開始期」，③「作業期」，④「終結期」の4段階に分けて展開される。

### 1）準 備 期

SWが利用者の持つ課題やニーズを把握，明確化し，グループワークの活用が有効であるかどうかの判断を行い，その判断のもと，活動内容やグループ計画の策定，準備に取掛かる段階のことをいう。

### 2）準備期の事例

ゆかりさんは結婚以来，長年夫からのDVに苦しんでいた。長女出産後もDV・虐待はおさまらず離婚を決意。その後，母子生活支援施設へ入所となる。

ゆかりさんは自らも被虐待経験があり，不登校，引きこもりの生活であった。対人関係を結ぶことが苦手で人間関係に悩むことも多く，施設内でも孤立しがちであった。また，2歳を迎えた長女に対する接し方に悩んでいたが，相談することも，相談する相手をつくることもできなかった。母子支援員（ソーシャルワーカー）は，施設内で同じ悩みを持つ母親を対象としたグループワークを行うことが有効であると考えた。

SWはゆかりさんが施設で孤立し，本来帰属意識を持つべきである施設を，自らの居場所として実感できていないと考えた。そこで，同じ悩みを持つグループの一員となり，メンバー相互で共感し合える関係性を構築していくことが課題解決に向けて有効だと捉えた。さらにその効果はゆかりさんだけではなく，参加した他のメンバーにも肯定的に働くと考えたのである。SWの準備として，どのようなメンバーが集まるのかをある程度想定し，グループワークが今後どのように展開されていくのかをシュミレートすることも重要である。

### 3）開 始 期

参加メンバーが1回目の集まりで出会い，グループとして動き始める段階までのことをいう。この段階ではまだ参加メンバー同士はもちろんSWとも援助関係が結ばれていない状況であるため，意図的な介入や働きかけが大切である。

### 4）開始期の事例

　母子支援員は早速参加者を募ることとした。実施回数，使用場所以外は特に決めごとはせず，参加者が主体的にグループ運営や取り決めを話し合えるように配慮することとした。

　第1回目はゆかりさんを含む6名の母親が参加した。保育室に集まったが誰から発言をすることもなく皆緊張した様子であった。そのため，1回目は母子支援員が会を進行し，これからは参加者にその役割を引継いでいくことを伝えた。そして会の目的や目標を参加者全員に説明，共有させることで仲間意識を持たせることを意識した。会は90分間行われたが，終了前には子育てにおける失敗談や日頃の愚痴などを楽しく話す参加者も見られた。

　施設内で顔を合わせていたといえ，改めてグループとして集まると，緊張感や不安が生まれるものである。SW は自己紹介の場やレクリエーション（アイスブレイク[10]）を行い，不安や緊張を軽減する機会を設けるなどの配慮が大切である。

　また，参加者同士互いを受容・共感できるような信頼関係を築く最初の段階となるため，SW がその橋渡しの役割を担うことも大切である。参加者の話に耳を傾け，積極的な共感の姿勢や会話の促しを行うことがメンバー同士をつなげる働きかけとなり，その後の帰属意識を高めることにつながっていく。

### 5）作 業 期

　参加メンバー，そして個人が自らの課題に取り組み，協力しながらグループを発展，成果を生み出していく段階の時期をいう。

### 6）作業期の事例

　2回目以降もほぼ固定された6名の母親が参加した。ゆかりさんは初めこそ他の参加者を警戒し，自らの語りはほとんど聞かれなかったが，徐々にグループの雰囲気に慣れ，自分と同じような逆境体験や育児に対する悩みがメンバーから語られていく中で，自らも発信することができるようになってきた。グループ内でも自然と役割分担がされ，リーダー的な役割を果たす優子さんを中心として運営されていた。ゆかりさんは手作りのお菓子を持参し，それがメン

バーに大変好評だった。「他人に褒められたことがない」と語っていたゆかりさんは会の中で自分の居場所や役割を見つけたことで少し自信をつけたようだ。

　母親同士それぞれの悩みや課題や役割が明確となり，グループが成熟してくるとSWの積極的な介入が無くとも，メンバーが自主的に活動できる段階となっている。ゆかりさんは会に参加したことで，自分と同じような逆境体験をしてきた母親，また同年代の子どもを持つ母親とのかかわりを通じて自分自身を表現できるようになってきている。このことが自尊心の回復や孤立感の解消にもつながり，メンバー同士へのエンパワメントにもなっている。

　ただし，事例のように物事が順調に進むことは稀である。一般的にグループが成熟していく段階で何らかのトラブルや衝突，対立が生まれ，時に機能不全に陥る事態も想定される。そこで重要なことは，その出来事を否定的なものとして捉えるのではなく，メンバーの協働によって乗り越えていくという肯定的な捉え方をすることである。自分たちの力で乗り越えられたという経験は，メンバー間の絆や関係性をより強固にする可能性を秘めており，SWはその点をメンバーが実感できるよう導いていく必要がある。

### 7）終 結 期

　活動での経験をSWとメンバーで振り返り，援助関係を終了とする段階である。

### 8）終結期の事例

　ゆかりさんは全6回すべての会に参加した。入所時は孤立し，他者に相談を持ちかける機会はほとんど持てなかったが，グループに参加したことで仲間と居場所を得ることができた。加えてこれまで負担に感じていた育児も，同じ悩みを共有できたことがきっかけで前向きに取り組むことができている。

　また，ゆかりさんの長所がグループの中で受け入れられたことも自身の成長につなげることができた。活動は6回で終了となるが，グループ内で話題にあがった，今回参加していない入所者との交流の場を作るための企画を実行しようとメンバー内ですでに話し合われているようであり，ゆかりさんも張り切っている。

　終結期において大切なことは，メンバーがお互いの感情を分かち合う機会を持つこと，実施されたグループワークを評価することである。参加メンバーの中には肯定的な感情だけではなく，否定的な感情を抱いている者もいるかもしれないが，そこに焦点化し，お互いに自由に分かち合うことで会への参加意義を確認することが大切である。

　また会自体への評価も重要である。メンバー個々人の変化を実感し，設定された目標や目的を達成することができたのか，メンバーが自己実現を図るための次のステップへつなげることができたのかを評価していく。

## （3）グループワークの基本的原則

### 1）個人およびグループの個別化の原則

　グループワークに参加するメンバー一人ひとりを，他とは異なる存在として捉えること，また能力や特性の違いを持つ個人が集まる集団もまた個別の存在として捉える原則である。異なるグループを一律化して捉えるのではなく個別の集団として捉え，柔軟で多様な運営を意識することが重要である。

### 2）メンバーとグループに対する受容の原則

　メンバーの思いや価値観，感情をあるがままに受け入れ認めることで，個人の理解に努めようとすることである。SWの受容姿勢がメンバーとの信頼関係を生み，メンバー間においても受容的態度を促すことにつながることを認識することが重要である。

### 3）参加の原則

　メンバーが自らの決断で主体的にグループに参加することが大切であり，その意欲の促進や運営への積極的な参加を意味する。SWは参加意欲向上のため，グループワークで得られる達成感や成長を肯定的に捉え，参加者にフィードバックしていくことが重要である。

### 4）体験の原則

　集団活動で得る経験は，すべてがメンバーの成長につながると考えることが大切である。メンバー間の我慢や葛藤は感情をコントロールする機会を与えてくれるであろうし，その場面を集団で乗り越えた時には自己理解や相互理解を

深める体験となるように，SW がメンバーに働きかけることが大切である。

---

┌─ 演習課題 ─────────────────────────────────────────

　1　グループワークの基本的原則を参考にし，支援者が「作業期」において行うべ
　　きかかわりについて考えてみよう。
　2　「終結期」には実施されたグループワークの評価を行うことが，その活動の効
　　果をより高めるとされている。本事例の評価を考えてみよう。

## 3　チームワークと連携

### （1）児童福祉施設の職員

　児童福祉施設には，子どもの権利擁護を念頭におき，入所者の健全な発達と
安心・安全な住環境の確保，また入所者それぞれの成長段階における生活水準
を確保するために「児童福祉施設の設備及び運営に関する基準」(11)（以下，設備運
営基準）が定められている。

　設備運営基準には児童福祉施設の一般原則，災害対策，衛生管理，苦情への
対応，また各種児童福祉施設の最低限守るべき設備基準や職員の配置・職種等
が決められている（表7-2）。児童福祉施設には虐待を受けた子ども達だけで
はなく，自閉スペクトラム症（ASD）や注意欠陥多動性障害（ADHD）などの
発達障害を持つ子ども達，また配偶者間暴力（DomesticViolence，以下，DV）被
害者や特定妊婦の入所にも対応する必要があるため，多職種の職員が配置され
ている。

　2017（平成29）年に策定された「新しい社会的養育ビジョン」では施設の小
規模化と家庭的養育の推進が掲げられている。ただし，子ども達にとってより
良い環境を提供しようとするほど，それに応えるための支援者側の環境整備が
必要である。時に困難を極める社会的養護の現場には，より充実した職員配
置・処遇改善が求められている。

表7-2　社会的養護関係施設の職員（法定外の職員も含む）

| 施設名 | 配置職員 |
|---|---|
| 乳児院 | 施設長，医師（小児科の診療に相当する経験を有する医師），看護師（保育士，児童指導員），個別対応職員，家庭支援専門相談員，里親支援専門相談員，栄養士，調理員（調理業務全委託で不要）　等 |
| 母子生活支援施設 | 施設長，嘱託医，母子支援員，少年指導員，個別対応職員（DV被害の母子支援を行う場合），心理療法担当職員（心理療法を必要とする母子10人以上の場合），調理員　等 |
| 児童養護施設 | 施設長，嘱託医，児童指導員，保育士，個別対応職員，家庭支援専門相談員，里親支援専門相談員，心理療法担当職員（必要とする児童10人以上の時），調理員　等，栄養士（入所児41人以上の施設），調理員（調理業務全委託で不要），看護師（乳児が入所している時），職業指導員　等 |
| 児童心理治療施設 | 施設長，医師，児童指導員，保育士，心理療法担当職員，看護師，個別対応職員，家庭支援専門相談員，調理員（調理業務全委託で不要）　等 |
| 児童自立支援施設 | 施設長，嘱託医，児童自立支援専門員，児童生活支援員，個別対応職員，家庭支援専門相談員，心理療法担当職員（必要とする児童10人以上の時），栄養士（入所児41人以上の施設），調理員（調理業務全委託で不要），職業指導員　等 |
| 自立援助ホーム | 指導員，補助員　等 |
| 児童家庭支援センター | 相談・支援専門相談員，心理療法担当職員　等 |

出所：社会福祉士養成講座編集委員会編『児童や家庭に対する支援と児童・家庭福祉制度』中央法規出版，2019年，109頁を基に筆者作成。

## （2）チームワーク

　児童福祉施設では様々な職種の職員が，それぞれの立場，視点を持ちながら協働し，入所者と日々向き合っている。虐待やDVなど暴力のある環境で育ってきた子ども達への支援は時に処遇困難ケースをして扱われ，その対応に苦慮することも少なくない。また心理的な支援や家族関係の調整も必要だとすれば，特定の職種のみでそれらの課題に対応することは難しい。そのため職員間のチームワークが重要になる。

　児童福祉施設におけるチームワークとは，施設内外における多種多様な職員（専門家）が，子どもの抱える複雑な課題の解決や目標に向けて，連携，協働し，対象者にとってより効果的な支援を展開することを意味する。職員間のチームワークは日常業務の中の様々な取り組みを通じて形成していくことができる。

### 1）孤立を防ぐケースカンファレンス

　ケースカンファレンスとは，現状行われている支援について情報共有，課題

や目標の明確化を図るためのものであるとともに，支援する側が抱えている課題や悩みも共有した上で支援の方向性を定めていくものである。

　常に現場にいることが多い支援員は，多忙さゆえに子ども達の情報や課題を共有する機会が持ちづらく，抱え込みにつながることも少なくない。そのため，意図的に職員が集まれるカンファレンスの機会を持ち，意見や悩みを出し合うことが職員の孤立を防ぎ，チームワークの形成につながっていく。

### 2）自立支援計画の策定

　社会的養護の施設には設備運営基準により自立支援計画の策定が義務づけられている。自立支援計画とは，子ども一人ひとりの情報や状況を多角的に理解・整理し，そのニーズや課題をアセスメント・プランニングし文章化したものである。この計画の策定が十分に行われていなければ，支援の継続性や有効性，一貫性が薄れてしまい，支援の方向性を見失ってしまうことにもつながる。自立支援計画策定は，日常的に行われる引継ぎやケースカンファレンスの積み重ねが土台となる。計画策定のためには様々な職種の職員から話を聞き，時には意見を交換しながら子どもにとって最善の支援は何かを検討していくことになる。ただ，この一連の作業がチームワーク形成のきっかけとなり，目標が達成された時には連帯感や結束が強まっていくことになるだろう。

### 3）スーパービジョン体制の構築

　スーパービジョンとは，「スーパーバイザー（指導者）により，スーパーバイジー（指導を受ける者）に対する管理的・教育的・支持的機能を遂行していく過程のこと[12]」である。

　児童福祉の現場では蓄積された経験と実践力が重要であり，それを経験の少ない者に対して適切に指導されていくことが，結果として子どもの最善の利益を保障することにつながると考えられている。適切なスーパービジョンは，職員の資質向上や職場環境の改善，バーンアウトの予防につながるため，スーパーバイザーは率先して実施し，日頃からスーパービジョン体制構築を意識していく必要がある。

　加えて，グループ・スーパービジョン[13]のように複数の職員を対象としたスーパービジョンは，ケース理解や援助過程の振り返りにとどまらず，職員の相互

理解にもつながる。チームワークをより強固なものにするための手段として，積極的にその機会を作るべきである。

### （3）他機関連携の実際

#### 1）連携の意義

　施設におけるチームワークが成熟し，チームでより良い支援が行われていたとしても，社会的養護の施設においてはその多種多様なニーズに対応するため，施設の枠を越えて関係機関と連携を取る場合もある。教育機関，児童相談所，医療，行政などそれぞれの立場や役割を明確にし，強みを活かしていくことが，その対象者の権利擁護や最善の利益につながる。以下は，ある母子生活支援施設で展開された他機関連携の実際である。

#### 2）事　例

　ゆかりさんは未婚で長女を出産した。一人で子育てをすることのストレスでうつ状態となり，長女に対してのネグレクト状態が深刻化していた。その状態を重くみた保健師は母子生活支援施設で支援を受けながら生活することを提案し，入所となった。

　入所後は母子支援員が中心となり，日常生活支援，育児支援が進められた。ゆかりさんもそれに応えようと長女に対し愛情を注いでいるように見える一方で，入浴させない，食事を満足に与えないなどネグレクトは依然見られていた。

　加えて，職場での人間関係が不調となったことでパニックや意識喪失が見られるようになり，子育てへの意欲は日に日に減退していった。そのため，保育所，医療機関，児童相談所とも協議をしながらショートステイの利用や，一時保護を利用して自身は療養することを促すも拒否し，施設内で子どもと生活する道を選択した。

　これまでの支援を振り返るとともに，今後施設内で行われるべき支援，その支援をより有効なものにするため他機関との情報共有と今後の対応協議のため，関係者によるケースカンファレンスが開かれ，新たな自立支援計画を策定した。

　社会的養護における家庭支援では，福祉事務所の子ども家庭福祉担当者や保

健師，児童相談所，教育機関，医療，司法，保育，地域といった様々な機関や社会資源，そこに携わる者が協働し，知恵や実践モデルを出し合い重層的かつ一貫性のある支援を展開することが求められる。本ケースのように一度支援チームが構築されることで今後起き得る不測の事態にも，速やかかつ柔軟に対応することができる点が他機関連携の大きな意義である。

しかし，協働する機関の数や，そこに携わるメンバー数が増えていくほど連絡調整が困難になること，意見の食い違いや役割の押し付け合いが生まれてしまい，支援の一貫性が失われてしまうことも起こり得る。対象世帯（対象者）の最善の利益や幸せを目指して協働しているという目的は見失われないように，チーム内で意識共有も同時に行う必要がある。

---
演習課題

1　昨今，子育て世帯の孤立化が課題として挙げられるが，施設や地域で生活する世帯に対する支援にはどのようなものがあるか，考えてみよう。
2　関係機関との連携による，ゆかりさんに対する重層的な支援内容を具体的に挙げてみよう。

---

**注**

⑴　個人，家族，集団あるいはコミュニティが，力（パワー）を発揮できるように働きかけること。
⑵　IASSW & IFSW「ソーシャルワーク専門職のグローバル 定義（日本語訳版）」JFSW，2014年（日本ソーシャルワーカー連盟ホームページ）。
⑶　バイステック，F. P.／尾崎新・福田俊子・原田和幸訳『ケースワークの原則──援助関係を形成する技法』誠信書房，1997年，215-216頁。
⑷　倉石哲也・鶴宏史編著『保育ソーシャルワーク』（MINERVA はじめて学ぶ子どもの福祉⑪）ミネルヴァ書房，2019年，53-54頁。
⑸　原則として3世代程をさかのぼる家族員（血縁ではなくとも同居したり，家族との関係が深い人を含む）の家系図。ジェノグラムを作成すると家族関係が一目瞭然となり，問題を整理したり，家族の誰に働きかけたらよいか等の支援策を検討するのに役立つ。
⑹　支援を要する家族を中心として，その家族の問題や解決にかかわると考えられる

関係者や関係機関を記載したもの。全体の関係性を簡潔に把握でき，各機関の役割検討にも有効である。

(7)　知識階級にある教育関係者や学生が，貧困層の生活するスラムで住み込み住民の生活援助やグループ活動を通して地域環境や生活問題の改善を図るための活動。そのための施設として1884年にバーネット（Barnett, S.）が設立したトインビー・ホールがある。

(8)　YMCA（キリスト教青年会）は1844年ウィリアムズ（Williams, G.）と同士によって誕生した団体。祈禱会やレクリエーションにグループ活動を取り入れ，スラム街の地域環境や青少年の生活環境改善に貢献した。セツルメント活動と併せてグループワークの起源とされている。

(9)　後藤卓郎・水谷俊夫編『最新　社会福祉援助技術』みらい，2000年，49頁。

(10)　初対面同士が集まる場や緊張度が高い場の雰囲気を解きほぐすため，レクリエーションやゲームなどを用いた活動を示す。自己紹介を含め効果的に取り入れることで参加者が自由に発言，参加できる活動の基礎ともなる。

(11)　厚生労働省「地域の自主性及び自立性を高めるための改革の推進を図るための関係法律の整備に関する法律の一部の施行に伴う厚生労働省関係省令の整備に関する省令の施行について」（雇児発1028第1号，平成23年10月28日付）において省令の名称変更が明記されている。

(12)　川田誉音・山口みほ・水野信義・杉山章子編『改訂　社会福祉援助技術演習』みらい，2002年，151頁。

(13)　スーパーバイザーが複数のスーパーバイジーに対し同時にスーパービジョンを行う方法。その場にいる者同士の学び合いや意識や考え方の共有を図ることも可能なため，チームワーク形成や職員の関係づくりにも有効である。

**参考文献**
・第1節
木下茂幸『児童養護とは何か──木下茂幸の養育論』明石書店，2007年。
小林育子・小舘静枝・日高洋子『保育者のための相談援助』萌文書林，2011年。
橋本好市・直島正樹編著『保育実践に求められるソーシャルワーク』ミネルヴァ書房，2012年。
・第2節
川村隆彦『事例と演習を通して学ぶソーシャルワーク』中央法規出版，2003年。
倉石哲也・鶴宏史編著『保育ソーシャルワーク』（MINERVA はじめて学ぶ子どもの福祉⑪）ミネルヴァ書房，2019年。
栗山隆『児童養護施設実践の展開方法と分析視覚──ソーシャルワークとグループワーク』相川書房，2013年。

後藤卓郎・水谷俊夫編『最新 社会福祉援助技術』みらい，2000年。

全国母子生活支援施設協議会「インケアの充実をめざした母子生活支援施設ソーシャ
　ルワーク実践事例集」2019年。

永野典詞・伊藤美佳子・北野幸子・小口将典責任編集『保育ソーシャルワークの内容
　と方法』（保育ソーシャルワーク学研究叢書②）晃洋書房，2018年。

堀場純矢編著『子どもの社会的養護内容――子ども・職員集団づくりの理論と実践』
　福村出版，2013年。

村澤和多里・木村香文「児童養護施設におけるグループ・ワークの試み」『作大論集』
　1，2011年，227-238頁。

・第3節

相澤仁・村井美紀・大竹智編『社会的養護Ⅱ』（新基本保育シリーズ⑱）中央法規出
　版，2019年。

川田誉音・山口みほ・水野信義・杉山章子編『改訂 社会福祉援助技術演習』みらい，
　2002年。

厚生労働省『母子生活支援施設運営ハンドブック』2014年。

増沢高・青木紀久代編著『社会的養護における生活臨床と心理臨床――多職種協働に
　よる支援と心理職の役割』福村出版，2012年。

山崎貴子・塩山二郎「多職種連携とその意義――ある情緒障害児短期治療施設におけ
　るチーム連携の実際」『心理相談センター紀要』10，2014年。

<table>
<tr><td>第8章</td><td>今後の課題と展望</td></tr>
</table>

## 1 社会的養護における家庭支援

### （1）社会的養護における家庭支援とは

　社会的養護における家庭支援は，一般家庭の家庭支援とは違い一旦，親子分離した要保護児童と親の関係を再構築し，可能な限り家庭復帰を目指すところにある。

　社会的養護における家庭支援のプロセスは，施設等への入所至るまでの段階と，入所中（アドミッションケア・インケア・リービングケア）に分けて考えることが必要である。入所前の家庭状況については，通告先である児童相談所が把握しており，それぞれの機関で家庭支援が行われていることが推察される。

　各機関での家庭支援の困難性が高まってきた場合，措置等によって児童福祉施設等へ子どもの身柄が移ることになる。そうした場合，社会的養護関係施設等には，当該児童の入所前の家庭状況が主として児童相談所からもたらされる。

　その情報をアセスメント（事前評価）し，入所中の保護者及び子どもを含めた家庭支援から始まり，その後に施設から家庭引き取りとなることもあれば，里親委託によって生活の場が変わることもある。また，施設から子ども自身が自立することもあり，それぞれの家庭支援は，一つとして同じ内容で実施されるわけではなく，個別ケースにかかわった期間，その時々に起こる事象，世帯状況の変化（戸籍上の変化や内縁関係及び転居等）に注視しながら，その局面毎に繰り返し判断（再アセスメント）しながら家庭支援する必要がある。

　また，個別ケースは簡単に終結するものではなく，子どものパーマネンシー保障が重要であり一旦，児童福祉施設等に入所した子どもたちの自立に至る過程は様々だが，いずれの場合においても保護者の存在を意識せざるを得ない。

施設入所する子どもたちは，それぞれの家庭環境は異なるが，当然のことな
がら心身共に傷ついている。そして，親についても子どもに対して懸命に養育
してきたにもかかわらず，児童相談所よって親子分離させられることになり，
心身共に疲弊し，やり場のない怒りの中で親子分離を受け入れている。怒りの
矛先は，児童相談所や社会的養護関係施設等に向けられる場合もある。

このようにして，社会的養護における家庭支援は，前途多難にスタートする
のである。社会的養護の家庭支援のゴールは，必ずしも家族再統合ではなく，
それぞれの家庭の自己実現であり，必要な程度の親子関係が再構築されれば，
そうした終結もある。

### （2）社会的養護における家庭支援の内容

まず，要保護児童が児童養護施設等に入所する過程は，児童相談所が家庭で
の養育が不適当と判断され措置に至る所から始まる。本項においては，社会的
養護関係施設における親子関係再構築支援の内容をみていくこととする。社会
的養護における家庭支援にはいくつかの段階があり，そのそれぞれの段階で必
要な家庭支援について論じる。

要保護児童は多くの場合，家庭から児童福祉施設等に入所する。家庭にいた
頃の不安もあったと思われるが，施設入所の話が出始める頃には次の生活環境
にも多くの不安を抱えるようになる。また，入所中も家庭引き取りについては
その時々で感情が揺れ動く。そして，退所が決まりかける頃の家庭状況に不安
を抱え，退所後も順風満帆な場合は稀である。以下，親子関係再構築支援につ
いて，入所中，退所前，退所時から退所後の支援に分けて考える。

#### 1）入所前から入所時まで

要保護児童の入所前の状況は，児童相談所からもたらされる。収集された情
報量に差はあるが，入所時までに児童相談所と当該施設はアセスメントし，入
所に至る。当該児童は，家庭もしくは一時保護所より施設入所し，多くの場合，
親子分離という形で生活する地域が変わり，通学する学校も変わる。友人知人
との交流も一定の制限があるだろう。生活環境が一変することは，子どものみ
ならず親にも影響がある。可能な場合ばかりではないが，入所前に，親にも子

にも施設に関する情報を伝え，不安を和らげることが肝要である。緊急な入所でない限り，施設見学や施設職員が入所前に面接しておくことも必須である。施設職員は，入所時に初めて会うことは避け，担当職員やかかわる職員の複数名が面接し，安心できる人や環境であることを理解してもらうところから始める。

　児童虐待を主訴として入所する場合は，親の児童相談所に対する不信感が強いことがあり，そうした場合は施設中心の支援となり困難を極める場合も少なくない。しかし，入所時に施設と親の関係が悪い場合はその後の支援が難しいものとなる。入所前から入所時までの段階が親子関係再構築支援の始まりであり，最も重要なプロセスといえる。

### 2）入所中の支援

　親子分離して入所した子どもは，施設の敷地に入る前はとても不安になるので，玄関先で面接した担当職員等が手を振って迎え入れ，少しでも安心できるような配慮が必要である。入所当日は，子どもが就寝するまで担当職員がかかわることが望ましい。施設に到着後，学校までゆっくり話しながら歩いて行き，担任の先生との顔合わせができれば，さらに子どもにとってのこれからの生活を見通すきっかけとなるだろう。また，これからの生活で使用するお箸やコップ等の日用品を担当職員と一緒に買いに出掛け，帰園後は，面接時に予め聞いておいた好きな食べ物が夕食に出るなどの配慮ができれば，子どもとの信頼関係が構築できる。こうした場面の積み重ねが，その後の支援を円滑に行うために必要である。連絡可能な親ならば，子ども同様に不安を持つ保護者連絡し，子どもと親も話することも大切である。

　数カ月後を目途に，児童相談所が予め策定した児童自立支援計画票を基に施設からの提案を含め，再評価する機会を持つことで，お互いの考えていた方向性を共有することが大切である。児童自立支援計画票は，児童相談所及び施設で作成されるが，可能な限り親も子も理解している方が好ましい。親も子どもも他者から計画された家庭支援に納得していないと絵に描いた餅になりかねない。

　入所中は，日頃の支援場面においても親子関係について常に意識しておく必

要がある。当該児童が考える親子関係について，その時々の気持ちの変化に寄り添い，親との感性調整に努めることが重要である。

### 3）退所前の支援

退所の評価については，これまでの支援効果について，児童相談所及び施設によってアセスメントが実施される。施設の退所後の子どもは，家庭復帰のみを想定していない。家庭復帰がままならず里親委託されることもあれば，子ども自身が自立することもあるが，ここでは家庭復帰した子どもとその親について考える。家庭復帰には一定の基準を基に，児童相談所と施設が協議・判断していくことが必要である。そもそも家庭復帰には親子の強い希望があり，それが実現可能かという協議となる。子ども自身が自らの課題（心的外傷やトラウマ等）がある程度克服されているか，また親自身が子どもとの信頼関係が回復しているかを確認する必要がある。その上で，親と子が入所理由になっていた事柄についてしっかり認知し，今後の生活において修正できるかが基準となる。こうした状況がクリアされ，家族が暮らす環境が安全・安心な社会資源によって支えられていることが必要である。また，そうした社会資源に親子がアクセスし，援助を受け入れることが可能ならば，安定した生活が可能になるだろう。

### 4）退所時から退所後の支援

　退所後の支援を考える時，退所時の親子に対する支援という視点が最も重要だと考える。子どもが退所後にどのような生活環境になるにせよ，子どもだけでなく親の支援も必要になるし，親と子を合わせた家庭に対しての支援も大切なことである。併せてそれぞれの家庭が生活する地域の支援機関との連携支援も重要である。

　まず子どもの支援であるが，自身の困りごとを相談できる人や場所を確保できていることが必要である。また，安心できる居場所ができると生活は安定する。

　多くの場合，学校がその機能を果たす事になるのだが，フリースクールや子ども食堂などを活用することも可能だろう。家庭復帰によって転校を余儀なくされると，学校が相談できる居場所になるとは限らないが，スクールカウンセラーやスクールソーシャルワーカーが協力するなどして受け入れ体制を整えて

もらいたい。心的外傷やトラウマ等の治療の継続が必要である場合は，可能な限り施設職員や児童福祉司も協力して通院等を実施することも必要である。

　次に親の支援であるが，社会的養護関係施設等で子どもが生活していた事を活かし，子どもの養育について施設職員や児童福祉司は最大限の協力をし，養育のパートナーとして伴走し続ける必要がある。時に親が養育疲れなどで一時的な休息が必要な場合，ショートステイの利用などの提案も親の負担軽減となる。

　また児童相談所はペアレントトレーニングや，子どもの行動上の問題を理解できるプログラムを実施し，継続的に関わりを持つことが必要である。

　最後に，親子の支援であるが，別々に暮らす経験をした親子にとって家族の再統合がもたらす影響は，プラスにもマイナスにも働く。親子にとって都合の悪い状況を修復する力は決して強いものではない。そこで，親子の互いの気持ちを繋ぐ橋渡し役をいずれかの社会資源が担う必要がある。また，親子での成功体験づくりが親子関係のストレングスになるよう，そうした場の情報提供などで親子関係の再構築を支援していくことが必要である。

### （3）家庭支援における対象の変化の変遷

　1947（昭和22）年に公布され，翌年に施行された児童福祉法は，戦災孤児の救済を主な目的とした法律であり，当時は両親若しくは両親いずれかの死亡や行方不明による措置が多数を占め，そもそも家庭を支援するという考えより，むしろ，社会的養護を必要とする施設の職員が，家庭そのものの機能代替という役割を果たしていたのである。

　しかし，1960年代半ばには，戦後生まれの乳飲み子も，金の卵となって社会に巣立ち，措置理由として挙げられていた救済保護から，その時々の世相を反映した社会問題に家族ごと巻き込まれた結果，措置に至るケースが出現する。

　1970年代に入ると，いわゆるサラ金地獄と呼ばれる多重債務の末に子どもを置き去りにし，施設に預けて親が行方不明になるといった問題が顕在化した。こうした社会を背景として，その歪みから生み出されたのが要養護児童問題なのである。この頃は，社会的養護を必要とする施設が，積極的に家庭で起こる

問題に対して支援していたというよりも児童相談所任せの消極的かかわりであり，その児童相談所にしても，当事者である親がそれぞれの過程が抱える問題を解決するのを静観することが多く見られる時代であった。それぞれの家庭が抱える問題は，単に個人的責任というより社会問題である場合が多いのだが，当時はそのように考えた保護者視点の家庭支援があったかといえば，必ずしもそうではなかったと思われる。

　筆者が働いていた児童養護施設は乳児院を併設しており，乳児院から児童養護施設へ措置変更されるケースが多く，長期措置児童も相当数在籍したため，保護者連絡（手紙等の通信，面会，外出，外泊）もそれ程多いわけではなく，家庭を支援するにしても，アウトリーチ的なかかわりを積極的に求める姿勢は皆無に等しかった。筆者の立場からみれば，それぞれの子どもの入所に至るプロセスは，社会問題とは思えず，保護者から求められて家庭支援の相談に応じても，置かれた状況に対して居直りと社会や他人に責任転嫁する姿勢に辟易したことも少なくないのである。

　しかしながら，近年入所する子どもたちの多くは被虐待児童であり，知的障害，自閉スペクトラム症（ASD），注意欠陥多動性障害（ADHD），学習障害（LD），反応性愛着障害等の障害を抱える子どもが増加している。

　「児童養護施設入所児童等調査の結果」（平成30年2月1日現在）によると，様々な児童の心身の状況に「該当あり」の割合は，里親24.9％，児童養護施設36.7％，児童心理治療施設84.2％，児童自立支援施設61.8％，乳児院30.2％，母子生活支援施設54.1％，ファミリーホーム46.5％，自立援助ホーム46.3％となっている。また被虐待経験の有無について，「虐待経験あり」の割合は，里親38.4％，児童養護施設65.6％，児童心理治療施設78.1％，児童自立支援施設64.5％，乳児院40.9％，母子生活支援施設57.7％，ファミリーホーム53.0％，自立援助ホーム71.6％となっている。

　いずれの調査結果についても，5年前の調査（平成25年2月1日現在）から大幅にポイントを増やしており，家庭での養育が困難になり入所に至るわけであるから，その家庭支援は複雑且つ困難であることは言うまでもないといえる。

　こうした困難な子どもを抱える家庭は，複合的な困難を抱えながら子育てし

ている。社会生活において多くの場合，社会的孤立を抱えており，SOS を発信する社会へのアクセスが何かしらの理由で困難な場合，家庭に存在するドメスティックバイオレンス（DV），貧困（借金等），保護者の精神疾患やアルコールや薬物への依存などは，家庭支援の大きな妨げになっている。

　さらに，2016（平成28）年に公布された「児童福祉法等の一部を改正する法律」（平成28年法律第63号）において，大きな改正が行われ，法律の理念規定である第1条から第3条の抜本的な改正が行われた。

　第1条には，「全て児童は，児童の権利に関する条約の精神にのつとり，適切に養育されること，その生活を保障されること，愛され，保護されること，その心身の健やかな成長及び発達並びにその自立が図られることその他の福祉を等しく保障される権利を有する」とある。条文中の「児童の権利に関する条約の精神にのつとり」とは，児童の権利に関する条約第3条にある「児童の最善の利益が主として考慮される」ことであり，子どもが権利の主体者であることが明文化された。

　社会的養護関係施設等においては，「市町村，児童相談所，児童家庭支援センター，教育機関，医療機関その他の関係機関との緊密な連携を図りつつ，親子の再統合のための支援その他の当該児童が家庭（家庭における養育環境と同様の養育環境及び良好な家庭的環境を含む。）で養育されるために必要な措置を採らなければならない」（児童福祉法第48条の3）とある。

　つまり，子どもにかかわる関係諸機関は緊密な連携の下，親子関係再構築支援を推進していく事が求められている。

## （4）社会的養護における家庭支援に求められること

　厚生労働省子ども家庭局家庭福祉課より発出された「社会的養育の推進に向けて」（2024年3月31日）に，「親子関係再構築支援の充実」という項目が挙げられている。社会的養護関係施設等に入所する子どもたちが親子関係を再構築し，子どもと保護者が新たな未来を模索するための支援といえる。

　ここでは，児童養護施設等に入所した経験がある要保護児童の親子関係再構築支援に求められていることについて考える。

最初に考えなければならない事は，親子分離についてである。何かしらの事情で親の監護が受けられない，あるいは適当でない要保護児童が社会的養護関係施設等で生活する状況になる以前の段階で親子分離が不可避であったのかについて考える必要がある。一旦親子分離してしまうと，多くの場合，家族再統合への道は困難を極める。そこで，要保護児童になる前に予防的に支援できないかと考える。児童相談所における社会的養護関係施設等への入所前の支援段階で要保護児童にならないような取り組みが求められる。例えば，要保護児童対策地域協議会において要支援児童の保護者に対して本節（2）と同様の支援を実施していれば，要保護児童となることも回避できたのではないだろうか。仮に親子分離するにしても，短期間の予防的一時保護で対応し，社会的養護関係施設等への長期入所の歯止めを図りたい。

　次に，社会的養護関係施設等へ入所になった場合，できる限り長期化しないよう家庭を支援しなければならない。施設における生活支援に加え，家庭支援専門相談員による家庭復帰に向けた面会・外出・一時帰宅等を段階的に進め，早期に家族再統合出来るよう支援することが求められる。そのためには，高度な専門性を持つ家庭支援専門相談員の育成も今後の課題である。

　これまで，要保護児童に関して「親のない児童もしくは親が育てられない事情（入院や拘禁）がある児童」との考えから，2000（平成12）年の児童虐待防止法施行から「虐待によって親の監護が不適当な児童」が増加している。一旦，親子分離した場合，再び親と子どもが生活できるようにするには，生活環境の改善に加え，ペアレントトレーニングなどを経て，子どもの行動上の問題を教育的に対応できるスキルを身に付けてもらうなど様々な工夫が必要となってくる。児童相談所によって親子分離した子どもの親子関係の修復は困難である。

　入所段階から児童相談所と親の見解の相違から対立してしまうことも珍しいことではない。親は強く躾だと主張し，児童相談所は児童虐待だと合い譲らない場合，社会的養護関係施設等が中心となった家庭支援に頼らざるを得なくったとしても，最後まで諦めず寄り添い続けることこそが求められる支援といえるだろう。

## 2　社会的養護の課題と展望

### （1）里親制度の位置づけ

　「新しい社会的養育ビジョン」（2017年8月2日）が出され，これからの社会的養護の方向性について実践レベルでの検討を深化させなくてはならない時期に，新型コロナウイルスの感染拡大（COVID-19）が起こり，それへの対応に追われる毎日となった。社会福祉実践の場においては，行政からの支援が十分とは言い難い中で，それぞれの施設の努力により利用者と従事者を護るべく最大限の取り組みがなされた。児童養護施設等社会的養護実践の場においても，子どもへの感染が拡大する中，職員自身と子どもの健康に最大限留意しながら，気を緩めることができない毎日が続いた。昨今のコロナ禍が施設での実践にもたらした影響を正確に把握し，各施設において試行錯誤と工夫をしながら取り組んで来た実践を整理することは，今後新たな難題が生じた時に活かすこと，そしてアフターコロナ，ビヨンドコロナに向けての実践の充実を図る上で大切であると考える。

　さて「新しい社会的養育ビジョン」については，各方面から様々な意見が出されているが，それについて十分な検討がなされたとは言い難い中，「新しい社会的養育ビジョン」で示された方向に進行しつつあるというのが今日の状況であろうか。特に里親の位置づけについては，多くの指摘がなされている通り，過重な里親重視の感は否めない。里親の手によって多くの子ども達が幸せに養育されてきたことは事実であるが，一方で里親不調の事例も少なくない。もちろん，これは里親にだけ帰責するものではない。

　しかし諸外国に見られるように，里親家庭を転々とすることにより，大きな傷を抱える子どもが少なくないという現実を軽視することはできない。以前，複数のイギリスの里親支援ソーシャルワーカーから，次のような話を聞いたことが忘れられない。それは「初めての家庭に行くのだからうまくいかないことがあってもやむを得ない。それよりも不調を早く発見して次の里親を見つけることが大切である」というものであったが，少し違和感を覚えた経験がある。

この考えの後半部分はとても重要であり，里親であれ施設であれ，不調ケースへの対応は重要な課題である。しかし前半部分については，文化の違いもあり，日本ではマッチングに慎重な配慮を行うことを大切にしてきた。そして措置変更により施設を移動するよりも，里親間を移動する方が精神的負担は大きいものであると考えられる。

### （2）施設機能の強化とグループの活用

　里親の確保についてはどのように考えるのか。確かに里親の割合を大きく増やしている自治体があるのは事実であり，児童相談所や地域の里親会等の取り組みを評価しなければならない。しかしながら，今後さらなる人口減少長寿社会の進行により社会構造の変化が不可避であることから，里親委託の大幅な拡大は困難であると考える。2022（令和4）年の出生数が，国の統計開始以来，初めて80万人を下回る可能性があることが報道された（2022年12月20日厚生労働省発表）。確かにコロナ禍による影響が作用していることも一因であると考えられるが，長年にわたる出生数の減少及び世帯構造の変化は，様々な側面に大きな影響を与えている。里親の拡大も，地域によっては一時的には可能との考えが成立する余地はあると思われるが，世帯数の減少や欧米とは異なり里親文化が形成されていないこと等の理由から，長期的には困難であると推察する。それゆえに今後も児童養護施設等の役割が減じることはないと考えるのが妥当な結論であると思量される。

　もちろん，そのためには施設の機能を高めることは必須の要件であり，多様な入所ニーズへ対応できる力量を担保しなくてはならない。あわせて本体施設における大規模施設から小規模施設への移行を早急に進める必要がある。そして地域社会の中で家庭と同様な環境の下での生活を保障する地域小規模児童養護施設や小規模住居型児童養育事業（ファミリーホーム）を拡大し定着させることが求められる。もちろんこれを進めるに当たっては，本園機能の充実，職員の資質向上，施設内連携の強化，外部資源の効果的な活用など，現在の取り組みをさらに確実なものとすることが必須である。

　施設を小規模化し個別支援を根底に置くのは当然の方向性であるが，このこ

とは子ども相互の関係性を弱化させるということではない。施設には必ずグループが存在するのである。施設内における相互関係の形成や，グループを媒介として一人ひとりの子どもの成長を図るためのクラブ活動や各種行事を有効に活用することは，施設における支援の重要な柱の一つである。施設内のグループにおいては，一人の子どもの行動が他児に影響を与える一方で，グループ内における子ども同士の関係が子ども一人ひとりの行動や考え方や影響を与えるという相互関係があり，その過程を通して子どもの社会性や主体性が養われていく。その意味において，一つひとつの子どもの行動は，他児や職員との相互関係の中で捉えることによって正確な理解が可能になるといえる。グループ内における子どもの相互作用を活用し，グループが子どもの成長発達にとってプラスの作用をもたらすよう機能させることが肝要である。グループ・ワークについての学びを欠かすことはできない。

### （3）アフターケアの充実と施設内虐待の防止

　社会的養護を経験した若者に対する初の全国実態調査の結果が，2021（令和3）年4月30日に厚生労働省から公表された。調査結果から，経済的に厳しい状況に置かれていること，18歳以上の進学率も一般の若者と比べ差があることなどが改めて明らかとなった。コロナ禍の社会状況とも重なり，経済的にも精神的にも厳しい状況に置かれている退所者に対し，どのような支援体制を構築していくべきか。まずは出身施設による支援体制の確立が必要となるが，子ども担当の職員が日常的にアフターケアを担うことは時間的にも難しい。

　そこで期待されるのが，「社会的養護自立支援事業」の中に位置づけられる支援コーディネーターと生活相談支援担当職員である。これは児童相談所等に配置される支援コーディネーターが全体を統括し，民間団体への委託等によっておかれる生活相談支援担当職員によるきめ細やかな相談支援により，安定した退所後の確保を目的とするものである。加えて児童養護施設，児童心理治療施設，児童自立支援施設，自立援助ホーム及び母子生活支援施設に配置される自立支援担当職員はアフターケアを専務とすることで，退所者及び退所を控えた子どもの都合に合わせたかかわりが可能となる。自立支援担当職員を核とし

ながら，過去の担当職員や地域の社会資源，必要に応じて他施設や関係機関とも協力しながら，生活全般に渡るトータルな支援の提供が求められている。もちろん，リービングケアの充実強化を図ることも必要である。社会的養護経験者から新たな社会的養護を必要とする子どもを誕生させてはならない。

　社会的養護関係施設においても，「被措置児童等に対する虐待の通告・届出が毎年度約250件程度」[(1)]惹起している。いずれも社会福祉への信頼を失墜させるものであり，子どもの最善の利益やアドボカシーを侵害するものである。「被措置児童等虐待対応ガイドライン」に基づいた迅速かつ適切な対応が求められるが，大切なことは，施設内虐待を招来させないことである。そのためには課題の多い子どもに対峙する職員への支援が重要となる。ケアの孤立化・密室化を防止するために複数体制を確保すること，職員のメンタルヘルスに対する配慮，研修体制の充実ほか様々な観点から万全な対応策を講じなくてはならない。そして職員がゆとりを持って勤務できるようなワークライフバランスの確立と，民間企業の平均を下回るとされる賃金の適切な水準の保障のために，「公的価格」の引き上げ等により，賃金格差を縮めることが求められる。

### （4）地域福祉への取り組み

　依然として子どもへの虐待が増加傾向にあるが，官民あげての取り組みの成果により必ず減少に転じることを信じる。そしてその時にこそ，施設の役割が問われることになる。いずれ少子化の影響が直撃する時が到来する。それまでに施設の機能を高め，盤石な基盤を形成しておかなければならない。それにはより地域に密着した施設となることが必要である。すでに短期入所生活援助（ショートステイ）事業と夜間養護等（トワイライトステイ）事業からなる子育て短期支援事業や，地域の相談支援に取り組んでいる施設も少なくないが，こうした一般家庭を対象とした実践の積み重ねは，施設と地域とのつながりを強化する有効な機会である。

　地域の養護問題は問題が発生したその地域内で一次対応できるよう，児童養護施設等を中心としながら，地域内での支援体制を築くことが要請される。社会的養護関係施設は地域にとって，なくてはならない社会資源なのである。だ

からこそ，施設間格差や地域間格差が生じてはならず，職員の日々の研鑽と，児童福祉法第2条第3項にある国，地方公共団体の責任，そして運営主体となる社会福祉法人等の責務は大きいことを自覚しなければならない。

### 注

⑴　総務省行政評価局「要保護児童の社会的養護に関する実態調査結果報告書」2020年12月，30頁。

### 参考文献

・第1節

親子関係再構築支援ワーキンググループ「社会的養護関係施設における親子関係再構築支援ガイドライン」2014年3月（www.mhlw.go.jp › kodomo_kosodate › syakaiteki_yougo › working9，2022年9月6日アクセス）。

親子関係再構築支援ワーキンググループ「社会的養護関係施設における親子関係再構築支援事例集」2013年3月（www.mhlw.go.jp › kodomo_kosodate › syakaiteki_yougo › working7，2022年9月6日アクセス）。

厚生労働省子ども家庭局家庭福祉課「社会的養育の推進に向けて」（2022年3月）www.mhlw.go.jp › content，2022年9月6日アクセス）。

全国児童養護施設協議会『子どもとおとなが紡ぎあう7つの物語』。

みずほ情報総研「親子関係再構築支援実践ガイドブック」2017年3月（www.mhlw.go.jp ‹ file › 06-Seisakujouhou-11900000-Koyoukintoujidoukateikyoku/0000174958.pdf，2022年9月6日アクセス）。

・第2節

三菱UFJリサーチ＆コンサルティング「令和2年度子ども・子育て支援推進調査研究事業　児童養護施設等への入所措置や里親委託等が解除された者の実態把握に関する全国調査報告書」2021年3月。

# 索　引

## 著者紹介 (所属，分担，執筆順，＊は編者)

上薗美鈴 （南さつま子どもの家運営支援部統括：第1章1・第2章1）

小倉 要 （二葉学園園長：第1章2）

木塚勝豊 （大谷大学教育学部准教授：第2章2・第8章1）

長沼 豊 （元・児童養護施設児童指導員：第2章3）

岡本眞幸 （横浜女子短期大学保育科教授：第3章）

潮谷佳男 （慈愛園乳児ホーム園長：第4章1）

髙橋誠一郎 （至誠学舎立川児童事業本部事務局長：第4章2）

齋藤弘美 （大洋社常務理事：第4章3）

中垣真通 （子どもの虹情報研修センター研修部長：第4章4）

保坂葉子 （鳥取県立喜多原学園保育士：第4章5）

佐久間美智雄 （東北文教大学短期大学部子ども学科教授：第4章6・第6章1）

齋藤信哉 （国立障害者リハビリテーションセンター自立支援局秩父学園地域支援課長：第4章7）

髙橋美帆 （いずみ寮主任支援員：第4章8）

高木真理 （羊ヶ丘児童家庭支援センター相談員兼羊ヶ丘養護園指導部長：第5章1）

阿南健太郎 （元・厚生労働省子ども家庭局子育て支援課児童健全育成専門官：第5章2）

トムソン・スティーヴン （横浜女子短期大学保育科准教授：第6章2）

＊小川恭子 （編著者紹介参照：第7章1）

福玉大輔 （北海道社会事業協会すずらん施設長：第7章2・3）

＊坂本 健 （編著者紹介参照：第8章2）

**・実習課題解答集無料進呈案内**

　本書に掲載された演習をより効果的に実施するために，実習課題解答集をご希望の方に進呈します。ご希望の方は，ご所属先・お名前をご明示の上，ご所属先のメールアドレスにて下記までご連絡下さい。

**・連絡先**

〒607-8494

京都市山科区日ノ岡堤谷町1

株式会社ミネルヴァ書房

編集部　音田　潔

e-mail：ed3@minervashobo.co.jp

## 編著者紹介

**小川恭子**（おがわ・きょうこ）

北星学園大学大学院社会福祉学研究科博士後期課程社会福祉学専攻単位取得満期退学。
現　　在　藤女子大学人間生活学部特任教授。
主　　著　『保育・教育　実習日誌の書き方　改訂版』（共著）中央法規出版，2020年。
　　　　　『実践に活かす社会的養護Ⅰ』（編著）ミネルヴァ書房，2020年。
　　　　　『実践に活かす子ども家庭福祉』（共著）ミネルヴァ書房，2021年。
　　　　　『社会的養護Ⅰ「新しい社会的養育ビジョン」の理解に向けて』（共著）同文書院，2022年。

**坂本　健**（さかもと・たけし）

東洋大学大学院社会学研究科社会福祉学専攻博士後期課程満期退学。
現　　在　白百合女子大学人間総合学部教授。
主　　著　『児童相談所援助活動の実際』（編著）ミネルヴァ書房，2002年。
　　　　　『保育者のための児童福祉論』（共著）樹村房，2008年。
　　　　　『子どもの社会的養護』（編著）大学図書出版，2011年。

シリーズ・保育の基礎を学ぶ④
実践に活かす社会的養護Ⅱ

2023年4月30日　初版第1刷発行　　　　〈検印省略〉

定価はカバーに
表示しています

| 編　著　者 | 小　川　恭　子 |
| | 坂　本　　　健 |
| 発　行　者 | 杉　田　啓　三 |
| 印　刷　者 | 中　村　勝　弘 |

発　行　所　株式会社　ミネルヴァ書房
607-8494　京都市山科区日ノ岡堤谷町1
電話代表　(075)581-5191
振替口座　01020-0-8076

© 小川・坂本ほか，2023　　　　中村印刷・藤沢製本

ISBN978-4-623-08922-2

Printed in Japan

# シリーズ・保育の基礎を学ぶ

## （全7巻）

### A5判・並製カバー・各巻平均250頁

第1巻　実践に活かす社会福祉
井元真澄・坂本　健 編著／本体2400円

第2巻　実践に活かす子ども家庭福祉
佐久間美智雄・坂本　健 編著／本体2600円

第3巻　実践に活かす社会的養護 I
小川恭子・坂本　健 編著／本体2500円

第4巻　実践に活かす社会的養護 II
小川恭子・坂本　健 編著／本体2600円

第5巻　実践に活かす子育て支援

第6巻　実践に活かす子ども家庭支援

第7巻　実践に活かす保育実習

──────── ミネルヴァ書房 ────────

https://www.minervashobo.co.jp/